义务教育教科书配套教学资源

能力培养与测试

NENGLI PEIYANG YU CESHI

主　编　何志云

物　理

配教科版

九年级　下册

教育科学出版社
·北　京·

出 版 人　李　东
责任编辑　金　鑫
责任校对　贾静芳
责任印制　叶小峰
装帧设计　江诗贤

图书在版编目(CIP)数据

能力培养与测试. 物理九年级. 下册：配教科版 / 何志云主编.—北京：教育科学出版社，2015.12(2022.12 重印)
ISBN 978-7-5191-0172-5

Ⅰ.①能…　Ⅱ.①何…　Ⅲ.①中学物理课—初中—教学参考资料　Ⅳ.①G634

中国版本图书馆 CIP 数据核字(2015)第 286911 号

能力培养与测试
物理　九年级　下册　配教科版
WULI

出版发行	教育科学出版社		
社　　址	北京·朝阳区安慧北里安园甲 9 号	**邮　　编**	100101
总编室电话	010－64981290	**编辑部电话**	010－64989276
出版部电话	010－64989487	**市场部电话**	010－64989009
传　　真	010－64891796	**网　　址**	http://www.esph.com.cn
经　　销	各地新华书店		
印　　刷	四川省平轩印务有限公司		
开　　本	890 毫米×1240 毫米　1/16	**版　　次**	2015 年 12 月第 1 版
印　　张	12	**印　　次**	2022 年 12 月第 8 次印刷
字　　数	280 千	**定　　价**	17.40 元

图书出现印装质量问题，本社负责调换。

编委会

丛书主编 罗　亭

本册主编 何志云

本册编者

孙乃君	赵志刚	陈启学	陈宽宝
何　为	王裕泉	陈令德	刘艳美
王之强	叶　文	孙秀伟	冯　丽
李雪瑞	李宝存	杨进殿	周文涛
于　涛	孙希波	单既强	舒细贵
田寨星	朱慧兰	刘文智	范惠敏
万特特	夏　宇	张　兰	方建枚
李　妮			

前　言

以新课程理念贯串教法和学法全过程的教辅丛书——《能力培养与测试》，具有以下突出特点：

●学案式特色教辅

本书严格依据教科版教科书、教师教学用书划分教学课时，每课时按导学案的教辅功能设计三个栏目："教材助读・自主学习""课内探究・展示交流""课时作业・高效训练"。本书突出教师的主导作用和学生的主体地位，其中"课内探究・展示交流"栏目通过课堂上师生合作探究，引导学生突破教材的重点、难点，体验学习的过程和方法。教师可以将这个栏目的内容选做教学视频，引导学生课堂上分析、讨论、交流；学生可以将这个栏目的内容作为听课手册在课堂上记录合作探究的结论。

●全方位培养能力

教辅的核心功能是提升学生的学习能力。本书突出提升能力五步法：自主学习——课内探究——高效训练——微型讲解——考点题型探究。丛书设置每一个栏目都从培养学生能力角度出发，环环相扣。课前自主预习，培养自学能力；师生合作突破教材中的重点和难点，互动探究典型例题，总结各种题型的解题方法、技巧、规律，培养探究能力；每单元内设置若干个微课堂讲解，运用所学知识进行拓展、延伸或分析现实生产及生活的实际问题，突出培养学生积极主动、深入认知的学习思维能力；考点题型探究，多角度、多层次培养综合能力。专题部分，帮助学生高效复习八年级与九年级所有章节重点难点。

●教与学科学设计

本书从课堂教与学入手，围绕教师教什么，学生学什么，对教师如何教、学生如何学提出一些合理化的建议，整体设计教学步骤。全书科学地划分课时，每课时梳理教材，力争让基础知识"活"起来；师生合作探究，尽量让课堂交流"动"起来；展示交流典型例题的解题思维和解题技巧，引导学生，让解题思路"亮"起来。针对教学内容，编写训练梯级分明的课时练习和学科能力测评卷，进行高效训练，引导学生把综合能力"升"起来。突出教学步骤的内在联系，注重教法与学法的有机结合。

●导与练层层落实

突出产品实用性，注重教学最优化原则和教育发展性原则。突出基础性、过程性、针对性，适合各层次学生学习使用。强调导、学、考每一个环节步步落实。注重例题讲透、讲出特色，突出例题的鲜活、示范特点。引导学生练在关键点上，练在技巧点上；在练中领会各种题型的命题意图；在练中放飞思维，学会探究；在练中全面提升学习技能。

由于编写时间紧迫和水平所限，丛书一定还存在不足，诚挚地希望广大读者提出批评和建议，以便再版修订时参考。

在本套丛书的编写过程中，引用了部分相关材料，有的已与原作者取得联系，但有些无法与原作者联系，希望原作者看到此书后，与我们联系，以便支付相应的稿酬。同时我们在此对相关作者表示诚挚的感谢。

《能力培养与测试》编委会

目 录

第九章　家庭用电

1. 家用电器

教材助读·自主学习

1. 认识家用电器

(1) 家用电器是将电能转变成其他形式的能或进行________、服务于家庭生活的用电设备。

(2) 家用电器可以按特性和用途大体分为________类、________类、________类和________类。

(3) 电热类用电器有很大一部分是靠电流通过________产生热量来工作的，其基本原理就是______定律。

2. 家用电器与电源的连接

(1) 家庭电路中有三根线，分别是相线（或火线）、________（或零线）、保护接地线。其中________线是带电的，________线通常是不带电的。

(2) ________线和________线跟用电器的工作部分相连，组成工作电路，________与用电器的金属外壳相连，当相线与金属外壳接触而导致漏电事故时起保护作用。

(3) 两孔插座和三孔插座的左孔一般是中性线，右孔是________线，三孔插座的上孔是________线。插头则刚好与插座相对应。

3. 家用电工工具

用于检查低压导体或电气设备外壳是否带电的工具是________，使用时，手应该接触________________，当被测物体带电时，电流便通过回路，使氖管________。若通过验电笔的是交流电，氖管________极发光；若是直流电，则只有________极发光。

课内探究·展示交流

一、认识家用电器

例 1 家用电器按特性和用途大体可以分为电热类、电动类、照明类和信息类。家用电吹风机属于　　　（　　）

A. 电热类　　　B. 电动类

C. 电热和电动的组合类　　D. 信息类

【思路导析】 电吹风机内含有一个电风扇和一个电热丝，既可以吹冷风，也可以吹热风。其中的电风扇属于________类电器，电热丝属于________类电器。

二、家用电器与电源的连接

例 2 如图 9-1-1 所示，墙壁上线盒内有三根电线，其中红色为相线、蓝色为中性线、黄绿色为保护接地线，现将三孔插座与三根电线连接，图 9-1-2 中接线情况正确的是　　　（　　）

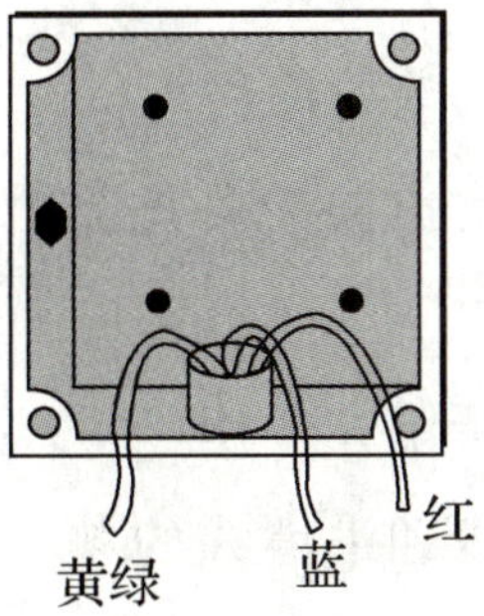

图 9-1-1

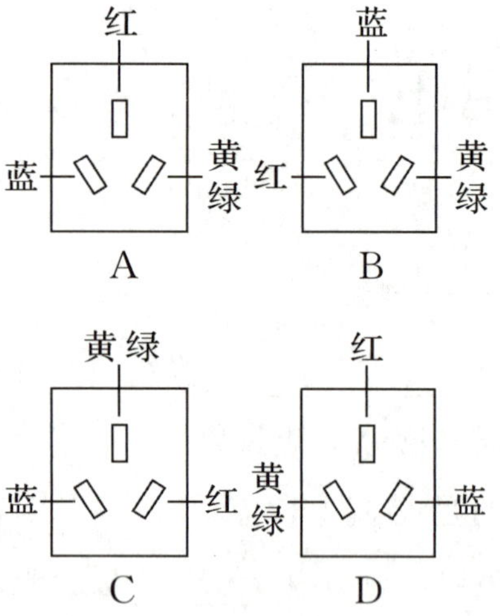

图 9-1-2

【思路导析】两孔插座是左孔接中性线，右孔接相线；三孔插座的接法是上孔接保护接地线，左孔接________线，右孔接________线。如图 9-1-2 所示的插座，是三孔插座，上面的一孔应该接入黄绿色保护接地线，左孔应该接入蓝色中性线，右孔应该接入红色相线。

【变式训练】空调、电冰箱等家用电器都要使用三脚插头、三孔插座，三孔插座中有一个孔是用来接地的。如果你家中三孔插座的这个孔没有接地，下列现象中可能会发生的是　（　　）

A. 家用电器消耗的电能会增加

B. 家用电器不能正常工作

C. 家用电器的使用寿命会缩短

D. 人接触家用电器外壳时有可能发生触电事故

三、验电笔的使用

例 3 家庭电路中各盏照明灯是________联的；如图 9-1-3 所示人们用验电笔辨别相线和中性线的两种使用方法中，正确的是________。

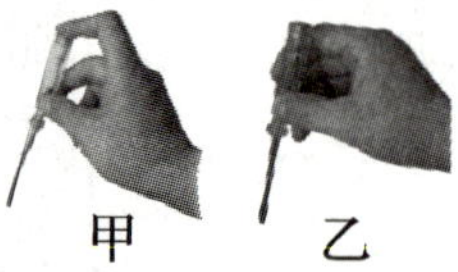

图 9-1-3

【思路导析】为了保证家用电器工作时互不影响，家中的所有用电器都是________联。使用验电笔时，手一定要接触________的金属部分，一定不能接触________的金属部分。

课时作业·高效训练

基础达标

1. 在使用家用电器时，下列说法正确的是　（　　）

A. 洗衣机使用三孔插座主要是为了防雷击

B. 电冰箱紧贴墙壁放置有利于散热

C. 电视机处于待机状态时仍会消耗电能

D. 电饭锅的插头沾水后不能接入电路是因为容易烧坏电饭锅

2. 下列用电器中，利用电流热效应工作的是　（　　）

A. 电脑　　B. 电热杯

C. 电视机　　D. 电风扇

3. 下列涉及家庭电路中的一些做法，符合要求的是　（　　）

A. 电冰箱和照明电灯是以并联方式接入电路的

B. 使用验电笔时不能接触笔上的金属部分

C. 使用验电笔时，手应与笔尖的金属部分接触

D. 保护接地线可接可不接

4. 下列有关家用电器的物理知识，说法正确的是　　　　　　（　　）

A. 看电视时，用放大镜观察荧光屏，就能看到屏上红、黄、蓝的光点

B. 电冰箱的门打开后，室内温度会不断降低

C. 电风扇工作时利用了电磁感应的原理

D. 电饭锅煮饭时将电能转变为内能

5. 如图 9-1-4 所示电路，小阳闭合开关后，发现电灯不亮，他用验电笔测试图中的 A、B、C、D 四点，只有 D 点发光，那么可能发生的故障是　　　　（　　）

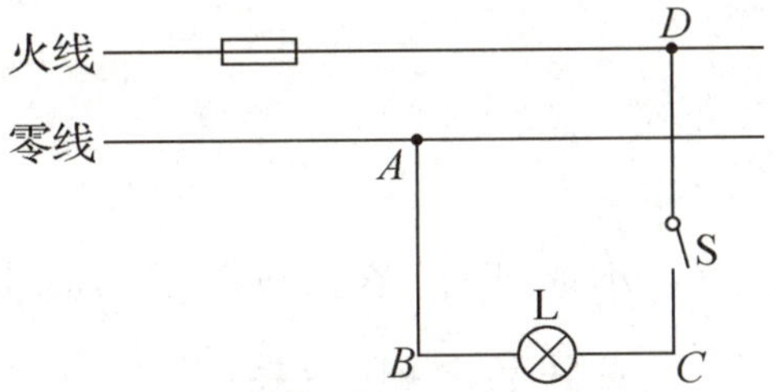

图 9-1-4

A. 电灯灯丝断了　B. CD 间某处断路

C. AB 间某处断路 D. 开关处短路

6. 某同学家室内的电灯均正常工作，当他把“220 V　8 W”的台灯插头插入插座后，闭合台灯开关，室内电灯全部熄灭，发生这一现象的原因可能是　　　　（　　）

A. 插座处短路　　B. 台灯插头处短路

C. 台灯开关处短路 D. 台灯灯头处短路

7. 小明家中有以下这些用电器：电灯、电冰箱、电风扇、洗衣机、电饭煲、微波炉、电磁灶、电取暖器、电视机、抽油烟机、组合音响、空调、电熨斗、电热壶、电脑等。请你按下列标准分类：

电热类：____________________；

电动类：____________________；

照明类：____________________；

信息类：____________________。

8. 为了防止触电事故的发生，人们设计了三线插头（也叫三脚插头）、三孔插座和带漏电保护器的保险装置——空气开关。三线插头插入插座时，除了把用电器接在相线和中性线之间，同时也把用电器的金属外壳与________相连，这样万一外壳带了电，电流会流入________，不会对人造成伤害。

9. 安装额定功率为 1 500 W 的电热水器时，需加装一个开关便于控制热水器的工作。现有规格分别为“250 V　6 A”“250 V　16 A”的甲、乙两种开关，为了安全和实用，应选用________（填“甲”或“乙”）规格的开关和图 9-1-5 中的________[填“（1）”或“（2）”]插座。

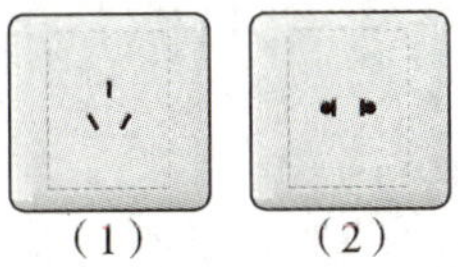

图 9-1-5

10. 我国家庭照明电路的电压是________V，台灯和控制它的开关是________（填“串联”或“并联”）的，开关必须接在________（填“中性”或“相”）线上。

11. 小明触摸电冰箱门时感到手“麻”，下表列出小明对造成手“麻”原因的四种猜想，你认为其中的______猜想是合理的。（填写序号）

序号	小明的猜想
A	相线断路
B	相线、中性线短路
C	相线与电冰箱的金属外壳接触
D	电冰箱的金属外壳接了保护接地线

12. 将如图 9-1-6 所示电水壶的 3 条接线按照安全用电的原则对应连接到插头上。

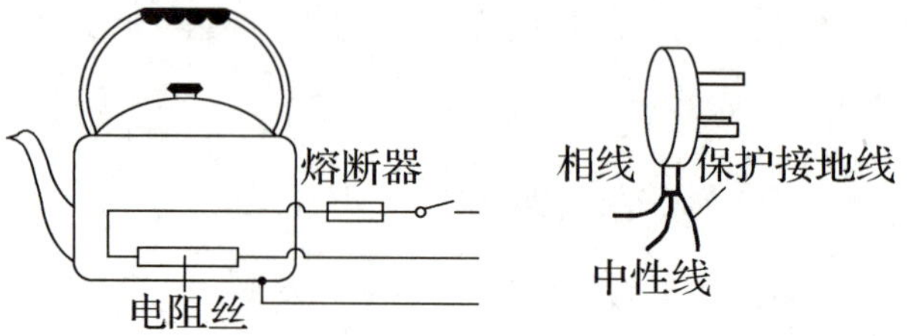

图 9-1-6

能力提升

13. 人们常用验电笔来辨别照明电路中的相线和中性线。验电笔内串有一个电阻很大的高值电阻，其电阻通常在 1 MΩ 以上。

(1) 为什么要串联这个高值电阻呢?

(2) 已知某验电笔内的高值电阻的阻值为 2.2 MΩ，某同学正在使用该验电笔测试家庭电路的相线。请估算氖管发光时通过该同学身体的电流。

14. 小明同学学习了家庭电路的知识后，在生活中更加注意观察家用电器。

(1) 如图 9-1-7 所示，他发现自己家洗衣机用的是三脚插头，其铭牌上标有“10 A 250 V”字样，其中的“10 A”表示什么意思?

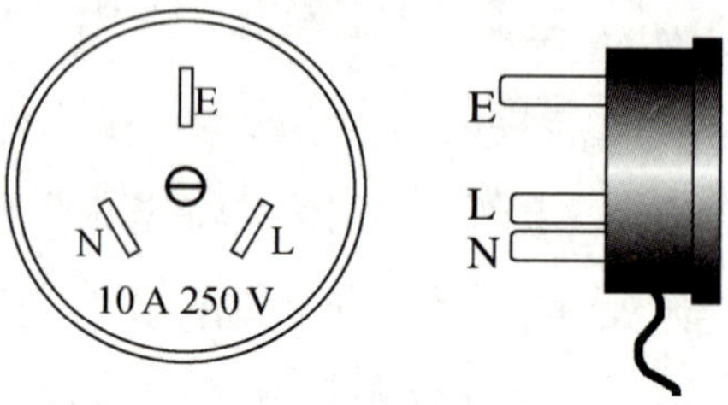

图 9-1-7

(2) 小明同学仔细观察三只插脚，又有新的发现：标有“E”的插脚比其他两脚稍长一些。他又查看了其他家用电器的三脚插头，也是这种情况。标有“E”的插脚比其他两脚稍长一些有什么好处?

2. 家庭电路

教材助读·自主学习

1. 认识家庭电路

现代住宅中，家庭电路由________、量电装置、配电装置、________和________组成。进户线有两条，一条是________线，它与大地间没有电压；另一条是________线。这两条线之间有________V的电压。

2. 家庭电路的量电装置和配电装置

(1) 家庭电路的配电箱中有电能表、________和____________。

(2) 空气开关：目前在新建的住宅中，空气开关已经取代了闸刀开关和熔丝。当电路发生_________或________时，空气开关会自动切断电路，排除故障后就可以合闸，不需要更换零部件。

(3) 漏电保护器：漏电保护器可以对人身________、导线________、插座接错线、用电器________等故障起保护作用。

3. 现代家庭电路

现代家庭电路多采用________回路配电线路。各灯具以及插座相互并联，工作时互不影响。控制灯具的开关应该安装在________线上，白炽灯螺丝口灯座中心金属片接________线，螺丝套接________线。

课内探究·展示交流

一、家庭电路中的保险装置

例 1 小妮的新家中有 150 W 的电视机一台，300 W 的洗衣机一台，100 W 的电冰箱一台，2 200 W 的柜式空调一台，250 W 的电脑一台，800 W 的电饭锅一只，40 W 的照明灯 8 盏，则安装电路时，选用以下哪一种规格的空气开关最合适 ( )

A. 5 A B. 15 A C. 20 A D. 30 A

【思路导析】根据题目中提供的数据可以求出，小妮家的用电器总功率 $P=150\ \text{W}+300\ \text{W}+100\ \text{W}+2\,200\ \text{W}+250\ \text{W}+800\ \text{W}+40\ \text{W}\times8=4\,120\ \text{W}$，根据公式 $P=UI$ 可以求出，小妮家中干路的最大电流

$$I=\frac{P}{U}=\frac{4\,120\ \text{W}}{220\ \text{V}}\approx18.7\ \text{A}$$

所以空气开关允许通过的最大电流比 18.7 A 稍大一些即可。

交流·分享

保险装置的选择

保险装置都有一个允许通过的最大电流，当通过它的电流超过这个值的时候，保险装置会断开，从而保护电路。为了保证电路的正常工作，所选择的保险装置允许通过的最大电流只需比电路中的最大工作电流稍大即可。

二、家庭电路的安装要求

例 2 某家庭电路接线如图 9-2-1 所示，其中接错的元件 ( )

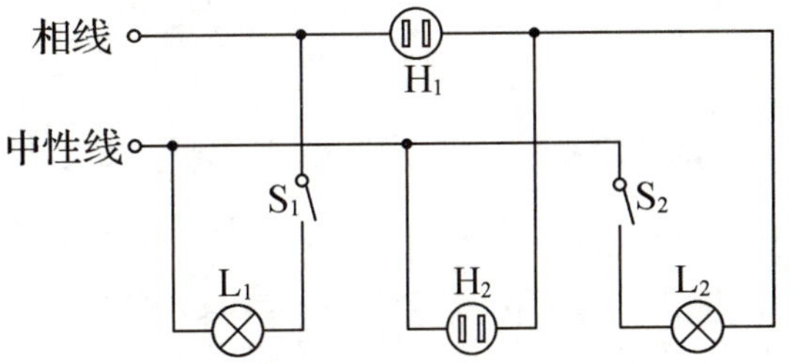

图 9-2-1

A. 只有开关 S_2

B. 插座 H_2 和开关 S_2

C. 插座 H_1 和开关 S_2

D. 只有插座 H_1

【思路导析】控制电灯的开关应该与电灯串联，并且要接在________线上，因此可知，开关 S_2 接错位置，它接在了中性线上；插座也应该与其他的用电器并联，因此可知，插座 H_1 也接错了位置。

【变式训练】图 9-2-2 是教室的黑板上方安装的一支日光灯的电路图，老师想在黑板旁加装一个插座，最好从________两点各引出一根导线接入插座中。

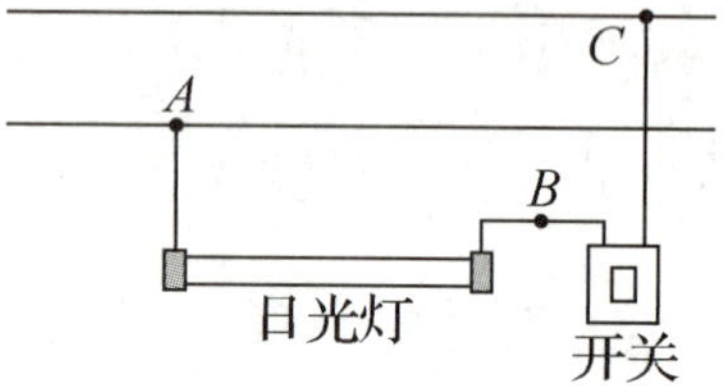

图 9-2-2

三、电灯的接法

例 3 如图 9-2-3 所示，请你用笔画线代替导线将开关和白炽灯连入电路中，使开关能控制灯泡的亮灭。

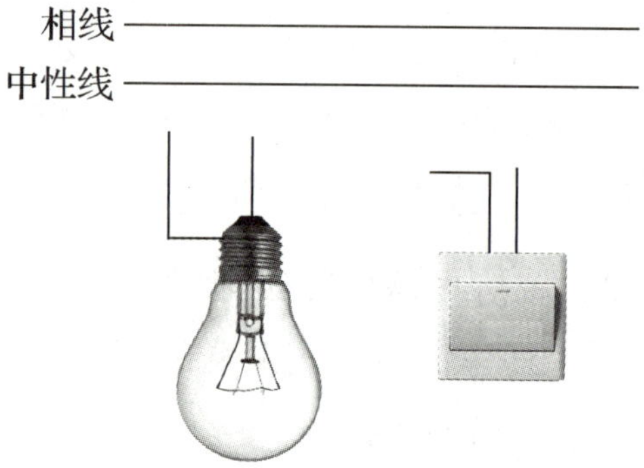

图 9-2-3

【思路导析】控制电灯的开关与该电灯是________联的，且开关应该接在相线上，因为只有相线和大地间有电压，中性线和大地间没有电压，这样断开开关就断开了________线，使用时更安全。同样为了安全起见，白炽灯的螺旋部分应该接________线，这样用电的人不容易接触到相线，相对来说要安全一些。

【答案】如图 9-2-4 所示

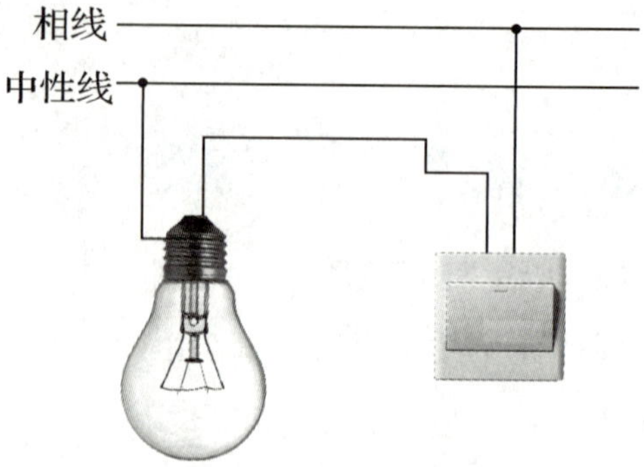

图 9-2-4

课时作业·高效训练

基础达标

1. 在家庭电路中空气开关的主要作用是 （　　）
   A. 保证电路中的电压不变
   B. 保证电路中的电流不变
   C. 在电流超过规定值时，会自动切断电路
   D. 保护人体的安全

2. 在家庭电路中，进户线进入住宅内部经过的电器元件的正确排列顺序是（　　）
   A. 总开关、保险盒、电能表、用电器
   B. 电能表、总开关、保险盒、用电器
   C. 电能表、总开关、用电器、保险盒
   D. 用电器、电能表、总开关、保险盒

3. 下列说法中正确的是 （　　）
   A. 闸刀开关安装在电能表之前，目的是控制整个家庭电路
   B. 电能表安装在进户线之后，用来量度家庭所消耗电能的多少
   C. 电灯和插座都串联在由相线和中性线组成的家庭电路中
   D. 电灯与控制它的开关并联

4. 家庭电路中需要安装一个“一开三孔”开关（即一个开关和一个三孔插座合在一起，如图 9-2-5 所示），要求插座能单独使用，开关能控制电灯且符合安全用电原则。从实物正面观察，如图 9-2-6 所示的几种接线中符合要求的是　　(　　)

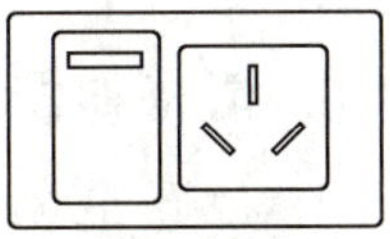

图 9-2-5

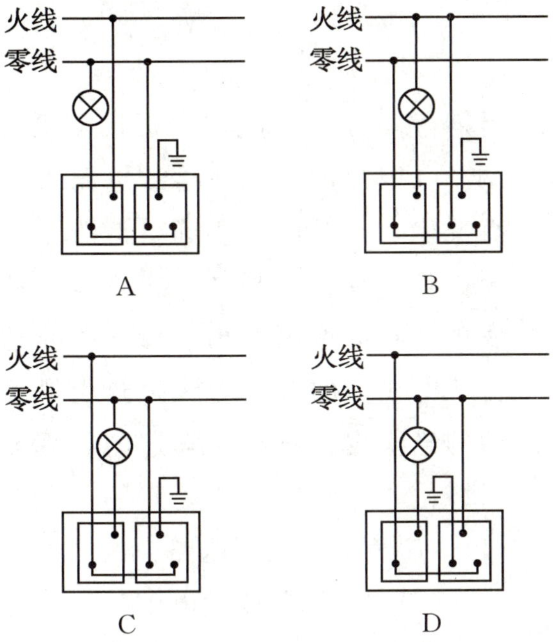

图 9-2-6

5. 家庭电路中的空气开关跳闸了，可能的原因是　　(　　)

A. 开关接触不良

B. 开关中的两个接线头相碰

C. 灯泡里的灯丝断了

D. 电路中新增了大功率的用电器

6. 某教学楼中有 6 间教室，每间教室装有“220 V　40 W”电灯 6 盏，安装总保险时，应选用　　(　　)

A. 5 A 的保险丝　　B. 7 A 的保险丝

C. 3 A 的保险丝　　D. 10 A 的保险丝

7. 随着生活水平的提高，家用电器日益增多。某户进行电路旧线改造后，将保险丝的规格由 5 A 换成了8 A，则该线路允许同时接入用电器的功率比原来增加了　　(　　)

A. 1 100 W　　B. 1 760 W

C. 660 W　　D. 2 860 W

8. 小明家的电路简化后如图 9-2-7 所示，观察该电路，下列说法中正确的是　　(　　)

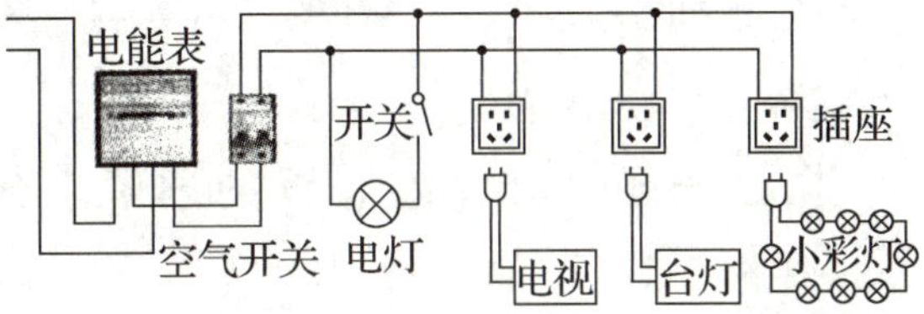

图 9-2-7

A. 开关和电灯是并联的

B. 电灯、电视和台灯是并联的

C. 各个小彩灯之间是并联的

D. 插座中的火线和零线是连通的

9. 随着人民生活水平的提高，家用电器会不断增多，为了安全用电，下列措施中正确的是　　(　　)

A. 增加用电器时，要把保险丝换细些

B. 增加用电器时，要把保险丝安装在零线上

C. 增加用电器时，必须同时考虑电能表、输电线、保险丝等的承受能力

D. 增加用电器时，只需更换额定电流大些的电能表

10. 通常情况下，家庭电路中各个用电器的通断，不影响其他用电器的通断，所以各用电器应该________（填“串联”或“并联”）接在电路中，控制用电器的开关要连接在________（填“火线”或“零线”）和用电器之间。

11. 家中用电器的额定电压一般是______V，通常情况下它们以________的连接方式接入电路。用电饭煲煮饭是因为电流具有________效应。如果你家中的用电器突然全部停止工作，经检查发现是空气开关跳闸了，你认为原因可能是______________（说出一种即可）。

12. 图 9-2-8 是一种多用插座中安装的保险管，图中放大部分是保险管一端标注的数据。根据你对保险装置的理解，数据中的“5 A”的意思是__________。

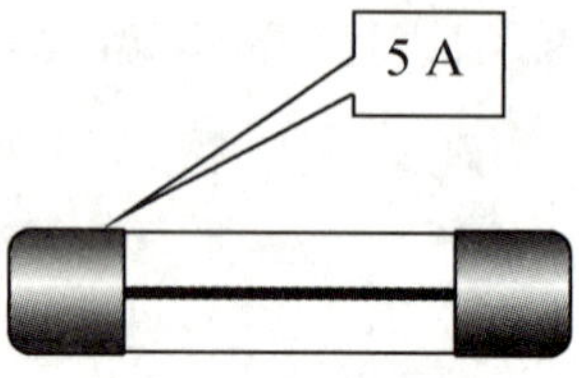

图 9-2-8

13. 当电路被保险装置切断时，不要急于更换保险丝或使空气开关复位。要先_________________的原因，________之后再恢复供电。

14. 小王家新买了一个电热取暖器，开始试机时，打开开关，一切正常，后来又打开一些用电器，保险丝就烧断了。小王取出保险盒一看，从熔丝的规格查得熔丝熔断电流为 15 A。烧断保险丝时，小王家用电器的总功率已经超过了________W。

15. 如图 9-2-9 所示的甲、乙两个电路中，开关闭合后，电线燃烧起来。甲图中电线燃烧的原因是______________；乙图中电线燃烧的原因是_______________。

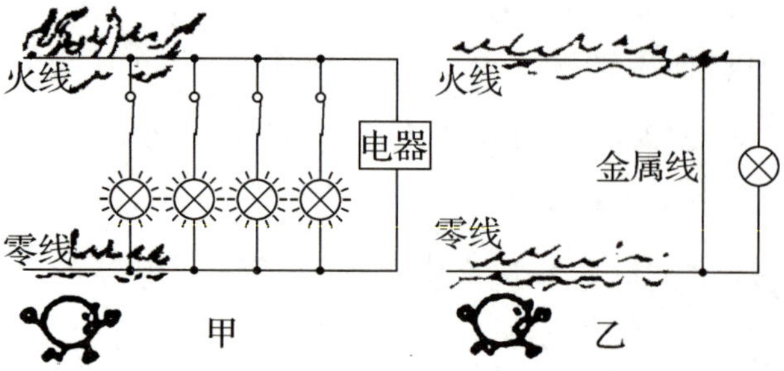

图 9-2-9

能力提升

16. 请将如图 9-2-10 所示元件，连接成符合安全用电要求的家庭电路。

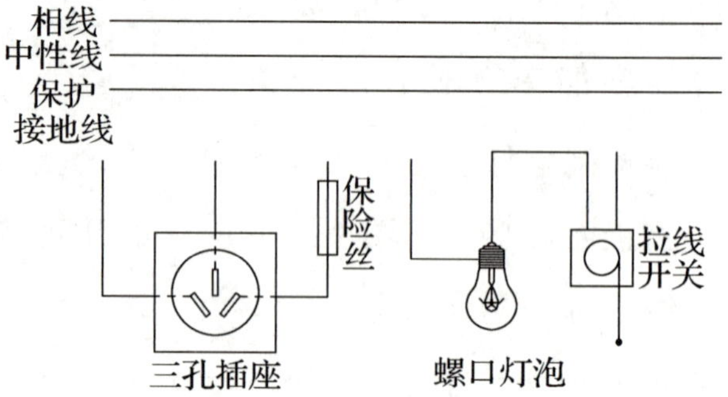

图 9-2-10

17. 暑期持续的“桑拿天”，居民家里的空调、电扇都闲不住，导致电路火灾时有发生，火警电话不断，消防车拉着警笛呼啸而出，赶往火灾现场。调查发现，起火原因如出一辙：电线超负荷使电线内的金属导线发热引燃了外面的绝缘皮。根据你学过的物理知识回答：

（1）“超负荷”是指电路中的________（填“电流”或“电阻”）过大。

（2）火灾发生的理论依据是____。

（3）请你提出一条预防这种火灾发生的措施。

3. 安全用电与保护

教材助读·自主学习

1. 触电和安全电压

触电是电流从人体中通过造成的。电流对人体造成伤害的关键因素有两点：一是电流的________，二是通电时间的长短。

触电电流的大小取决于加在人体上的________和人体________。我国规定了适用于不同环境的安全电压，其额定值分为________个等级。

2. 低压触电和高压触电

家庭电路触电多为低压触电，基本上有两种情形，一种是单线触电，另一种是________触电。高压触电也有两种情形，一是________触电，二是________触电。

3. 火灾、爆炸及其他

火灾也是用电中的多发事故。有些是________或________引起的，也有的是电流过大，使导线上的绝缘皮着火引起的。电火花和电弧还有可能引起爆炸。

4. 用电保护

现代住宅都有保护性用电措施，______和______等属于保护电器，________则属于保护措施。

课内探究·展示交流

一、触电的判断

例 1 在图 9-3-1 中，A、B 两点均是灯头接导线的螺丝。当电路中的开关断开时，站在地上的人用手接触电路中的 A 点，他________触电；用手接触电路中的 B 点，他________触电。（均填“会”或“不会”）

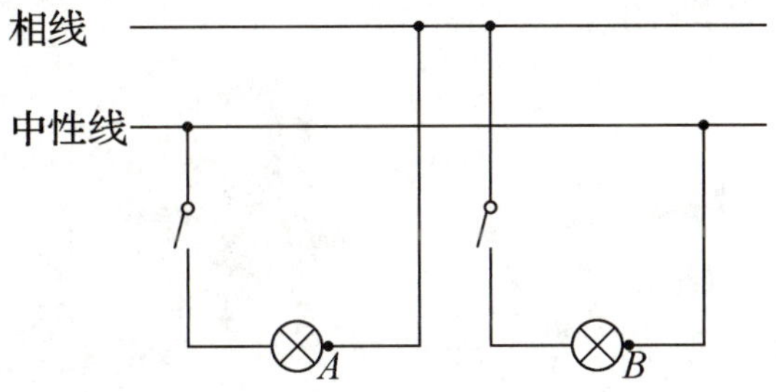

图 9-3-1

【思路导析】观察图中 A 点，发现 A 点是直接与相线相连，如果站在地上的人用手接触电路中的 A 点，会造成________触电；B 点是直接接在中性线上，中性线与大地间没有电压，站在地上的人用手接触电路中的 B 点时是不会触电的。

二、触电事故的救护

例 2 当发现有人触电时，应该立即采取的措施是（　　）

A. 迅速用手拉开触电的人

B. 迅速用手拉开电线

C. 迅速用小刀割断电线

D. 迅速切断电源或用绝缘体挑开电线

【思路导析】发现有人触电时，应该立即切断电源，或用干燥的绝缘体将人体和带电体分离。小刀是________体，很容易导电，用小刀割断电线会造成施救人员触电。

交流·分享

由电路故障引起的火灾该如何施救

对由电路故障引起的火灾进行施救时应该先切断电源再施救，千万不要用水来灭火，因为我们日常所用的水是导体，水流到哪里，电就有可能通到哪里，很容易使救火的人触电。

三、安全用电的措施

例3 如图 9-3-2 所示，符合安全用电原则的是　　（　　）

图 9-3-2

【思路导析】根据图可知，A 中一个插座接了多个大功率用电器，显然不是很安全；C 中在电线上晾晒湿衣服显然是非常危险的；同样，D 中电视天线与输电线接触也是非常危险的。

【变式训练】更换或检修用电设备时，最好的安全措施是　　（　　）

A. 趁停电时操作

B. 站在凳子上操作

C. 切断电源操作

D. 戴橡皮手套操作

课时作业·高效训练

基础达标

1. 关于触电，下列说法中正确的是（　　）

A. 只要有电流通过人体，人就触电了

B. 只要接触火线就一定会触电

C. 只有接触高压电才会触电，接触低压电是不会触电的

D. 通过人体的电流对人体产生伤害，人就触电了

2. 如图 9-3-3 所示的四种情况中，人相对安全的是（请同学们千万不要尝试做本实验）　　（　　）

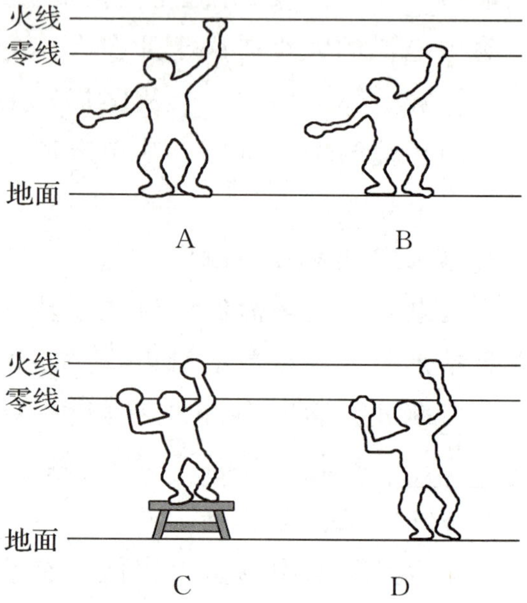

图 9-3-3

3. 在卫生间中安装有排风扇和照明灯，它们既能同时工作又能单独工作，图 9-3-4 中满足上述要求且符合安全用电的是　　（　　）

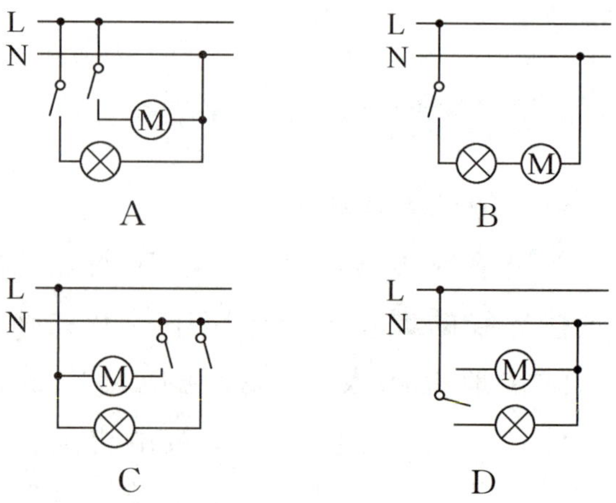

图 9-3-4

4. 关于安全用电，下列说法不正确的是 （　　）

A. 三孔插座比两孔插座多的那个孔是用来跟地线连接的

B. 家庭电路中发生触电事故，通常是人体直接或间接跟火线接触造成的

C. 一旦发生触电事故，应先切断电源

D. 家庭电路中空气开关跳闸一定是发生了短路

5. 小孙家住在多年前修建的老房子里，家里的电线绝缘层严重老化。有一天，小孙的妈妈在用电饭煲做饭和用电炒锅炒菜时，小孙突然发现厨房里的导线冒烟了，他首先应该采取的措施是 （　　）

A. 立即打 110 报警

B. 立即给在外地出差的爸爸打电话

C. 马上到门口把自己家的总开关断开

D. 赶紧用水把火浇灭

6. 下列做法，可能造成触电事故的是 （　　）

A. 使用验电笔辨别火线和零线时，手接触笔尾金属体

B. 切断电源后，进行电路维修

C. 家用电器失火，立即用水扑灭

D. 放风筝时，远离高压电线

7. 电可以为我们服务，但如果不注意安全，它也可以对我们造成危害，如图 9-3-5 所示的做法中正确的是 （　　）

A. 将湿衣服放在电热器上

B. 私搭、乱接电线

C. 用湿毛巾擦拭带电的用电器

D. 发生触电事故立即切断电源

图 9-3-5

8. 家庭电路中，火线与零线间的电压为________ V。当电路中的________超过一定限度时，熔丝就会熔断，自动切断电路。为了避免触电事故，用电器的金属外壳一定要________。

9. 有资料表明，人体出汗或潮湿时的电阻为 500～800 Ω，人体中的电流超过 30 mA 时将会造成生命危险。若人体潮湿时的电阻为 500 Ω，则当某人接触电压为 220 V 的照明电路时，通过他的电流为________ mA。

10. 漏电保护器的作用：如果站在地上的人不小心接触了________线，电流经过人体流入大地，这时总开关上的“漏电保护器”就要起作用了，它会迅速__________电路，对人体起保护作用。

11. 家庭电路中的开关的正确接法：一头跟电灯相连接，另一头必须接在______上。在如图 9-3-6 所示的电路中，当开关断开时，站在地上的人如果用手接触电路的 A 点，______触电；接触 B 点，______触电。（后两空均填“会”或“不会”）

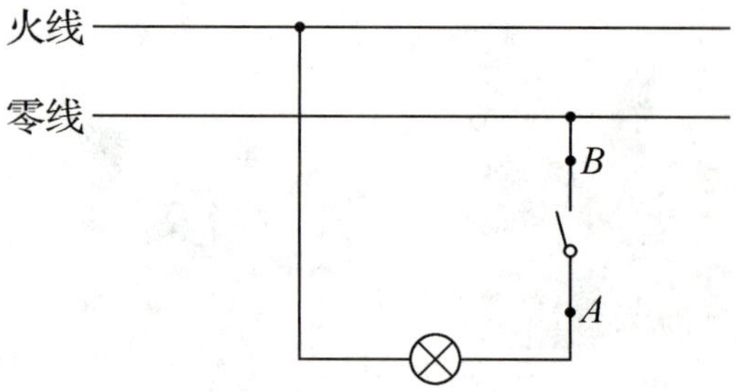

图 9-3-6

能力提升

12. 在家庭电路中电灯、插座、电视机的连接方式是________（填“串联”或“并联”）。用电器越多通过电路的总电流________（填“越大”或“越小”），为了避免导线过热而烧坏，在电路中要________（填“串联”或“并联”）熔丝。实际线路中发生接触不良也是很危险的，应尽量避免。图 9-3-7 是两种硬导线与螺钉压按式接线柱接法（箭头方向表示拧紧螺钉的方向），其中不容易造成接触不良的是________（填“甲”或“乙”）。

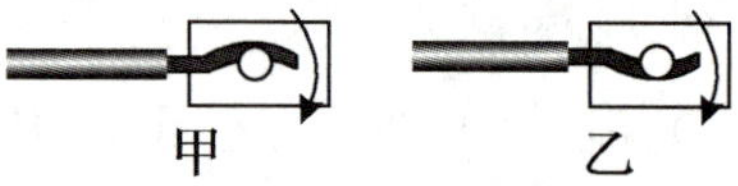

图 9-3-7

13. 暑期持续的高温天气中，居民家里的空调、电扇都闲不住，大量的用电器同时使用往往会引起空气开关“跳闸”，请你解释原因并说出一条安全用电的注意事项。

14. 阅读下文，回答问题。

王某是希望村的村民，一天他在家用洗衣机洗衣服时，突然洗衣机坏了，于是他请来同村的电工小刘。小刘虽然对电工的知识了解不多，但他的胆子可是够大的。他一进家门拿出工具就开始修理，王某见后说：“电源没切断。”小刘说：“没关系，我经常这样修，没事。”本来洗衣机是三脚插头的，但因买回来的时候，家中没有三孔插座，于是王某就把上面的一个脚弄断了插在两孔插座里，一直以来也没出过什么事故。此时王某看到地上有一些水，于是就用拖把把水拖开。不一会儿，只见小刘一头倒在地上，王某丢掉拖把立即跑到外面大喊：“不好了，有人触电啦！”人们马上去找村里的医生，医生来到王某家立即切断电源，然后去看小刘，但小刘已触电身亡了。

(1) 读完本文，你认为王某和小刘犯了哪些错误，违背了哪些安全用电常识？

(2) 你还想到了生活中哪些违背安全用电常识的事例？请举一例。

4. 家庭生活自动化、智能化

教材助读·自主学习

1. 住宅楼道灯的自动控制

（1）住宅楼道灯的自动控制已经相当完善，现在多用________控制，并配有________装置。光控开关只有在________时才能使电路接通；声控开关只有在________时才能使电路接通。延时装置是保证电路接通后________min 才断开。

（2）光控传感元件多用________电阻或光电二极管。声控传感元件与电话机的话筒类似，将________信号转化为电信号来控制开关。

（3）常用的楼道灯控制开关除了声光控制开关外，还有________式开关和________式开关。

2. 家庭生活智能化

随着________技术的发展与普及，家庭生活已逐步走向自动化，家用电器都成了________，都能实现网上操作和控制，________为我们井井有条地安排着生活。

课内探究·展示交流

一、楼道灯的自动控制电路

例 1 楼道里，科研人员利用光敏材料制成“光控开关”，天黑时自动闭合，天亮时自动断开；利用声敏材料制成“声控开关”，当有人走动发出声音时自动闭合，无人走动时自动断开。若将这两个开关配合使用（如图 9-4-1），就可以使楼道灯变得“智能化”，这种“智能”电路正确的是（　　）

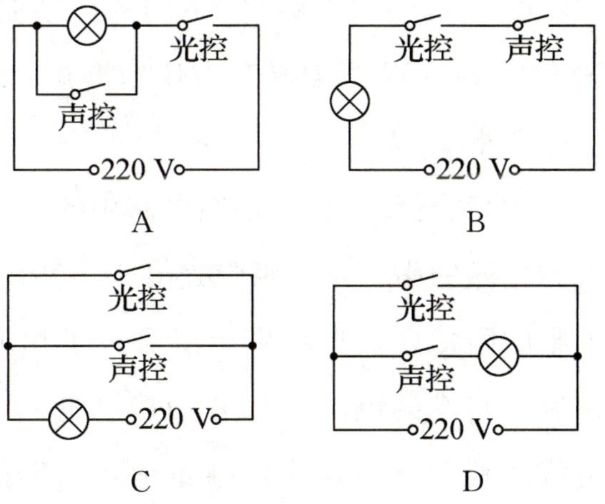

图 9-4-1

【思路导析】 楼道灯的特点是：只有光控开关和声控开关都闭合时，灯才能亮。根据这个特点可以确定，光控开关和声控开关应该是________联的。

二、自动化家用电器

例 2 图 9-4-2 是周小平同学为学校办公楼空调设计的自动控制装置，R 是热敏电阻，其阻值随温度变化关系如下表所示。已知继电器线圈的电阻 R_0 为 10 Ω，控制电路电源电压为 6 V 恒定不变。电流表的 0～30 mA量程接入电路。当继电器线圈中的电流大于或等于15 mA时，继电器的衔铁被吸下，右边空调电路正常工作。

温度 t/℃	0	5	10	15	20	25	30	35	40
电阻 R/Ω	600	550	500	450	420	390	360	330	300

（1）该同学将电流表改成了温度表，通过计算确定表盘上 25 ℃ 的位置。

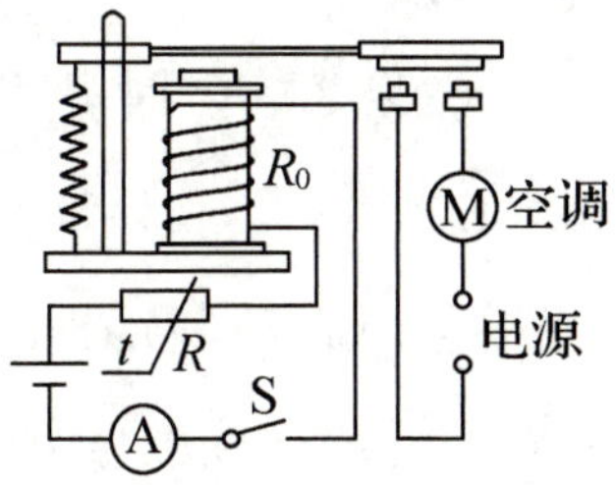

图 9-4-2

（2）为了节省

电能，使温度达到 30 ℃时空调才能启动制冷，电路中要串联多大的电阻？

(3) 为了给空调设定不同的启动温度，请你提出一种可行且调节方便的措施（改变电阻除外）。

【思路导析】(1) 控制电路中的热敏电阻和电磁铁串联，在表中找出 25 ℃时热敏电阻的阻值，运用欧姆定律可以求出此时控制电路中的电流；(2) 当控制电路中的电流达到 15 mA，即总电阻达到一定值时触点就会动作，求出总电阻，减去 30 ℃时热敏电阻的阻值和电磁铁线圈的阻值，结果就是需要串联电阻的阻值；(3) 控制电路中，电磁铁触点动作电流是不变的，要改变空调的启动温度，就要改变启动时热敏电阻的阻值，如果电源电压不变就要改变接入电路的阻值，如果接入电路的阻值不变，那就要改变电源电压。

【答案】 (1) 25 ℃时热敏电阻的阻值 $R=390\ \Omega$，

此时控制电路中的电流

$$I=\frac{U}{R+R_0}=\frac{6\ \text{V}}{390\ \Omega+10\ \Omega}=0.015\ \text{A}=15\ \text{mA}$$

即 25 ℃ 对应的位置是电流表的 15 mA 处。

(2) 30 ℃时热敏电阻的阻值 $R'=360\ \Omega$，

空调启动制冷时，控制电路中的电流 $I'=15\ \text{mA}=0.015\ \text{A}$，

此时控制电路的总电阻 $R_{总}=\frac{U}{I'}=\frac{6\ \text{V}}{0.015\ \text{A}}=400\ \Omega$，

需要串联的电阻阻值 $R_{串}=R_{总}-R'-R_0=400\ \Omega-360\ \Omega-10\ \Omega=30\ \Omega$

(3) 可以通过改变控制电路电源的电压来达到目的。

课时作业·高效训练

基础达标

1. 如图 9-4-3 所示的家用电器中没有应用到自动控制的有 (　　)

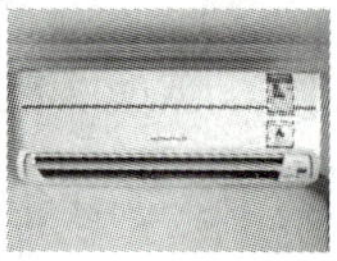

A. 空调

B. 液晶电视

C. 电饭煲

D. 电吹风

图 9-4-3

2. 下列对于光控开关的描述中不正确的是 (　　)

A. 是一种传感器

B. 是把光信号转化为电信号的器件

C. 是一种电器设备

D. 光控开关有时也可以利用声音来控制

3. 下列自动化家用电器中属于温控的是 (　　)

A. 吸尘器　　B. 洗衣机

C. 电冰箱　　D. 电风扇

4. 有一仪器中的电路如图 9-4-4 所示，其中带金属细杆的金属滑块 M 与两侧金

属弹簧相连接并接入电路中，金属块 M 与弹簧套在光滑绝缘水平细杆上。现将该仪器固定在一辆汽车上，当汽车启动时，______亮；当汽车急刹车时，______亮。（均填“红灯”或“绿灯”）

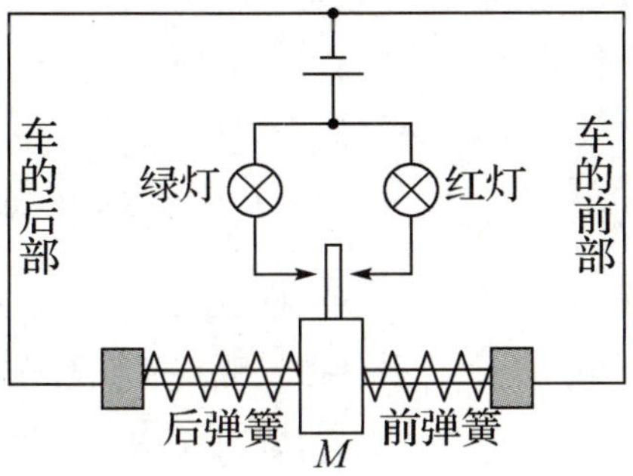

图 9-4-4

5. 电饭煲工作利用了电流的__________效应，应将它设计为__________（填“温”“光”“压力”“烟雾”或“时间”）控。

能力提升

6. 图 9-4-5 是一种“自动保温控制电路”。开始时，常闭触点接通，热得快通电给水加热。当达到一定温度时，热得快内的双金属片接通，电磁铁通电产生磁性吸引衔铁，常开触点接通，警报器响起。当温度降低时，双金属片断开，热得快又重新开始工作，起到保温的效果。双金属片在电路中的作用相当于________；当警报响起时，发光二极管________（填“发光”或“不发光”）。

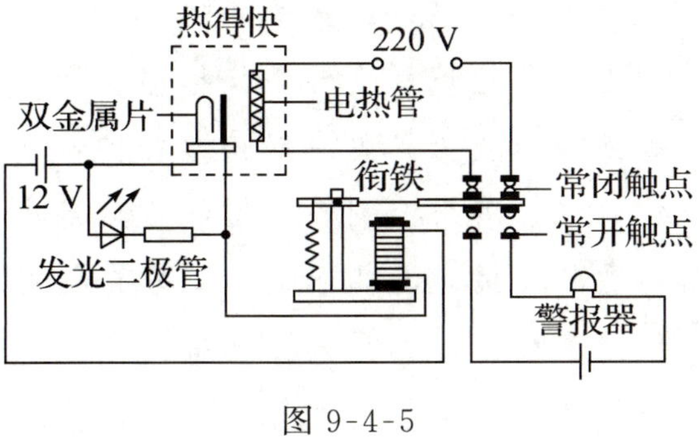

图 9-4-5

7. 小张是一位爱思考的九年级学生。周末，他陪爸爸去宾馆见爸爸的一位老同学，当他们离宾馆大门还有两三米远时，大门自动开了，走过去两三米远时大门又自动关闭了。这引起了他极大的兴趣，决定弄个明白。他把想法告诉了爸爸，征得经理同意后做了以下实验：

（1）不管是轻轻移动还是大步走，走到门前两米多远时，大门都打开。

（2）蹲下身体不足 1 m 时，靠近大门，大门没有反应。

（3）从侧壁紧靠墙壁走进大门，离大门约 0.5 m 时大门才有反应。

根据以上结果，请你判断：这个智能门是靠______来控制的。

A. 压力传感　　B. 声控感应

C. 红外感应　　D. 触摸感应

请说出你的理由。

微课堂讲解（一）

家庭电路线路的连接与故障分析

微型讲解

1. 家用电器与电源的连接

【例 1】 把如图微 1-1 所示电冰箱背后的三个接线头连接到家庭电路中。

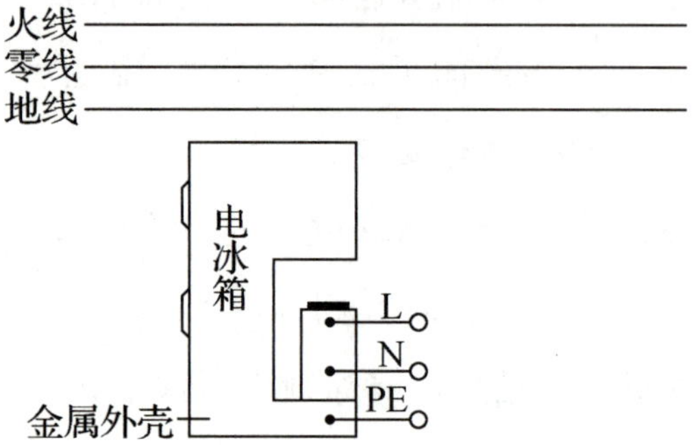

图微 1-1

【思路导析】 家庭电路中用 L 表示火线，用 N 表示零线。

> 方法总结
>
> 常见的家用电器的电源线插头分双线插头和三线插头两种。

2. 插座、照明灯、开关的连接

【例 2】 请用笔画线代替导线，将如图微 1-2 所示的插座、电灯及其开关正确连入家庭电路中。

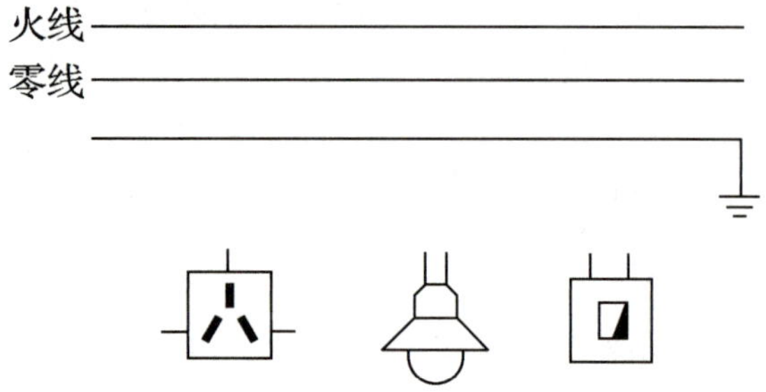

图微 1-2

【思路导析】 三孔插座下面两个插孔的左孔接____线，右孔接____线，上面一个孔接____线；开关与灯泡____联，开关上剩余的那根线接____线，灯泡上剩余的那根线接____线。

> 方法总结
>
> 插座分两孔插座和三孔插座两种，其中两孔插座一般遵循__________的接线原则，三孔插座一般遵循__________的接线原则。照明灯与开关串联，开关接在照明灯与________之间。

3. 插线板内部线路的连接

【例 3】 图微 1-3 是一个家用插线板，当开关闭合时指示灯亮，插孔提供电压。如果指示灯损坏，开关闭合插孔也能提供电压。根据提示，把开关、指示灯、两孔插座正确接入家庭电路中。

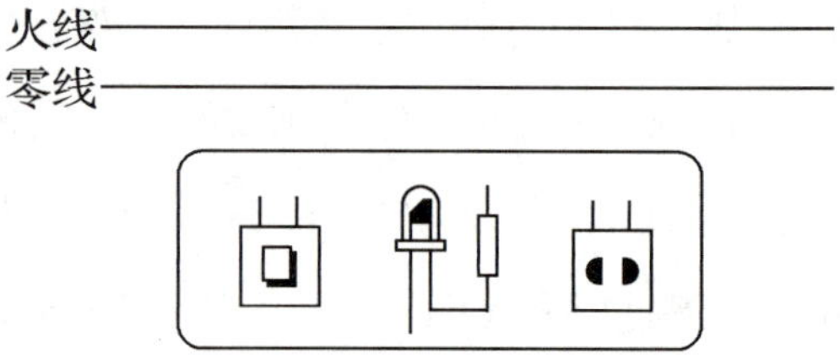

图微 1-3

【思路导析】 由题意可知，开关控制整个插线板内部电路，指示灯与双孔插座____联。双孔插座按照__________的原则接线。

> 方法总结
>
> 常见的插线板由开关、插座、指示灯等部分组成。开关一般连接在内部的________，用来控制整个插线板内部电路的通断。插座与指示灯____联连接在火线与零线上，如果是三孔插座，则标有 PE 的那根线与____线连接。

4. 家庭电路的故障分析

【例 4】 在如图微 1-4 所示的电路中，正常发光的灯突然全部熄灭。经检查，保险丝完好，用验电笔的笔尖测试插座中的两个插孔，氖管均发光。造成这一现象的原因是　　　　(　　)

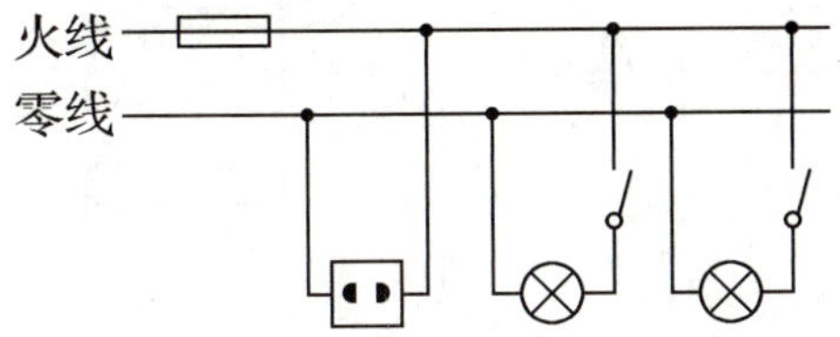

图微 1-4

A. 插座发生短路

B. 进户的火线断了

C. 进户的零线断了

D. 某盏灯的灯丝断了

【思路导析】 如果________，则电路中的保险丝会熔断。如果______断了，则其他电路仍然会正常工作。如果______断了，则用验电笔的笔尖测试插座中的两个孔，氖管都不会发光。

规律总结

当干路中的____线发生断路时，用验电笔的笔尖接触任何位置，氖管均不发光；当干路中的____线断路时，用验电笔的笔尖接触任何位置，氖管均发光。

【例 5】 图微 1-5 是家庭电路的一部分，为了检测灯泡 L 的连接是否正常，电工在保险丝处接入一个与灯泡 L 相同的灯泡 L_0，再闭合开关 S。若灯 L 和 L_0 都发红色光，可以确定灯 L 所在的支路正常；若灯 L_0 正常发光，而灯 L 不发光，可以确定灯 L 所在支路的故障是______；若灯 L_0 不发光，可以确定灯 L 所在支路的故障是______。

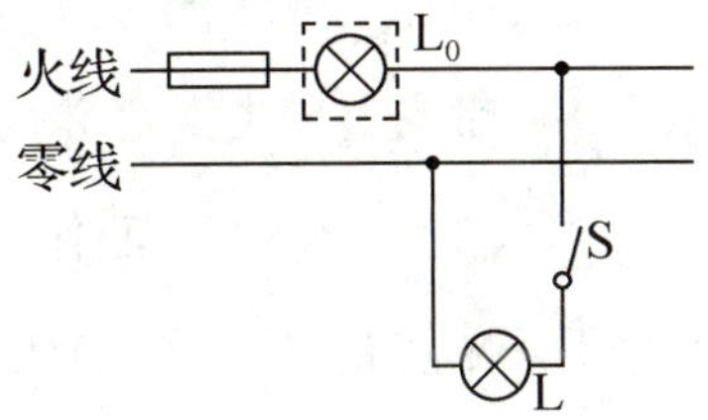

图微 1-5

【思路导析】 闭合开关 S 后，灯泡 L 与灯泡 L_0 串联在火线与零线之间，若灯 L_0 正常发光，而灯 L 不发光，表明灯 L 所在的电路____路；若灯 L_0 不发光，表明灯 L 所在的电路____路。

【例 6】 周末，小明一家人都在家里，小明在书房开着空调用电脑上网查学习资料；爸爸在客厅边看电视边用热水壶烧水准备泡茶；妈妈在厨房里准备午餐，她用电饭锅煮饭的同时，准备用微波炉热菜，当按下微波炉的电源开关时，家里的空气开关“跳闸”了。则“跳闸”的原因可能是微波炉内部______，也可能是家里的用电器________。

【思路导析】 空气开关“跳闸”是因为电路中的______。电路中电流过大的原因有两个：一是电路发生______；二是用电器______。

规律总结

引起家庭电路发生故障的原因一般有三种：短路、断路和用电器总功率过大。当电路中发生短路或者用电器总功率过大时，会导致保险丝烧断或空气开关“跳闸”。当电路中发生断路时，会导致用电器不工作。

针对练习

1. 图微 1-6 是小明家局部的家庭电路，当开关 S_1、S_2 都闭合时，灯泡 L_1 和 L_2 是________联的。当两灯工作一段时间后，灯泡 L_2 突然熄灭，灯泡 L_1 仍然发光，小明马上用验电笔测试图中 C、D、F、H 四点，发现四点都不能使氖管发光。由此可以判断，________段出现断路。若将开关 S_1 断开，小明用手接触 A 点，他________（填“会”或“不会”）触电。

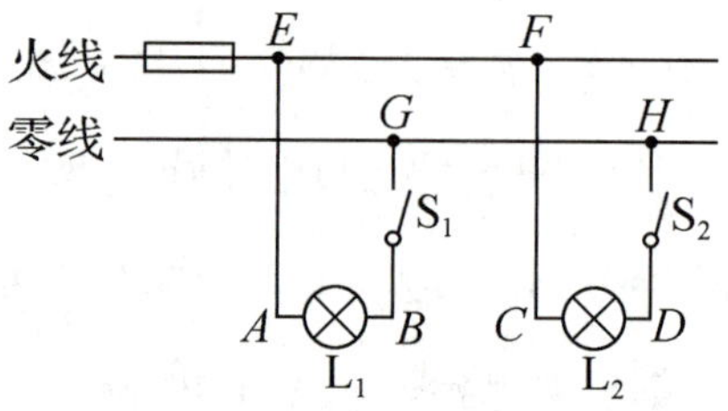

图微 1-6

2. 图微 1-7 是一种电热水壶的内部及底座结构电路，只要把壶身压在底座上，再闭合开关，就能对水加热。电路中的 R 是电热丝，S 是自动开关。请将底座上的三个接线柱正确接入家庭电路中。

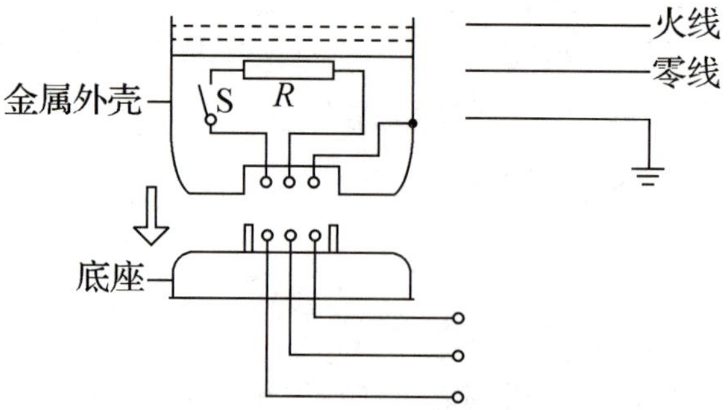

图微 1-7

3. 图微 1-8 右侧是一个组合插座，含有一个三孔插座和一个两孔插座。左侧还有一个开关和一个被其控制的白炽灯。请将它们正确地连入电路。

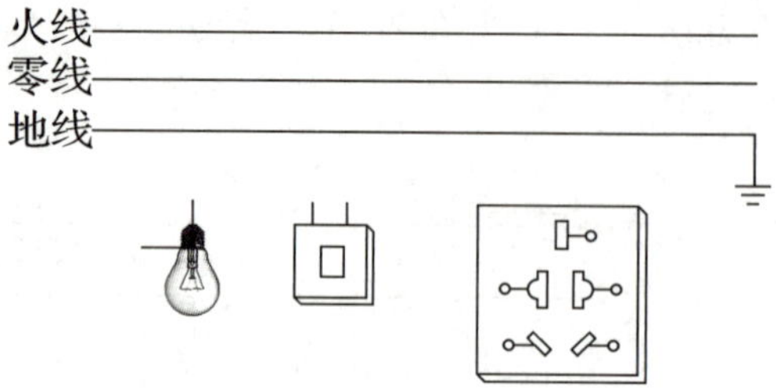

图微 1-8

4. 小明要将一个“一开三孔”开关（即一个开关和一个三孔插座连在一起）安装在房间里。图微 1-9 甲为其实物图，乙为背面接线示意图，A、B 是从开关接线柱接出的两根导线，请你帮助他将乙图中的电路连接完整，使开关控制电灯，插座方便连接其他用电器。

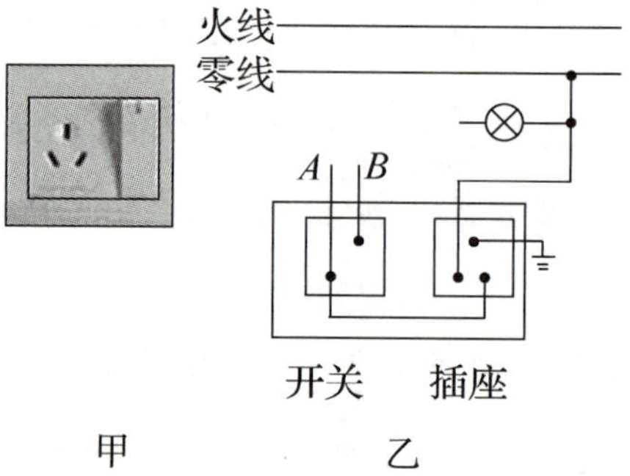

图微 1-9

本章小结

考点题型探究

考点一　家用电器

1. 小明家正在进行新房装修，需要安装一盏在一楼和二楼都能控制的楼梯灯，他设计了如图 9-1 甲所示的电路，开关 S_1 和 S_2 是单刀双掷开关，图9-1 乙是已经安装的电能表。为保证安全用电，下列说法正确的是（　　）

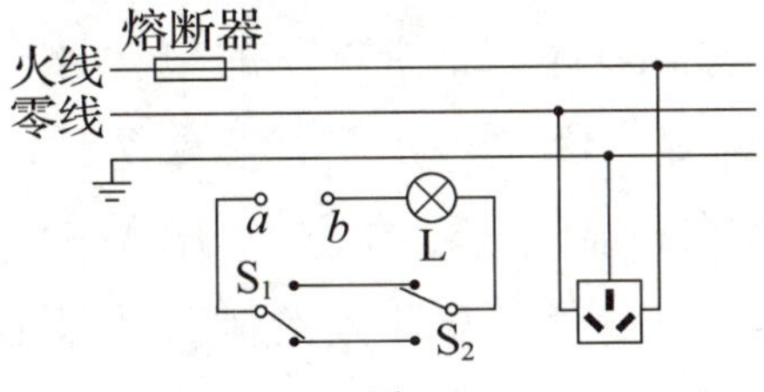

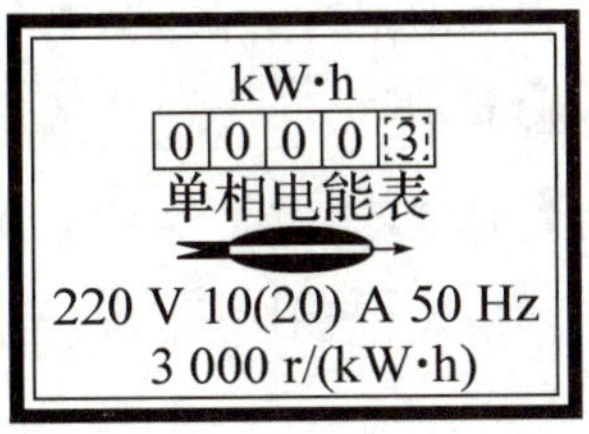

乙

图 9-1

A. 若用电器消耗 5 kW·h 的电能，电能表的转盘转 900 转

B. 若熔断器的熔丝熔断了，可以用铁丝代替

C. a 端应该接零线，b 端接火线

D. a 端应该接火线，b 端接零线

2. 图 9-2 甲、乙分别是一种电热水壶的外形及内部电路图，电路中的 R 是电热丝，S 是自动开关，①②③是底座上的三个接线点。下列关于这三个接线点接线方式的判断正确的是（　　）

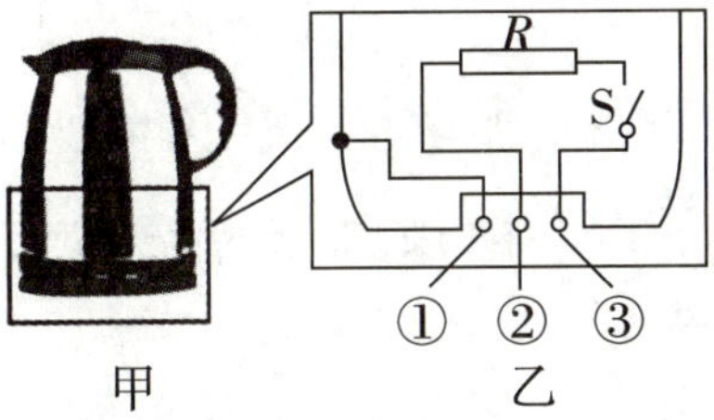

图 9-2

A. ①接火线，②接零线，③接大地

B. ①接零线，②接火线，③接大地

C. ①接大地，②接火线，③接零线

D. ①接大地，②接零线，③接火线

3. 图 9-3 是现在一般住宅户内配电系统的局部电路图，从安全角度考虑，漏电保护器应该装在序号为_______的位置，空气开关应该装在序号为_______的位置。

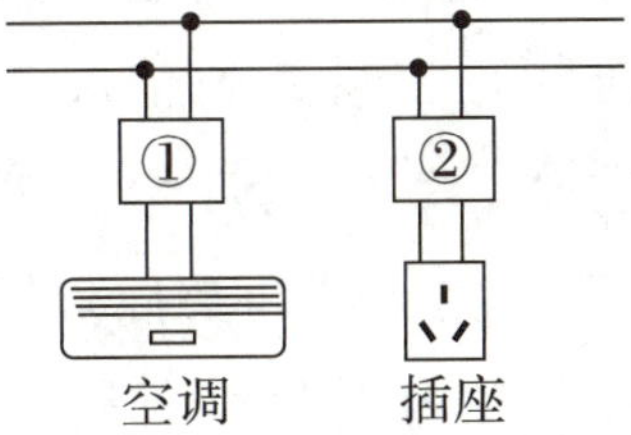

图 9-3

4. (2021·山东济宁)“珍爱生命，安全用电”是同学们日常生活必须具备的安全意识。在家庭电路中，为防止触电事故的发生，必须把用电器的开关安装在________线上，用测电笔辨别火线、零线时，图 9-4 中执笔方式正确的是________。

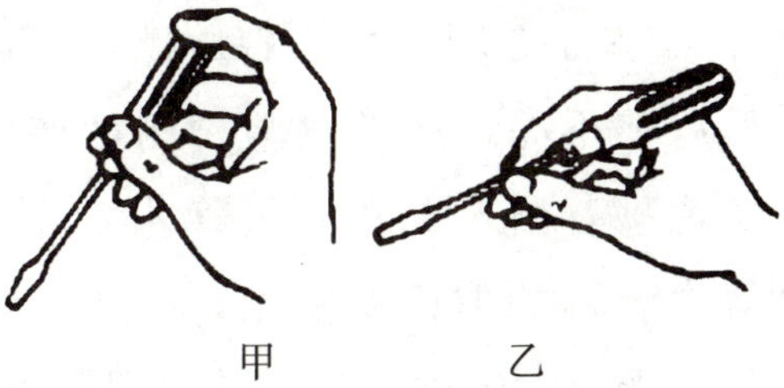

图 9-4

考点二　家庭电路的组成和连接

5. 下列关于试电笔的使用说法正确的是　　（　　）

A. 手指要跟笔尖金属体接触

B. 手指不能接触试电笔的任何金属部分

C. 手指接触笔尾金属体，笔尖接触导线

D. 使用试电笔时没有电流通过人体

6. 暑期是用电高峰期，电路火灾时有发生。起因多是电路“超负荷”，金属导线温度过高引燃了外面的绝缘皮。根据学过的物理知识判断，“超负荷”是指电路中　　（　　）

A. 电流过大　　B. 电压过高

C. 电压过低　　D. 电阻过大

7. 在家庭电路中有时会发生下面两种现象：在台灯开关断开的情况下，把台灯插头插入插座，室内电灯全部熄灭，空气开关“跳闸”；在台灯插头插入插座后，闭合台灯开关，室内电灯全部熄灭，空气开关“跳闸”。引起这两种故障的最大可能是　　（　　）

A. 前者是插座短路，后者是台灯内部短路

B. 前者是插头短路，后者是台灯内部短路

C. 两者都是插座短路

D. 两者都是插头短路

8. 如图 9-5 所示的家庭电路中，闭合开关后灯泡不亮，用试电笔检测插座的两孔，发现只有插入右孔时氖管才发光，用试电笔检测 A 点时氖管发光，检测 B 点时氖管不发光。发生这一现象的原因可能是　　（　　）

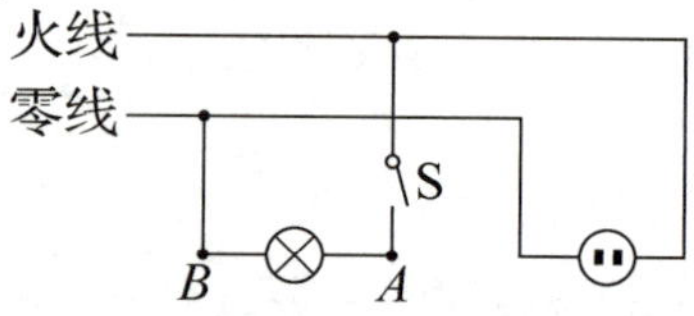

图 9-5

A. 灯丝断了　　B. 灯泡短路

C. 开关接触不良　　D. 插座短路

9. 在家庭电路中，插座必须与电路中的其他用电器________，而开关必须与被控制的照明灯具________。（均填“串联”或“并联”）

10. 小红家电路电压为 220 V，电线允许通过的最大电流为 25 A。小红家正在使用一台“220 V　2.5 kW”的电热水器，如果再接入一台“220 V　2.8 kW”的电磁炉，那么，她们家的空气开关________（填“会”或“不会”）跳闸。为了使大功率用电器同时使用，小红的爸爸准备请电工师傅改造电路，除了更换电能表和空气开关外，还必须更换________。

11. 用笔画线代替导线，将如图 9-6 所示的灯、开关和双孔插座接到电路中。

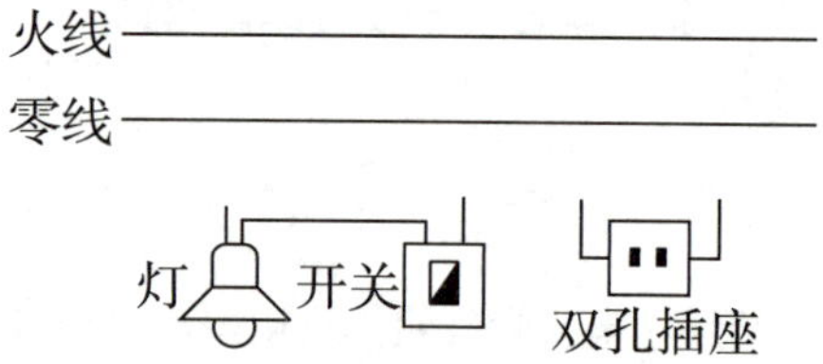

图 9-6

考点三　安全用电

12. (2021·四川南充) 下列关于安全用电常识说法错误的是　　（　　）

A. 三脚插头较长的那只脚无用

B. 保险装置、插座、家用电器达到使用寿命后应及时更换

C. 更换家庭电路中的灯泡、搬动用电器前应断开电源开关

D. 当家庭电路起火时，应先断开电路再灭火

13. 图 9-7 是两种触电的类型示意图，下列说法正确的是　　　　（　　）

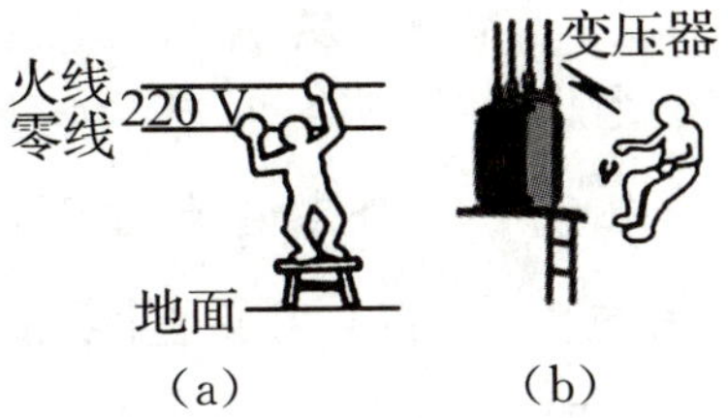

图 9-7

A. (a) 是高压触电，(b) 是低压触电

B. (a) 是低压触电，(b) 是高压触电

C. (a) (b) 都是高压触电

D. (a) (b) 都是低压触电

14. 图 9-8 所示的图片是生活中常见的几种情况，其中符合安全用电做法的是　　　　（　　）

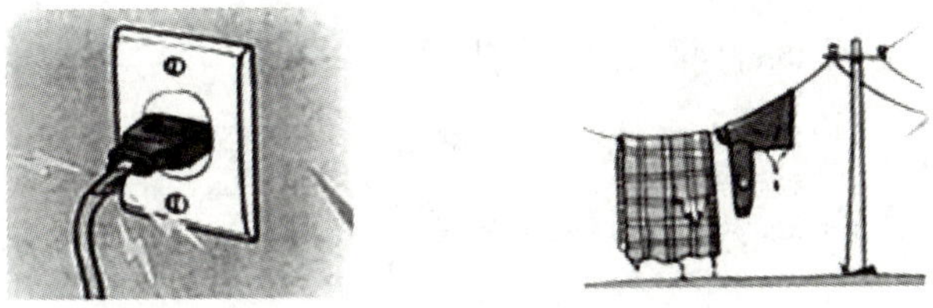

A. 绝缘皮破损　　B. 在电线上晾衣服

C. 金属外壳没接地　　D. 发现触电立即切断电源

图 9-8

15. 人体潮湿时的电阻________（填“大于”或“小于”）人体干燥时的电阻，在接触同样大的电压时，人体在________（填“潮湿”或“干燥”）时更危险。因此，我们不要用湿手接触用电器。

16. 图 9-9 是高大建筑物上的一种装置，它的作用是________，其下端必须与________相连。

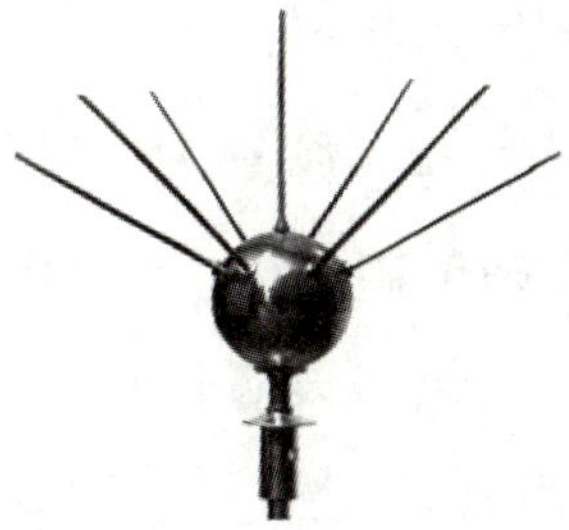

图 9-9

考点四　家庭生活自动化、智能化

17. (2021·山东潍坊)（多选）某电热水器的工作原理如图 9-10 甲所示，用电磁继电器控制加热和保温状态的转换。R_1、R_2 为电热丝，且 $R_2=3R_1$，R_3 为滑动变阻器，R_0 为热敏电阻（置于电热水器内），R_0 阻值随温度的变化规律如图 9-10 乙所示。电源 E 的电压为 6 V，当 R_0 中的电流 $I>15$ mA 时，衔铁被吸下，继电器线圈电阻不计，下列说法正确的是（　　）

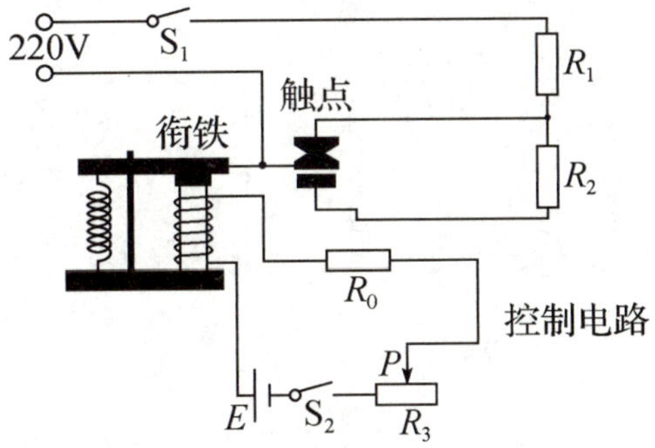

甲

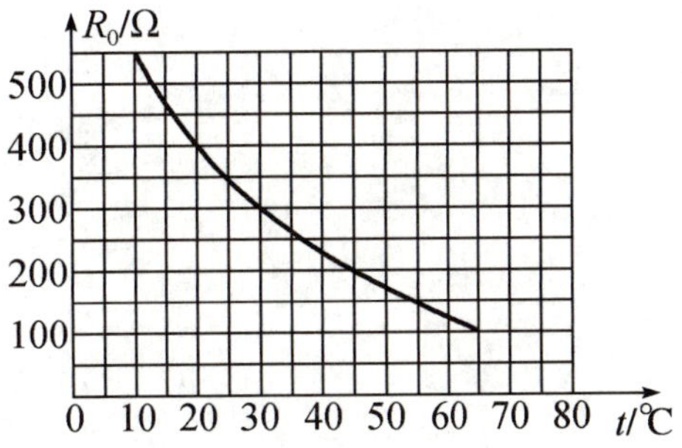

乙

图 9-10

A. 热水器的加热功率是保温功率的 4 倍

B. S_1 闭合，当衔铁吸下后，热水器处于加热状态

C. 当热水温度设置为 55 ℃时，R_3 连入电路的阻值为 250 Ω

D. 若提高热水设置温度，应向左移动 R_3 滑片

18. (2019·山东德州) 汽车装有安全带未系提示系统，当乘客坐在副驾驶座椅上时，座椅下的开关 S_1 闭合，若未系安全带，则开关 S_2 断开，仪表盘上的指示灯亮起，蜂鸣器工作；若系上安全带，则开关 S_2 闭合，指示灯熄灭，蜂鸣器不工作。图 9-11 设计的电路图正确的是 (　　)

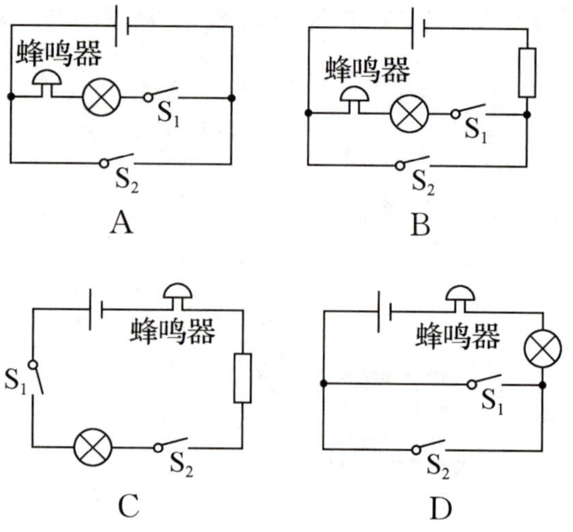

图 9-11

最新考情分析

命题规律

纵观近几年全国各地中考试题，本章内容在中考中的命题特点如下：

1. 从题型来看，主要包括选择题、填空题、作图题等。

2. 从命题角度来看，常以安全用电的情景为背景命题，题目贴近实际生活，同学们都能根据所学的知识和生活经验作答，难度不大。

3. 从考查内容来看，主要包括：(1) 家庭电路的组成部分；(2) 家庭电路的安装顺序；(3) 开关、保险装置、螺口灯泡、三孔插座等电路元件的连接要求；(4) 触电的防护和救护；(5) 安全用电的措施和做法等。

4. 从考查能力来看，主要考查同学们知识的迁移应用能力等。

第十章　电磁波与信息技术

1. 神奇的电磁波

教材助读·自主学习

1. 认识电磁波

电磁波可以传播________、文字和图像，还能进行各种远距离控制。

2. 描述电磁波

(1) 通常电磁波的频率可以达到________Hz。

(2) 波峰和________之间，或波谷和________之间的最小间隔就是波长，它等于波源完成一次振动期间波传播的________。

(3) 电磁波的传播________（填“需要”或“不需要”）介质。

3. 电磁波谱

(1) 电磁波是个大家族，红外线、________、紫外线、X 射线、γ 射线等都是家族成员。它们只是波长和________不同。

(2) 光也是一种电磁波，电磁波在真空中的波速是 $c=$________m/s。

(3) 电磁波的波长、波速、频率三者之间的关系可以用公式表示为________，注意其中各物理量的单位。

课内探究·展示交流

一、电磁波的产生与传播

例 1 关于电磁波产生的原因，以下说法正确的是　　　　(　　)

A. 只要电路中有电流通过，电路周围就有电磁波产生

B. 电磁波就是水波

C. 电磁波只能在通电导体内传播

D. 只要有迅速变化的电流，周围的空间就存在电磁波

【思路导析】 要准确地掌握产生电磁波的条件：当导体中的电流迅速变化时，导体周围就会产生电磁波。电磁波以辐射的形式向外传播；电磁波在固体、液体和气体中都能传播，在真空中________（填“能”或“不能”）传播；水波和电磁波是两种不同形式的波，水波是由于物体振动而产生的一种波，与电磁波有着本质的区别。

二、电磁波的波长、波速和频率的关系

例 2 由波长、波速和频率的关系式可以知道　　　　(　　)

A. 空气中电磁波的传播速度与波长成正比

B. 空气中电磁波的传播速度与频率成正比

C. 空气中电磁波的波长与频率成反比

D. 当波长一定时，电磁波的传播速度与频率成正比

【思路导析】 同种介质中不同频率的电磁波的传播速度是________的，所以频率较大的电磁波波长就较________。

【变式训练】 已知真空中电磁波的波长 $\lambda_{微波}>\lambda_{红外线}>\lambda_{紫外线}$，则它们频率之间的关系是（　　）

A. $f_{微波}=f_{红外线}=f_{紫外线}$

B. $f_{微波}>f_{红外线}>f_{紫外线}$

C. $f_{微波}<f_{红外线}<f_{紫外线}$

D. $f_{紫外线}<f_{微波}<f_{红外线}$

三、电磁波谱

例3　“嫦娥二号”卫星的微波探测仪可探测出“月壤”发出频率为 3.0 GHz、7.8 GHz、19.35 GHz 和37.0 GHz 的微波辐射，下列说法正确的是（　　）

A. 微波属于电磁波

B. 微波是可见光

C. 这四种微波在真空中波长一样

D. 这四种微波在真空中传播速度不同

【思路导析】 微波是电磁波的一种，不属于可见光的范畴；各种频率的电磁波在真空中的传播速度是________的，因此电磁波的频率与波长成________比关系。

课时作业·高效训练

基础达标

1. 下列关于电磁波的说法中正确的是（　　）

A. 只要电路中有电流通过，电路的周围就有电磁波产生

B. 电磁波是沿某个特定的方向在空间传播的

C. 只要有方向、大小变化很快的电流，电流周围就会产生电磁波

D. 声波和电磁波都能在真空中传播

2. 关于电磁波，下列说法正确的是（　　）

A. 电磁波的传播速度比光速小

B. 电磁波的波长越长，频率越高

C. 电磁波的应用会不同程度地影响人们的健康

D. 电磁波可以携带信息、捕捉信息，但不能承载并传播信息

3. 下雨天，小红在家收听广播节目，她发现：打雷时，收音机发出“咔嚓”“咔嚓”的声音，而且这个声音比听到的雷声要早，这是因为（　　）

A. 电磁波在空气中的传播速度大于声速

B. 电磁波在空气中的传播速度等于声速

C. 电磁波在空气中的传播速度小于声速

D. 听到的收音机里的“咔嚓”声比雷声早与二者的传播速度无关

4. 在日常生活中，当你开灯或者关灯时，你会在旁边工作着的电视机屏幕上看到多条闪动的水平亮线，或者从旁边的收音机中听到“咔咔”的杂音，出现这种现象的原因是（　　）

A. 电路通断时，开关中金属碰撞声的影响

B. 电路通断时，交流电通过家庭电路对收音机或电视机的影响

C. 电路通断时，发出的电磁波被电视机、收音机接收

D. 以上原因都有可能

5. 下列关于电磁波和声波的叙述，正确的是（　　）

A. 电磁波看不见，摸不着，所以它实际上并不存在

B. 声波的传播速度与介质的温度有关

C. 电磁波和声波都是由物体的振动产生的

D. 电磁波和声波的波长越短，频率越小

6. 关于电磁波的说法正确的是（　　）

A. 可见光不是电磁波

B. 电磁波的波长越短则频率越低

C. 红外线和可见光在真空中传播速度相同

D. 电磁波、声波都可以在真空中传播

7. 图 10-1-1 是各类电磁波的波形示意图，由图可知，频率最高的是（　　）

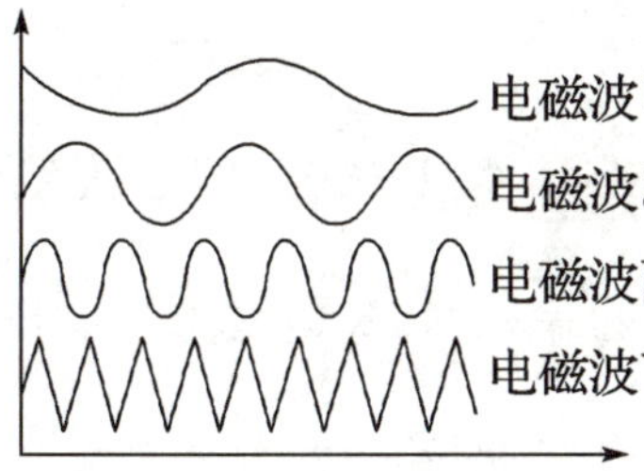

图 10-1-1

A. 电磁波甲　　B. 电磁波乙

C. 电磁波丙　　D. 电磁波丁

8. 空调遥控器能够调温，能够控制空调的开机、关机等，它利用的是（　　）

A. 红外线　　B. 紫外线

C. X 射线　　D. 可见光

9. 小鹭的爸爸开车带她去旅游，车上播放着金门广播电台的闽南语节目。进入翔安隧道后，该频道信号消失。小鹭由此猜想“隧道里不存在无线电波”。下列措施中无法验证此猜想的是（　　）

A. 调大音量　　B. 调换其他频道

C. 试用车载导航　D. 用手机通话

10. 关于电磁波的应用，下列说法不正确的是（　　）

A. 电磁炉是利用电磁波工作的

B. 手机是利用电磁波来通信的

C. 微波炉是利用电磁波来加热食物的

D. 电视台靠电磁波来传递信息

11. 在月球上两个宇航员即使离得很近，也听不到对方发出的声音，但他们之间可以通过无线电通话，这是因为（　　）

A. 月球上没有空气，宇航员发出的声音太小，对方听不清

B. 月球上没有空气，电磁波不能传播

C. 月球上没有空气，声音无法传播，但电磁波可以传播

D. 月球上没有空气，声音和电磁波都无法传播

12. 电磁波是一个大家族，红外线、可见光、紫外线、X 射线、γ 射线等，都是家族中的成员。其中，用来检验金属中是否有缺陷的是________，家用电器的遥控器发出的“光”是________。

13. 艾力在实验室将手机放在真空罩中，然后打电话呼叫真空罩中的手机，手机________（填“能”或“不能”）接收到呼叫信号，这说明________________________。

14. 电磁波的波长、频率和波速的关系可用公式____________表示。上海人民广播电台发射的一种电磁波的频率为 990 kHz，中央人民广播电台发射的一种电磁波的频率为 15.58 MHz，它们发射的电磁波的波长分别为________m 和________m。

15. 图 10-1-2 是一台收音机的屏板，当向右调指针（图中黑块）时，所接收电磁波的频率________，波长________。（均填“变大”“变小”或“不变”）

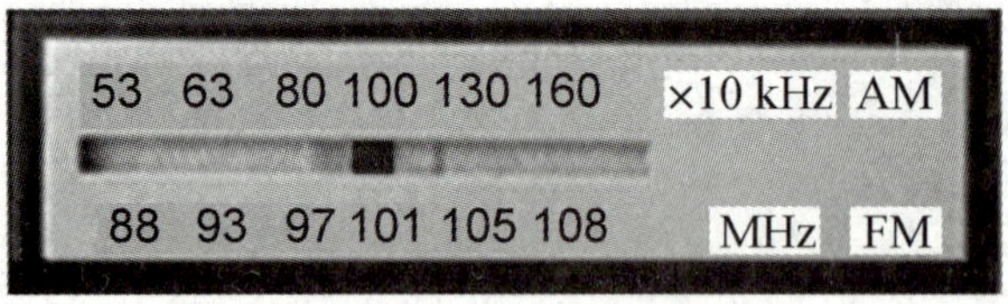

图 10-1-2

16. 一台额定功率为 0.08 W 的收音机，在接收频率逐渐减小的过程中，所对应电磁波的波长将逐渐________（填“增大”“减小”或“不变”）；该电磁波在空气中传播的速度约为________m/s；在正常工作情况下，若持续收听 1 h，将消耗________J 的电能。

17. 某电台发射的电磁波波长为 3 m，则它的频率是________MHz。电磁波的家族成员很多，有无线电波、红外线、可见光、紫外线、X 射线等，它们与人们的生活息息相关。电视机遥控器是利用________来工作的，家用消毒柜用的是________。

能力提升

18. 收音机的音量开关是一个电位器，它是由圆滑形碳膜电阻和一个可移动的金属片组成。用久了的收音机在旋转音量开关时，往往会听到很响的“喀喀”杂声，这是碳膜严重磨损或电位器中有灰尘的缘故，请解释这种现象。

19. 小海同学把一部手机打开，用塑料薄膜包好，放入盛水的盆中，用家中的固定电话拨打手机号码，一会儿手机在水盆中发出了接收到信号的音乐声。他又将手机放在透明的玻璃罩内，将玻璃罩内抽成真空，然后用固定电话再次拨打手机号码，没有听见手机发出的音乐声，但固定电话中发出的是电话已接通的声音，他通过玻璃罩发现手机屏幕发亮，并显示出他家固定电话的号码。

（1）小海所做的实验说明了什么？

（2）光在水中的速度是真空中的速度的$\frac{3}{4}$，那么电磁波在水中的速度可能是多少？

（3）运用所学的知识解释：为什么听不见手机声音，但却可以看见手机屏幕上显示的号码？

答案与解析

第九章　家庭用电

1. 家用电器

【教材助读·自主学习】

1.（1）某种信息处理　（2）电热　电动　照明　信息　（3）电阻　焦耳

2.（1）中性线　相　中性线和保护接地　（2）相　中性　保护接地线　（3）相　保护接地

3. 验电笔　验电笔后端的金属部分　起辉　两　一

【课内探究·展示交流】

【例 1】C　电动　电热

【例 2】C　中性　相

【变式训练】D

【例 3】并　甲　并　笔尾　笔尖

【课时作业·高效训练】

1. C

2. B

3. A

4. D

5. B

6. D

7. 电热类：电饭煲、微波炉、电磁灶、电取暖器、电熨斗、电热壶

电动类：电冰箱、电风扇、洗衣机、抽油烟机、空调

照明类：电灯

信息类：电视机、组合音响、电脑

8. 大地　大地

9. 乙　（1）

10. 220　串联　相　11. C

12. 如图所示

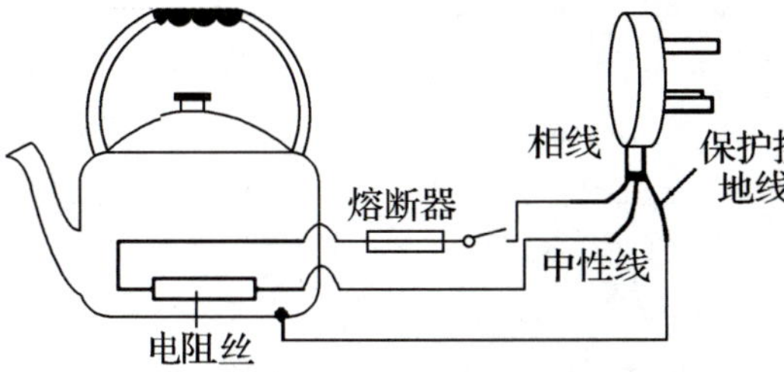

13.（1）高值电阻用以限制使用验电笔时通过人体的电流。

（2）家庭电路电压 $U=220\ \text{V}$，

高值电阻 $R=2.2\ \text{M}\Omega=2.2\times10^{6}\ \Omega$，

估算氖管发光时通过该同学身体的电流

$$I=\frac{U}{R}=\frac{220\ \text{V}}{2.2\times10^{6}\ \Omega}=10^{-4}\ \text{A}。$$

14.（1）“10 A”表示允许通过的最大电流是 10 A。

（2）标有“E”的插脚比其他两脚稍长一些，插插头时能使家用电器的金属外壳先接地，拔插头时能使金属外壳后离开接地线，即使家用电器因绝缘不好“漏电”，人也不会触电。

2. 家庭电路

【教材助读·自主学习】

1. 进户线　用电器　导线　中性　相　220

2.（1）电源总开关　漏电保护器　（2）过载　短路　（3）触电　漏电　短路

3. 多　相　相　中性

【课内探究·展示交流】

【例 1】C

【例 2】C　相

【变式训练】A、C

【例 3】串　相　中性

【课时作业·高效训练】

1. C

2. B

3. B

4. C

5. D

6. B

7. C

8. B

9. C

10. 并联　火线

11. 220　并联　热　短路

12. 流过保险管的最大电流不能超过 5 A

13. 找出发生故障　排除故障

14. 3 300

15. 用电器总功率过大　短路

16. 如图所示

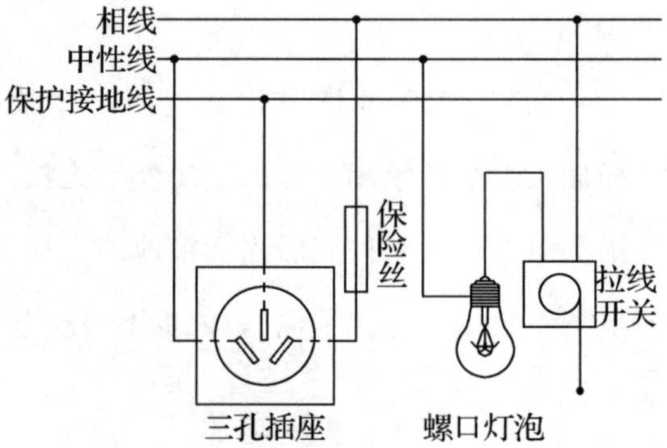

17. (1) 电流

(2) 根据焦耳定律 $Q=I^2Rt$ 可知，电流越大，导体产生的热量就越多

(3) 大功率的用电器交叉使用；根据用电器功率换较粗的输电线；做好电路的散热工作。(答案合理即可)

3. 安全用电与保护

【教材助读·自主学习】

1. 大小　接触电压　电阻　五

2. 双线　电弧　跨步电压

3. 电火花　电弧

4. 熔断器　漏电保护器　保护接地

【课内探究·展示交流】

【例 1】会　不会　单线

【例 2】D　导

【例 3】B

【变式训练】C

【课时作业·高效训练】

1. D

2. B

3. A

4. D

5. C

6. C

7. D

8. 220　电流　接地

9. 440

10. 相（或火）　切断

11. 相线（或火线）　会　不会

12. 并联　越大　串联　甲

13. 根据 $I=\frac{P}{U}$（或 $P=UI$）知，在电压一定时，大量的用电器同时使用会使电路的总功率过大，干路总电流过大，引起空气开关“跳闸”。不同时使用大功率用电器（或不要用湿手碰开关；或有金属外壳的用电器要使用三脚插头等）。

14. (1) 小刘不按照科学安全的操作方法修理洗衣机，修理时带电操作；王某不懂得救人的方

法，没有先切断电源再找医生而贻误了救人的时机；王某将三脚插头的接地脚去掉，使洗衣机外壳没有接地；王某在未断电的情况下随意用拖把拖地上的水。

(2) 将湿衣服晾在电线上（或用湿抹布擦接通电源的电视等）（合理即可）。

4. 家庭生活自动化、智能化

【教材助读·自主学习】

1. (1) 声光　延时　天黑　发出响声　3～5

(2) 光敏　声　(3) 触摸　红外感应

2. 网络　网络终端　程序

【课内探究·展示交流】

【例 1】 B　串

【课时作业·高效训练】

1. D

2. D

3. C

4. 绿灯　红灯

5. 热　温

6. 开关　不发光

7. C　理由是：因为不管是轻轻地移动还是大步走近，大门都打开，而蹲下身体不足 1 m 时，靠近大门，大门没反应，说明不是声控感应，也不是压力传感。整个过程中都没有触摸任何元件，所以触摸感应也可以排除，剩下的就是红外感应了。

微课堂讲解（一）

家庭电路线路的连接与故障分析

【微型讲解】

【例 1】 如图所示

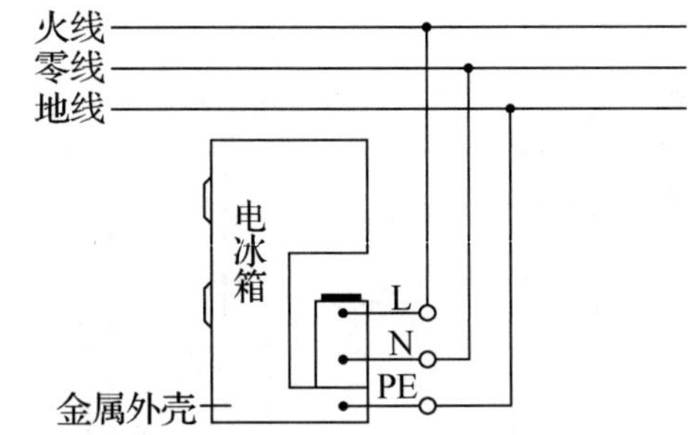

【例 2】 如图所示

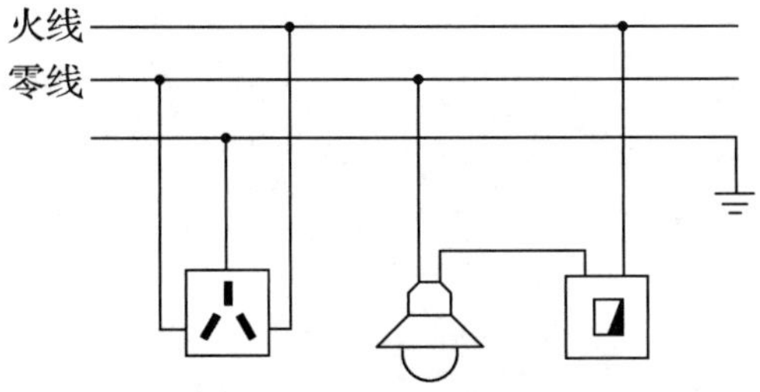

零　火　地　串　火　零　左零右火　左零右火上接地　火线

【例 3】 如图所示

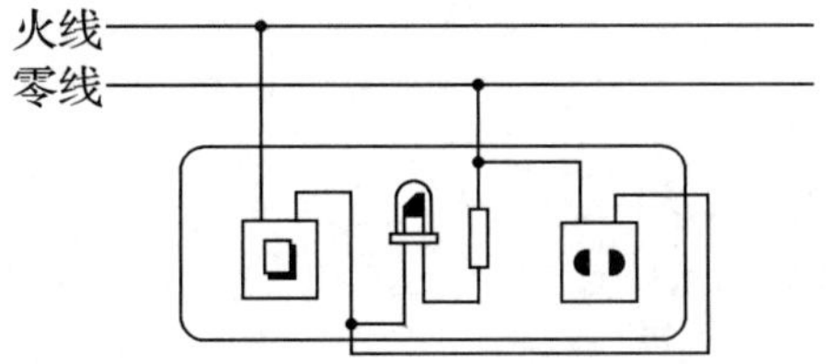

并　左零右火　干路上　并　地

【例 4】 C　插座发生短路　某盏灯的灯丝　进户的火线　火　零

【例 5】 短路　断路　短　断

【例 6】 短路　总功率过大　电流过大　短路　总功率过大

【针对练习】

1. 并　EF　会

2. 如图所示

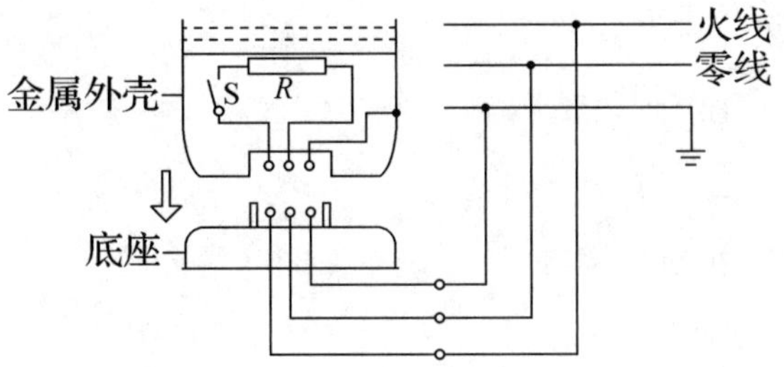

3. 如图所示

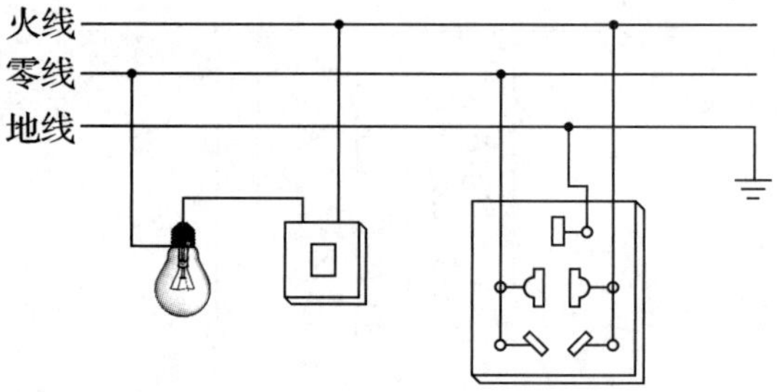

4. 如图所示

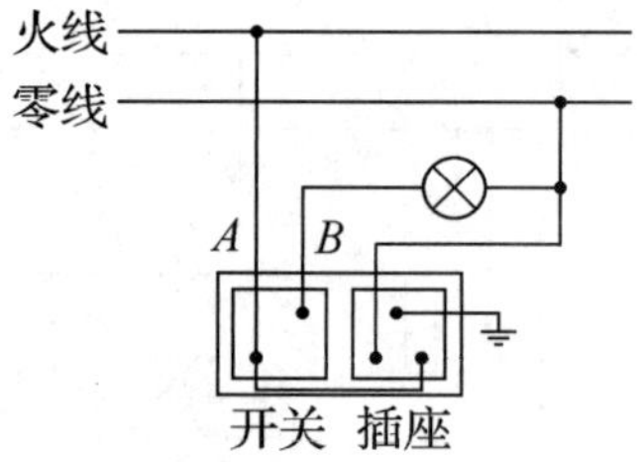

本 章 小 结

【考点题型探究】

1. D

2. D

3. ② ①

4. 火 甲

5. C

6. A

7. B

8. A

9. 并联 串联

10. 不会 输电线

11. 如图所示

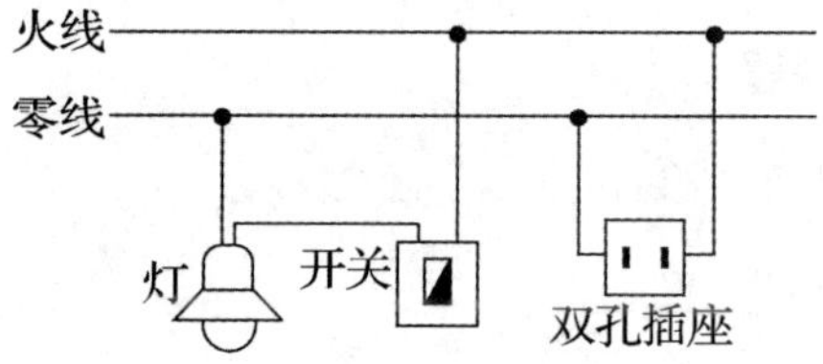

12. A

13. B

14. D

15. 小于 潮湿

16. 防雷 大地

17. AC

18. B

第十章 电磁波与信息技术

1. 神奇的电磁波

【教材助读·自主学习】

1. 声音

2. (1) 10^{14} (2) 波峰 波谷 距离 (3) 不需要

3. (1) 可见光 频率范围 (2) 3×10^8

(3) $c=\lambda f$

【课内探究·展示交流】

【例 1】D 能

【例 2】C 相同 短

【变式训练】C

【例 3】A 相同 反

【课时作业·高效训练】

1. C（解析：电磁波向各个方向传播）

2. C

3. A（解析：打雷时会产生电磁波）

4. C（解析：开、关灯时会产生电磁波，电视机和收音机能接收电磁波）

5. B

6. C

7. D（解析：振动越快，频率越高）

8. A

9. A

10. A（解析：电磁炉是利用电磁感应原理工作的）

11. C

12. γ 射线 红外线

13. 能 电磁波可以在真空中传播

14. $c=\lambda f$ 303.03 19.26

15. 变大 变小

16. 增大　3×10^8　288

17. 100　红外线　紫外线

18. 收音机会发出“喀喀”的声音，这是因为金属片在圆滑形碳膜电阻上滑动时，产生了变化的电流，在空中激起了电磁波。

19. (1) 说明了电磁波在空气、水、真空中都可以传播。

(2) 可能是真空中传播速度的$\frac{3}{4}$。

(3) 声音的传播需要介质，玻璃罩内是真空，故不能传播声音；光的传播不需要介质，显示的号码可以通过真空传到人的眼中。

2. 电磁波的应用

【教材助读·自主学习】

1. (1) 信息　媒介　(2) 调制　解调

2. 太阳光　精密模具

3. 电磁波　远

【课内探究·展示交流】

【例1】 A

【变式训练】 C

【例2】 D

【例3】 A

【课时作业·高效训练】

1. D

2. A

3. A

4. D

5. D

6. D

7. 电磁波　红外线

8. 信息　振动　电磁波

9. ③　①②④

10. 飞机起飞、降落和飞行中都是通过电磁波信号来导航的，若此时乘客使用手机，手机发射和接收的电磁波会干扰飞机正常接收地面的遥控信号，可能引起事故。

例如：在医院里某些地方使用手机会使医疗器械工作产生误差。

11. (1) 由 $c=\lambda f$ 得，$\lambda_1=\frac{c}{f_1}=\frac{3\times10^8\ \text{m/s}}{470\times10^6\ \text{Hz}}\approx$ 0.64 m

$\lambda_2=\frac{c}{f_2}=\frac{3\times10^8\ \text{m/s}}{792\times10^6\ \text{Hz}}\approx0.38\ \text{m}$

所以电视台所用电磁波的波长范围为 0.38～0.64 m。

(2) 电视伴音信号的频率不在收音机所能接收的频率范围之内。

3. 改变世界的信息技术

【教材助读·自主学习】

1. 中继站　地面站

2. 高抗干扰

3. 基站　数字蜂窝系统

4. 能量　电磁波　计算机网络

【课内探究·展示交流】

【例1】 B　中继站

【例2】 C

【例3】 电磁波　0.17

【变式训练】 电磁波

【例4】 C　因特　服务器

【课时作业·高效训练】

1. C

2. B

3. D

4. C（解析：电视机只能接收电磁波，不能发射电磁波）

5. B

6. D

7. C

8. D

9. B（解析：互联网可以实现网上购物）

10. A（解析：电子邮箱是用户在服务器上申请的空间）

11. C（解析：无线接入点就相当于一个中继站）

12. 能量　卫星　电子邮件

13. 因特网

14. 如图所示

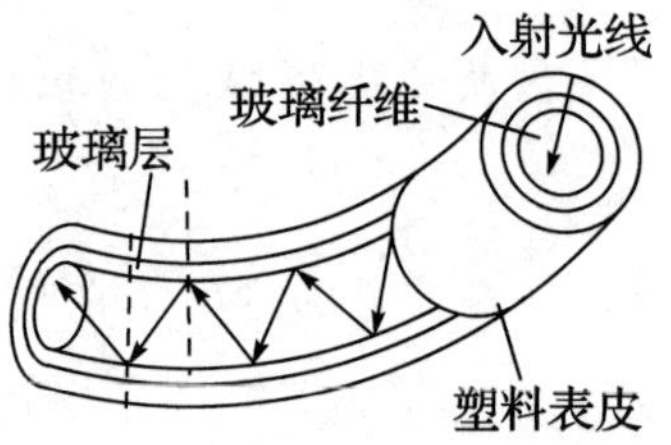

15. (1) 光缆无铜，盗割无用　(2) 破坏通信设施是犯罪行为

16. 不支持　小红

17. 在家里看《新闻联播》节目时，电视机和各省、直辖市电视台的设备几乎同时收到CCTV-1现场直播的信号，各省市电视台把收到的信号处理后，发送到通信卫星上，再由通信卫星传向地面，被电视机接收。因为通信卫星距离地面很远，所以各省、直辖市转播的节目会比CCTV-1直播的节目延迟零点几秒的时间。

本章小结

【考点题型探究】

1. D

2. C

3. A

4. C

5. 电磁波

6. 迅速　电磁波

7. 0.04 m（或4 cm）

8. B

9. C

10. B

11. (1) C　(2) 干扰

12. D

13. D

14. D

15. A

16. 反射　信息量大（或抗干扰能力强）

17. 地点　时间　1.4×10^4

第十一章　物理学与能源技术

1. 能量守恒定律

【教材助读·自主学习】

1. 机械　内　电　光

2. 转移　电能

3. 创造　消灭　转移　转化　不变

4. 能量守恒

【课内探究·展示交流】

【例1】B　电　机械　减少　不变　增加　化学　太阳

【变式训练】D

【例2】D

【例3】C

【课时作业·高效训练】

1. C

2. D

3. A

4. B

5. B

6. C

7. A（解析：需要储存能量的装置）

8. A

9. 内　电

10. 风　转移

11. 化学　光

12. 减小　化学能转化为内能　内能转化为机械能

13. 因为摆球在摆动的过程中要克服空气阻力而不断地消耗机械能，机械能不断地减少，所以摆球每次上升的高度都比前一次要低些。

14. 从放开滚摆到滚摆停止运动，滚摆每次上升过程中质量不变，由于滚摆和空气之间存在摩擦，一部分机械能要转化为内能，机械能减小，所以机械能不守恒，但能量并未因此而消失，而是转化为了内能，即总的能量是守恒的，故在动能、势能相互转化的过程中，整个装置的机械能不守恒，总的能量是守恒的，与能量守恒定律不矛盾。

15. 紧急刹车时，轮胎要克服地面摩擦力做功。机械能转化为内能，轮胎内能急剧增加，温度升高而焦化，所以会在地面上留下黑色的痕迹。

2. 能量转化的方向性和效率

【教材助读·自主学习】

1. 方向

2. (1) 输出有效能量　输入能量　(2) 1　核心

【课内探究·展示交流】

【例 1】 B

【例 2】 A

【例 3】 电能　10%　20

【变式训练】 10　90

【课时作业·高效训练】

1. D（解析：能量的转化是有方向性的）

2. B

3. ABC（解析：能量转化的环节越多，能量损耗就越多）

4. 不变　方向性　AC

5. BC

6. 做功　30

7. 大地　30　13.5

8. 燃料的利用率

9. 4.4×10^7　220　节约资源

10. 0.7　36%

11. C

12. (1) $Q_{吸}=cm(t-t_0)=4.2\times10^3\ J/(kg\cdot℃)\times 50\ kg\times60\ ℃=1.26\times10^7\ J$

(2) $m_{煤}=\frac{Q_{吸}}{\eta q}=\frac{1.26\times10^7\ J}{30\%\times2.4\times10^7\ J/kg}=1.75\ kg$

13. (1) 水壶里水的质量

$m=\rho V=1\ g/cm^3\times5\ 000\ cm^3=5\ 000\ g=5\ kg$

水吸收的热量

$Q_{吸}=cm(t-t_0)=4.2\times10^3\ J/(kg\cdot℃)\times 5\ kg\times(100\ ℃-20\ ℃)=1.68\times10^6\ J$

天然气完全燃烧放出的热量

$Q_{放}=4.0\times10^7\ J/m^3\times(134.871\ m^3-134.731\ m^3)=5.6\times10^6\ J$

天然气炉具的效率

$\eta=\frac{Q_{吸}}{Q_{放}}=\frac{1.68\times10^6\ J}{5.6\times10^6\ J}\times100\%=30\%$。

(2) 消耗的电能

$W=Pt=1\ kW\times0.5\ h=0.5\ kW\cdot h$

花费的电费为 0.5 度×0.5 元/度=0.25 元。

(3) 建议使用电磁炉。

理由：

①天然气费用

$(134.871\ m^3-134.731\ m^3)\times2.2$ 元/$m^3\approx$ 0.31 元>0.25 元

故使用电磁炉更便宜。

②使用天然气会放出二氧化碳等温室气体，使用电能比较清洁。

3. 能　源

【教材助读·自主学习】

1. (1) 来源　物质资源　(2) 一次　(3) 煤　石油　天然气

(4) 短期内无法再生　风能　太阳能　煤　石油　天然气

2. 需求量的　新能源

【课内探究·展示交流】

【例1】A　一　不可

【变式训练】C

【例2】A　多

【例3】C　一次

【课时作业·高效训练】

1. B（解析：地热能是一次能源）

2. C（解析：不可再生能源是无法在短期内得到补充，并不是永远都无法得到补充的）

3. A

4. A

5. BC

6. B

7. C

8. B

9. C

10. 可再生　机械

11. 2.8×10^{10}　新

12. (1) 化学　(2) 环保、减少石油这种化石能源的消耗

13. (1) 不可再生　方向性　(2) 7.392×10^{5}　(3) 37.3%

14. (1) ②④⑤　①③⑥⑦　(2) 动　重力势

15. (1) 机械　电流　(2) 可再生　6×10^{5}

4. 核　能

【教材助读·自主学习】

1. (1) 质子　中子　核力　(2) 拆分　组合起来　原子能

2. (1) 核裂变　(2) 链式反应　(3) 核反应堆　(4) 能够　(5) 放射性　射线

3. 超高温　热核反应　氢

【课内探究·展示交流】

【例1】A　裂变

【例2】B

【例3】A

【课时作业·高效训练】

1. C

2. B（解析：目前的核电站利用的是核裂变释放的能量）

3. C

4. B（解析：核裂变不会释放有害的烟尘和气体）

5. B

6. B（解析：核航母通常也叫核动力航母）

7. D

8. B

9. D

10. 质子　核裂变　核聚变

11. 核　核反应堆　链式

12. 核聚变　核电站　不可再生

13. ①③④⑥　②⑤⑦

14. (1) 核　裂变　(2) C

15. (1) 核　(2) 2.16×10^{24}　(3) 热传递

16. 能量转化顺序是：核能→内能→机械能→电能。

17. 核能是一种相对较为清洁的能源，而且用料省、运输方便；但核泄漏造成的核辐射会对周边环境造成严重污染，因此核能的利用与核电安全是人类应同时关注和研究的课题。

5. 能源开发与可持续发展

【教材助读·自主学习】

1. 能源危机　技术创新　清洁型能源

2. 核　太阳　地热　风　海洋　生物　氢

【课内探究·展示交流】

【例 1】D　化石

【例 2】A　一　二

【例 3】A　可　不可

【课时作业·高效训练】

1. B（解析：水电站有可能造成生态灾难）

2. B（解析：安装玻璃幕墙可能会造成光污染）

3. D

4. C

5. D

6. C（解析：火力发电对环境污染较大）

7. C

8. C

9. D

10. 聚变　光合　化学

11. 机械　电

12. 内　热值大　污染较小

13. 可再生　3.84×10^{6}

14. （1）1.2×10^{8}　（2）电磁感应　（3）机械　（4）清洁无污染（合理即可）

15. （1）二氧化碳　（2）化学能　（3）1 000　6.25

微课堂讲解（二）
能量转化效率的计算

【微型讲解】

【例 1】水的质量

$m_{水}=500\ g=0.5\ kg$

水吸收的热量

$Q_{吸}=cm_{水}(t-t_0)=4.2\times10^{3}\ J/(kg\cdot℃)\times0.5\ kg\times(100\ ℃-20\ ℃)=1.68\times10^{5}\ J$

$m_{酒精}=14\ g=0.014\ kg$

酒精完全燃烧放出的热量

$Q_{放}=m_{酒精}q=0.014\ kg\times3.0\times10^{7}\ J/kg=4.2\times10^{5}\ J$

加热的效率

$\eta=\frac{Q_{吸}}{Q_{放}}\times100\%=\frac{1.68\times10^{5}\ J}{4.2\times10^{5}\ J}\times100\%=40\%$

即酒精炉加热的效率为 40%。

【例 2】水的质量 $m=\rho V=1\ 000\ kg/m^{3}\times36\times10^{-3}\ m^{3}=36\ kg$，

水吸收的热量（有效能量）

$Q_{吸}=cm\Delta t=4.2\times10^{3}\ J/(kg\cdot℃)\times36\ kg\times(70\ ℃-20\ ℃)=7.56\times10^{6}\ J$

加热水消耗的电能（总能量）

$W=Pt=3\ 000\ W\times50\times60\ s=9\times10^{6}\ J$

电热淋浴器加热时的热效率

$\eta=\frac{Q_{吸}}{W}\times100\%=\frac{7.56\times10^{6}\ J}{9\times10^{6}\ J}\times100\%=84\%$

即电热淋浴器加热时的热效率为 84%。

【例 3】小汽车以 30 kW 的功率匀速直线行驶 10 min=600 s，

牵引力所做的功 $W=Pt=3\times10^{4}\ W\times600\ s=1.8\times10^{7}\ J$，

完全燃烧 1.3 kg 汽油放出的热量

$Q_{放}=mq=1.3\ kg\times4.6\times10^{7}\ J/kg=5.98\times10^{7}\ J$

小汽车发动机的效率为

$\eta=\frac{W}{Q_{放}}\times100\%=\frac{1.8\times10^{7}\ J}{5.98\times10^{7}\ J}\times100\%\approx30\%$

即小汽车发动机的效率约为 30%。

【例 4】太阳能电池板每天（8 h）吸收的太阳能

$W_{总}=0.4\times10^{6}\ J/h\times8\ h=3.2\times10^{6}\ J$

电子节能灯正常工作 10 h 消耗的电能

$W_{有用}=Pt=9\ W\times10\times3\ 600\ s=3.24\times10^{5}\ J$

太阳能照明灯利用太阳能的效率

$\eta=\frac{W_{有用}}{W_{总}}\times100\%=\frac{3.24\times10^{5}\ J}{3.2\times10^{6}\ J}\times100\%\approx10\%$

即太阳能照明灯利用太阳能的效率大约是 10%。

【针对练习】

1. (1) 电动机输出的机械能与消耗的电能之比

(2) 手机电池获得的电能与充电器消耗的电能之比

(3) 水箱内的水获得的内能与吸热管吸收的太阳能之比

2. 自来水的质量

$m=\rho V=1.0\times10^3\ kg/m^3\times250\times10^{-6}\ m^3=0.25\ kg$

自来水吸收的热量

$Q_{吸}=cm(t_2-t_1)=4.2\times10^3\ J/(kg\cdot ℃)\times0.25\ kg\times(78\ ℃-20\ ℃)=6.09\times10^4\ J$

加热自来水微波炉消耗的电能

$W=Pt=1\ 100\ W\times60\ s=6.6\times10^4\ J$

微波炉的加热效率

$\eta=\frac{Q_{吸}}{W}\times100\%=\frac{6.09\times10^4\ J}{6.6\times10^4\ J}\times100\%\approx92.3\%$。

3. 汽车的重力

$G=m_{车}g=10\times10^3\ kg\times10\ N/kg=10^5\ N$

汽车匀速行驶时的阻力

$F_{阻}=0.01G=0.01\times10^5\ N=1\ 000\ N$

因为汽车匀速行驶，所以发动机的牵引力等于受到的阻力

$F=F_{阻}=1\ 000\ N$

每行驶 100 km 做的功

$W=Fs=1\ 000\ N\times100\ 000\ m=10^8\ J$

燃烧汽油的质量

$m_{油}=\rho V=0.71\times10^3\ kg/m^3\times10\times10^{-3}\ m^3=7.1\ kg$

完全燃烧汽油放出的热量

$Q=m_{油}q=7.1\ kg\times4.6\times10^7\ J/kg=3.266\times10^8\ J$

汽车发动机的效率

$\eta=\frac{W}{Q}\times100\%=\frac{10^8\ J}{3.266\times10^8\ J}\times100\%\approx30.6\%$

4. (1) 太阳能电池接收太阳能的功率

$P_1=1.0\times10^3\ W/m^2\times8\ m^2=8\times10^3\ W$

输出功率为

$P_2=UI=120\ V\times10\ A=1\ 200\ W$

太阳能电池的效率是

$\eta_1=\frac{P_2}{P_1}\times100\%=\frac{1\ 200\ W}{8\ 000\ W}\times100\%=15\%$。

(2) 在 30 min 内，电流通过电动机线圈产生的热量

$Q=I^2Rt=(10\ A)^2\times4\ \Omega\times30\times60\ s=720\ 000\ J$。

(3) 电动机线圈的发热功率

$P_3=I^2R=(10\ A)^2\times4\ \Omega=400\ W$

$P_{机械}=P_2-P_3=1\ 200\ W-400\ W=800\ W$

电动机把电能转化为机械能的效率

$\eta_2=\frac{P_{机械}}{P_2}\times100\%=\frac{800\ W}{1\ 200\ W}\times100\%\approx66.67\%$。

本章小结

【考点题型探究】

1. 二次　化学　内
2. 输送　转化
3. 机械能　光能　内能
4. D
5. C
6. C
7. C
8. D
9. B
10. D
11. 裂变
12. (1) 裂变　(2) 核能转化为内能　内能转化为机械能　(3) 60%

13. 聚变　核能

14. A

15. D

16. D

17. D

18. 1.4×10^9　1.7×10^5

19. (1) 风力发电机产生的电能

$W=Pt=16\ \text{kW}\times1\ \text{h}=16\ \text{kW}\cdot\text{h}$,

空调的功率

$P_1=UI=220\ \text{V}\times5\ \text{A}=1\ 100\ \text{W}=1.1\ \text{kW}$,

电热锅的功率

$P_2=\frac{U^2}{R}=\frac{(220\ \text{V})^2}{40\ \Omega}=1\ 210\ \text{W}=1.21\ \text{kW}$,

工作时间

$t=\frac{W}{P_1+P_2}=\frac{16\ \text{kW}\cdot\text{h}}{1.1\ \text{kW}+1.21\ \text{kW}}\approx6.93\ \text{h}$。

(2) 一天的发电总量

$W'=P't'=3.8\times10^4\ \text{W}\times50\times24\times3\ 600\ \text{s}=1.641\ 6\times10^{11}\ \text{J}$,

相当于燃烧煤的质量

$m=\frac{Q}{q}=\frac{W'}{q}$

$=\frac{1.641\ 6\times10^{11}\ \text{J}}{3\times10^7\ \text{J/kg}}$

$\approx5.47\times10^3\ \text{kg}$

$=5.47\ \text{t}$。

专题一　长度和时间的测量、简单的运动

1. B

2. B

3. A（解析：比较被研究的物体与参照物之间的位置是否发生了变化）

4. A

5. D

6. D

7. B（解析：根据题图可求出滑块的运动路程与运动时间，然后由速度公式求出滑块的平均速度）

8. 2.70（2.68～2.72均可）　9. 汽车　地面

10. 青山　汽车

11. 乙

12. 90　火车

13. 3.15　5.89　4.06

14. 40

15. 如图所示

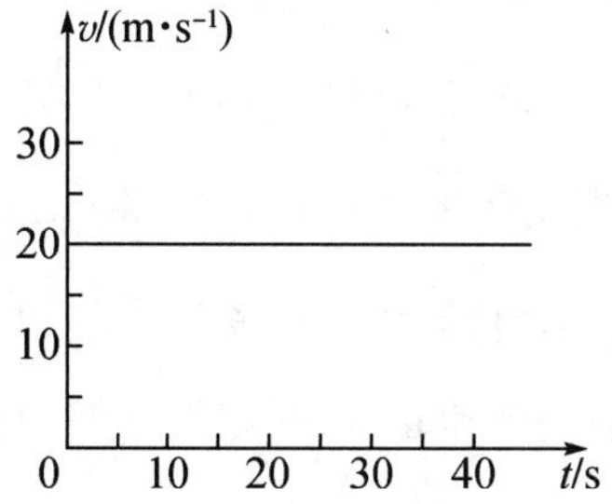

16. (1) 1.25　(2) 1 500　(3) 速度

17. (1) 运动　(2) 最大速度　(3) 12.5

18. (1) 化学　(2) 遵守

专题二　声现象

1. D

2. C

3. C（解析：不同物体发声时，声音的特色不同，就是指音色不同）

4. B

5. A

6. C

7. D

8. C

9. 振动　振幅

10. 不同　音色　响度

11. 响度　真空　电磁波

12. 甲、乙　甲、丙

13. 350　能

14. 音调

15. 音调　响度　音色

16. 声源　分贝(dB)

17. 能　电磁波可以在真空中传播　不能　真空不能传声

18. 声波在固体中传播的能量损失比在空气中少吗？声音的传播距离与介质有关吗？声音在固体中的传播距离比在空气中传播得远吗？（其他答案只要合理，同样给分）

19. 被弹起　振动　能量

20. (1) 音调越来越高　(2) 可能是由暖水壶壁振动产生的（或可能是水在下落过程中振动产生的，或可能是水下落时与瓶内空气摩擦引起空气振动产生的，或其他合理的猜想）

专题三　光现象

1. A

2. B

3. A

4. C

5. D

6. A

7. 3×10^{8}　漫

8. 4　不变

9. 曲线　保持不变

10. 折射　反射

11. 光的反射　光的直线传播

12. 如图所示

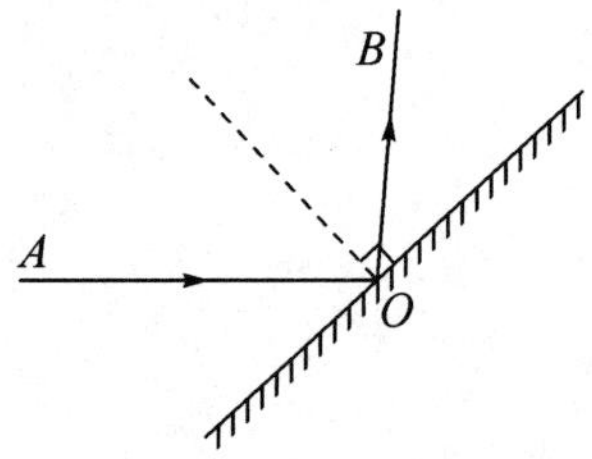

13. 如图所示

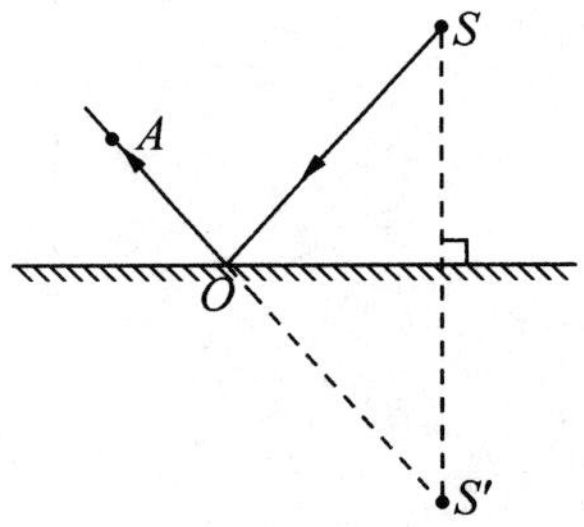

14. 如图所示

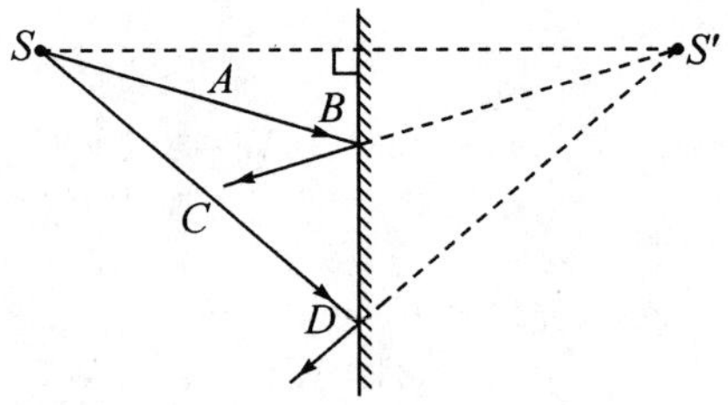

15. 如图所示

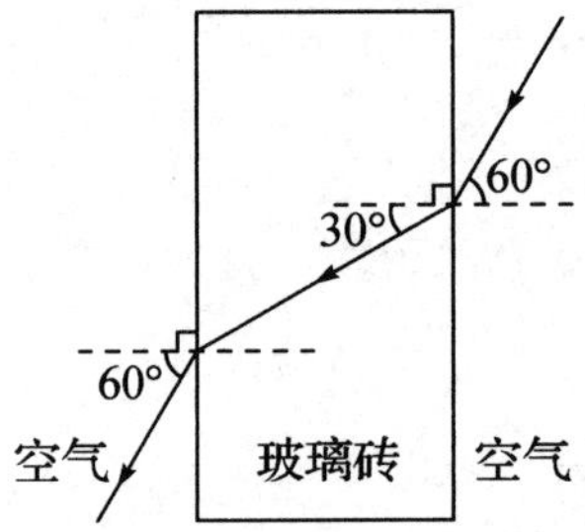

16. (1) 反射光线和入射光线　反射角和入射角
(2) 不发生

17. (1) 相同　(2) 相等　(3) 相等　垂直
(4) 一次实验不具备代表性　(5) 不透光

18. 用砂纸打磨黑板反光的部分；黑板经打磨后变粗糙，镜面反射变为漫反射。

专题四　透镜及其应用

1. B

2. C

3. D

4. B

5. D

6. A

7. B

8. C

9. 凸透镜　焦点

10. 2倍焦距以外（或大于2倍焦距）　放大　增大

11. 凸透　缩小　实　照相机（或摄像机等）

12. 吸收　反射

13. 主光轴　15.0　靠近

14. 如图所示

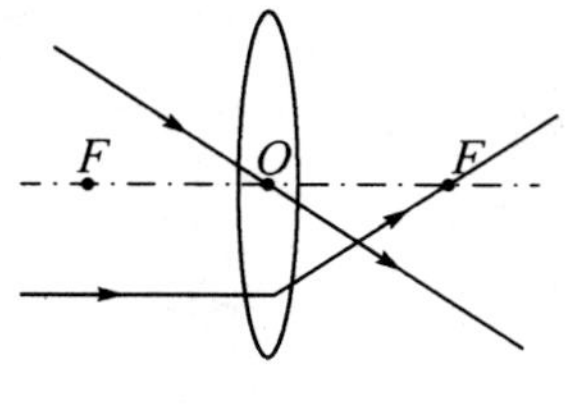

15. 如图所示

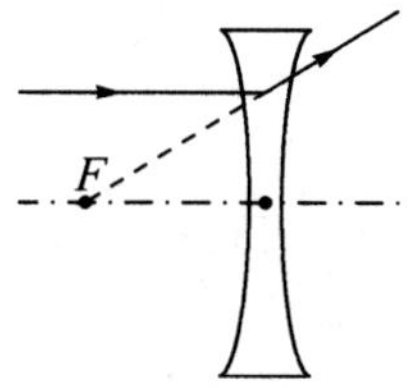

16. 如图所示

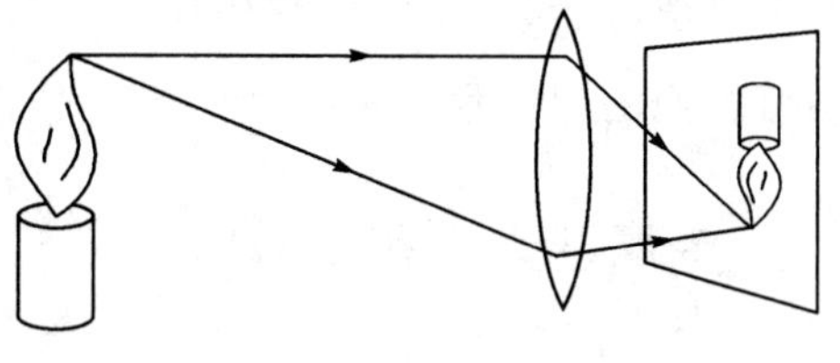

17. (1) 烛焰、凸透镜、光屏三者的中心不在同一高度（或物距小于焦距）　(2) 缩小　远离

18. (1) 凹透镜对太阳光有发散作用，不能点燃火柴

(2) 错误

(3) 用焦距相同、直径不等的凸透镜做实验，测量火柴被点燃的时间

如果各次实验测量的点燃时间不等，则猜想正确，反之错误

19. (1) 长波紫外线透过率　(2) 其他条件相同时，防晒效果与衣服的层数（厚度）有关　(3) 穿全棉长袖T恤；穿颜色较深的衣服

专题五　物态变化

1. D

2. C

3. D

4. B

5. D

6. A

7. A

8. D

9. C

10. 热胀冷缩　37.8

11. 100　零下4.7摄氏度

12. 熔化　吸

13. 汽化吸热　液化　液氨汽化过程中吸收大量热量使周围温度降低，湿棉纱很容易结冰　扩散

14. 水蒸气　凝华　会放热　内侧

15. 升高　②　水蒸气液化放热

16. (1) 0　吸收热量，温度保持不变　固液共存状态　(2) 物质受热不均匀

17. (1) 水银　(2) 甲　(3) 质量　(4) 减少水的质量（合理均可）

专题六　质量、密度

1. C

2. A

3. A

4. D

5. C

6. B

7. B

8. 不变　变小

9. (1) 将游码移到标尺左端的零刻度处

(2) 调节平衡螺母，使指针指到分度盘的中央位置，或在中央位置左右摆动的格数相同

10. 250 cm^3　0.65 kg

11. 0.01　0.7

12. (1) 柑橘排水质量

$m_{排}=m_{总}-m_{剩}=360\ g-240\ g=120\ g$。

(2) 由 $\rho=\frac{m}{V}$可得柑橘的体积

$V_{橘}=V_{排}=\frac{m_{排}}{\rho_{水}}=\frac{120\ g}{1.0\ g/cm^3}=120\ cm^3$。

柑橘的密度

$\rho_{橘}=\frac{m_{橘}}{V_{橘}}=\frac{114\ g}{120\ cm^3}=0.95\ g/cm^3$。

(3) 偏小。

13. (1) 水平　右　27　(2) 10　(3) 2.7

(4) 小

14. (1) 81.8　(2) 46　(3) 1.1

(4) 从烧杯向量筒中倒石油时，烧杯中有石油残留，使所测得的石油体积偏小，从而使密度值偏大

(5) 先测出石油和烧杯的总质量，将石油倒入量筒后再测出烧杯的质量，两者的差值即为量筒中石油的真实质量

专题七　力

1. B

2. B

3. D

4. D

5. A

6. D

7. D

8. C

9. 形变　相互　运动状态

10. 甲　乙

11. 0.2　0～5.0　3.0

12. 重垂　竖直　水平

13. 减小摩擦　摩擦力增大

14. 如图所示

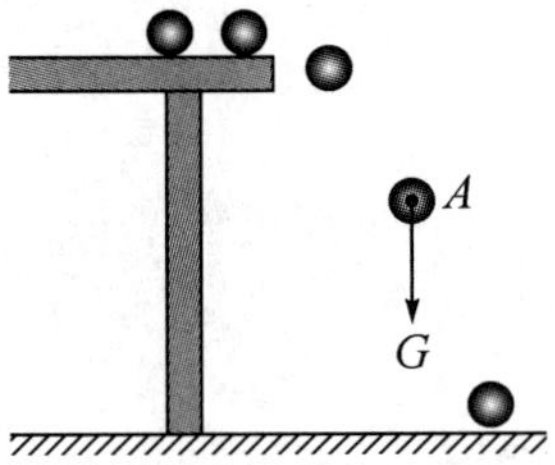

15. 如图所示

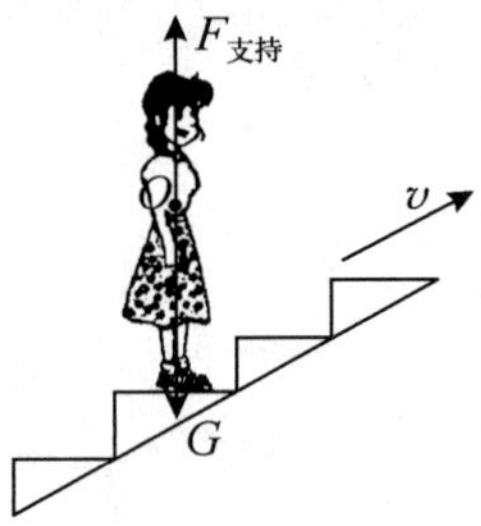

16. 力的大小　顺时针　逆时针　方向　乙　作用点

17. (1) 天平和弹簧测力计　(2) 9.8　(3) 物体所受的重力和它的质量成正比

18. (1) 匀速直线　(2) 接触面越粗糙　(3) 没有控制接触面的粗糙程度不变

专题八　力和运动

1. A

2. C

3. C

4. B

5. D

6. C

7. D

8. C

9. B

（3）该电路工作 10 s，定值电阻产生的热量是多少？

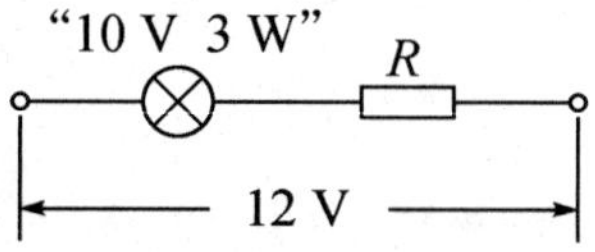

图 5

四、实验与探究题（共 14 分）

24.（14 分）小华同学利用如图 6 甲所示的装置探究水沸腾的特点。

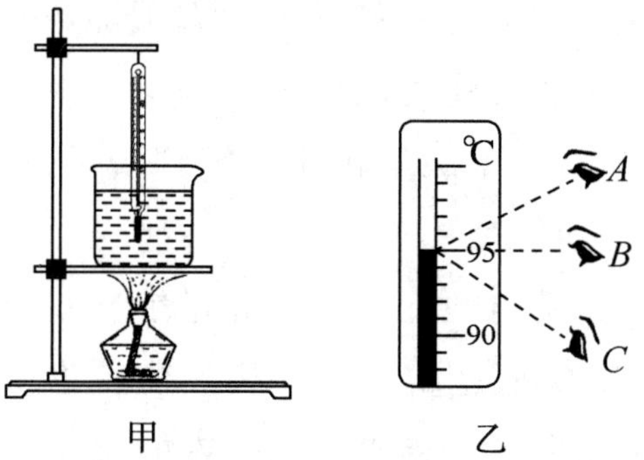

图 6

（1）某时刻温度计的示数如图乙所示，其中读数方法正确的是________（填"A""B"或"C"）。

（2）本实验中，是通过________的方式增加水的内能。

（3）要缩短加热时间，请写出一种可行的办法：________________________。

B 卷（共 20 分）

一、选择题（每小题 3 分，共 9 分。有的小题只有一个选项符合题目要求，有的小题有两个选项符合题目要求，全部选对的得 2 分，选对但不全的得 1 分，有选错的得 0 分）

1. 节能减排，从我做起、从生活中的小事做起。关于家用电器的使用，下面做法符合这一理念的是（　　）

A. 用智能开关控制楼梯灯，确保人走灯灭

B. 电冰箱使用中要尽量把温度调低一些

C. 家用电视机日夜处于待机状态

D. 用太阳能热水器替换电热水器

2. 用打气筒给篮球快速充气，忽略篮球体积的变化，在充气过程中，球内空气（　　）

A. 质量不变　　B. 密度增大

C. 温度不变　　D. 内能增大

3. 在下列凸透镜成像实例中，能成倒立、缩小的实像的有（　　）

A. 用投影仪上课　　B. 用手机拍照

C. 用放大镜看树叶　　D. 用摄像头摄像

二、综合题（本题 11 分，在解答时应写出公式和重要演算步骤，只写出最后答案的不能得分）

4. 图 7 是某电器设备内的一部分电路，电源电压恒为 12 V，R_1 为定值电阻，R_2 为标有"100 Ω　0.5 A"字样的滑动变阻器，R_3 为标有"3 V　0.9 W"字样的定值电阻。

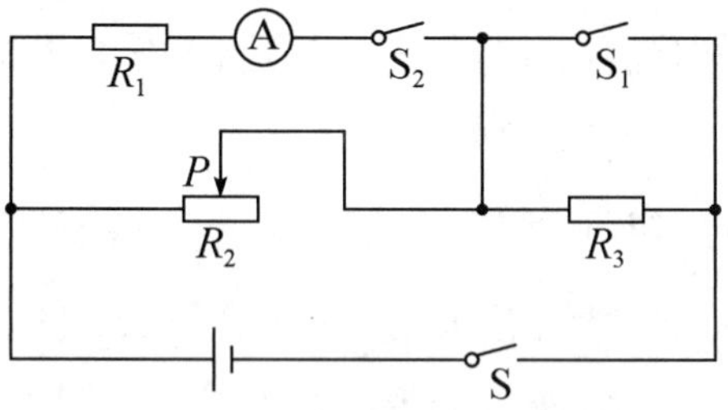

图 7

（1）当 S、S_1、S_2 闭合时，电流表的示数为 0.3 A，求 R_1 的阻值及这种情况下整个电路可能消耗的最小功率。

（2）当 S 闭合，S_1、S_2 断开时，为保证整个电路安全，求滑动变阻器接入电路的阻值范围。

综合学科能力测评卷（二）

时间：90 分钟　　分值：110 分

A 卷（共 90 分）

第Ⅰ卷（选择题，共 24 分）

一、单项选择题（每小题 2 分，共 24 分）

1. 人体本身蕴含着许多有关力的物理知识，以下说法中错误的是（　　）
   A. 脚掌面积大，可以增大对地面的压强
   B. 手掌的指纹增大了手与物体间的摩擦
   C. 人呼吸利用了气体压强的知识
   D. 人的手臂相当于一个费力杠杆
2. 关于声现象的描述，下列说法正确的是（　　）
   A. 声音的强弱由声源振动的频率决定
   B. 声音在真空中传播速度是 340 m/s
   C. 人耳听觉频率范围是 20～2 000 Hz
   D. 深夜跳广场舞时将音量调小是在声源处减弱噪声
3. 关于信息和材料，下列说法正确的是（　　）
   A. 超导材料可以应用于电饭锅的电热丝
   B. 卫星通信是依靠电磁波传递信息的
   C. 光缆通信是依靠激光在光导纤维内壁上多次折射来传递信息的
   D. 验钞机利用红外线来辨别钞票真伪
4. 下列关于热机和环境保护的说法，正确的是（　　）
   A. 热机排出的尾气没有内能
   B. 热机的效率能达到 100%
   C. 热机都使用汽油做燃料
   D. 热机的大量使用会造成环境污染
5. 下列关于能量转化的说法中正确的是（　　）
   A. 电饭锅工作时，将内能转化为电能
   B. 电风扇工作时，将机械能转化为电能
   C. 干电池给灯泡供电时，将电能转化为化学能
   D. 在阳光的照射下，太阳能电池将太阳能转化为电能
6. 下列关于能量转化和转移现象的说法中，正确的是（　　）
   A. 蓄电池充电时，化学能转化为电能
   B. 暖瓶塞跳起时，机械能转化为内能
   C. 用热水袋取暖时，内能发生了转移
   D. 电动机工作时，机械能转化为电能
7. 关于家庭电路和安全用电，下列说法正确的是（　　）
   A. 家庭电路中开关接在火线或零线上都可以
   B. 雷雨天，可以在大树下避雨
   C. 低于 220 V 的电压对人体都是安全的
   D. 发现有人触电时不能直接用手拉开触电者
8. 小明帮妈妈做饭时，联想到了许多物理知识。下列说法不正确的是（　　）
   A. 香气四溢是由于分子在不停地做无规则运动
   B. 炒鸡块时利用了热传递的方法使鸡块内能增大
   C. 使用高压锅更容易把食物煮熟是利用液体沸点随气压增大而降低的原理

只灯完好；c. 一只灯断路，另一只灯短路；d. 电网电压升高，两只灯同时被烧坏。

(1) 你认为最合理的猜想是________；

(2) 猜想 d 明显是错误的，因为______；

(3) 如果这两只灯熄灭的原因是其中的一只灯有故障，现有：①规格相同的灯泡；②符合要求的电压表；③符合要求的电流表；④一段有绝缘皮的铜导线。在它们中选择一样来检测故障，你认为不适用的器材有________，理由是____________。

B卷（共 20 分）

一、选择题（每小题 2 分，共 8 分。有的小题只有一个选项符合题目要求，有的小题有两个选项符合题目要求，全部选对的得 2 分，选对但不全的得 1 分，有选错的得 0 分）

1. 下列四种做法中，符合用电安全的是 ( )

A. 人体不接触家用电器

B. 用湿布擦拭工作中的电器

C. 发现有人触电时应立即切断电源

D. 使用验电笔时，手与笔尾金属体接触

2. 在如图 5 所示的电路中，装有两盏照明灯和两个插座，安装正确的元件是 ( )

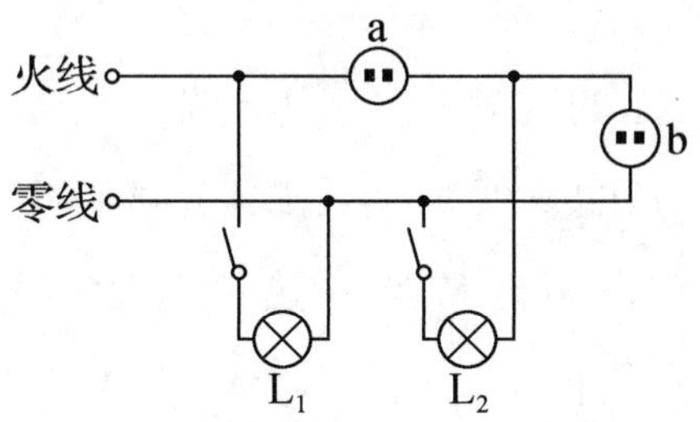

图 5

A. 灯泡 L_1　　B. 灯泡 L_2

C. 插座 a　　D. 插座 b

3. 关于电磁波，下列说法错误的是 ( )

A. 当导体中有电流时，在它周围的空间就会产生电磁波

B. 电磁波看不见、摸不到，因此它是不存在的

C. 当导体中有迅速变化的电流时，在它周围的空间就会产生电磁波

D. 电磁波在真空中也能传播

4. 煤炭是我国化石能源中储量最丰富的能源。我国是世界上煤炭储量最丰富的国家之一，2010 年我国煤炭产量超过 30 亿吨。根据这种状况，下列对我国煤炭的开发措施中可行的是 ( )

A. 停止采掘，禁止使用

B. 适度开发，合理使用

C. 大量出口，换取外汇

D. 大量使用，以免浪费

二、综合题（共 12 分，在解答时应写出公式和重要演算步骤，只写出最后答案的不能得分）

5. 太阳能热水器是直接利用太阳能给水加热的装置，下表是小明家的太阳能热水器某天的监测数据。

太阳照射时间/h	装水量/kg	水温升高的温度/℃	水的比热容/[J/(kg·℃)]	太阳辐射功率/(J/h)
10	100	50	4.2×10^3	4.2×10^6

(1) 求水在 10 h 内吸收的热量；

(2) 求该太阳能热水器的光热能量转化效率；

(3) 说说太阳能的优点。(说出两点即可)

综合学科能力测评卷（一）

时间：90 分钟　　分值：110 分

A 卷（共 90 分）

第Ⅰ卷（选择题，共 24 分）

一、单项选择题（每小题 2 分，共 24 分）

1. 下列家用电器中，属于信息类电器的是（　　）

A. 电热毯　　B. 电脑

C. 电吹风　　D. 日光灯

2. 在家庭电路中，安装空气开关的主要作用是（　　）

A. 保证电路的电压不变

B. 保证电路的电流不变

C. 保证人体安全

D. 在电流超过规定值时自动切断电路

3. 现在的家用电器正在向自动化、智能化的方向发展，下列家用电器的安装或使用方式中，不属于自动化或智能化的范围的是（　　）

A. 楼道灯安装声光延时开关

B. 电饭煲设置预约煮饭

C. 看完电视后拔出电源插头

D. 洗衣机自动完成注水、浸泡、洗涤等过程

4. 我国独立自主建立的北斗卫星定位系统，可提供全天候的及时定位服务。该系统利用电磁波传递信息。下列关于电磁波说法正确的是（　　）

A. 所有电磁波的波长相等

B. 电磁波不能在玻璃中传播

C. 在真空中，无线电波的传播速度小于光的传播速度

D. 作为载体，电磁波频率越高，相同时间可以传输的信息越多

5. 能把声音信号和图像信号转化为电流的装置分别是（　　）

A. 话筒和摄像机　　B. 耳机和摄像机

C. 话筒和显示器　　D. 耳机和显示器

6. 用于卫星通信的人造卫星叫作通信卫星，下列关于通信卫星的说法中，正确的是（　　）

A. 卫星通信的信号是由通信卫星发射的

B. 卫星通信的信号是微波信号

C. 微波信号在通过大气层时无能量损失

D. 通信卫星离地面高度没有特定要求

7. 下列属于电磁波在能量特性方面应用的是（　　）

A. 用遥控器调节电视节目

B. 手机用 Wi-Fi 上网

C. 用微波炉烤面包

D. 用车载导航仪导航

8. 现代“信息高速公路”是用来比喻卫星通信、光缆通信等高速、大容量信息的传输通道。在光缆通信的过程中，激光在光纤内部传播主要进行的是（　　）

A. 光的反射　　B. 光的折射

C. 光的直线传播　　D. 光的色散

9.（1）发生热传递时热量只能自发地从高温物体传递给低温物体；（2）电烙铁工作时放出的热量很难再转化为电能。以

多的司机将燃烧汽油的车辆改装成了燃烧天然气的车。下表是收集的汽油和天然气的有关数据。

	汽　油	天然气
每百千米消耗	10 L	8.5 m^3
价　格	8.10 元/L	3.00 元/m^3
燃烧后产物	尾气（含有毒的铅）	二氧化碳和水

若车一天只跑 300 km，消耗汽油的费用是________元，车辆改装费约 7 000 元，有些司机认为改装成本高不划算，请你替司机算算说明改装的必要理由：____。

请再写出一点改装天然气后的好处：________________________。在石油枯竭的未来，人类可以使用哪些清洁能源来驱动汽车，请你列举一例：________________。

四、计算题（16 分）

21. 某电力公司开发出一种圆柱形气球状的发电机，如图 5 所示，悬于风力足够大且较稳定的 300 m 高空，中心处大的风扇随风转动，带动发电机发电，产生的电流通过系着的电线到达地面。假如气球体积为 $3.0\times10^5\ m^3$，最大发电功率为 3 000 kW。问：（设300 m高空的空气密度为 $1.2\ kg/m^3$，g 取10 N/kg）

图 5

（1）气球在高空受到的浮力为多少？

（2）若该风力发电机每年工作 6 000 h，则它的最大年发电量是多少千瓦时？

（3）根据发电机的工作原理推测其内部必备的组成部件是什么？

（4）图 6 中的 A、B、C、D 表示四个不同地区 300 m 高空一年内的平均风速，四个地区中，最适合风力发电的是　　　　（　　）

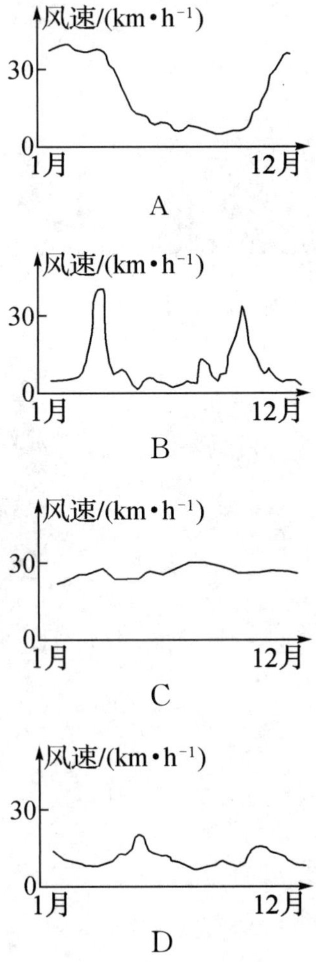

图 6

单元学科能力测评卷（三）

时间：90 分钟　　分值：100 分

一、选择题（每题 4 分，共 40 分）

1. 下列组合中，全都是不可再生能源的是（　　）

A. 化石能源、太阳能

B. 太阳能、核能

C. 化石能源、核能

D. 生物质能、风能

2. 能量的转化是自然界普遍的现象，图 1 所示的关于能量转化的分析不正确的是（　　）

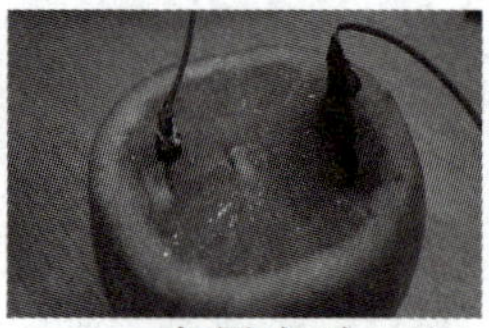
水果电池

A. 化学能→电能

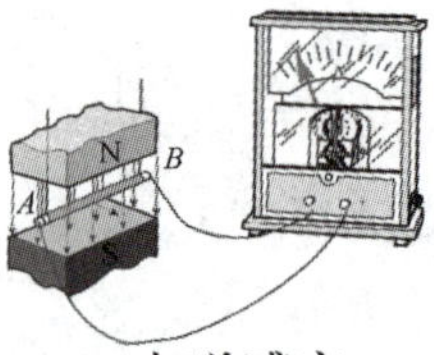

电磁感应

B. 电能→机械能

光合作用

C. 光能→化学能

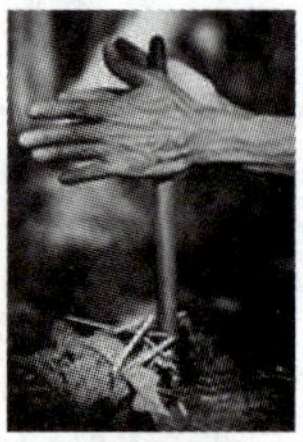
钻木取火

D. 机械能→内能

图 1

3. 链式反应发生在（　　）

A. 裂变过程中

B. 聚变过程中

C. 裂变或聚变过程中

D. 燃料燃烧过程中

4. 关于原子、原子核和核能，下列表述正确的是（　　）

A. 原子由质子和电子组成

B. 原子核由质子和中子组成

C. 核能清洁无污染，利用核能有利无害

D. 核能是我国当前利用的最主要能源

5. 人类历史上不断进行着能量转化技术的改革，即能源革命。下列关于能源的说法，正确的是（　　）

A. 核能都是原子核分裂时释放出来的能量

B. 地球 50 亿年积累的太阳能是我们今天所用大部分能量的源泉

C. 电能和风能都是通过消耗一次能源得到的二次能源

D. 化石能源、核能可以在自然界源源不断地得到，都属于可再生能源

6. 图 2 是一种利用新能源的路灯，它“头顶”小风扇，“肩扛”太阳能电池板。这种设计最合理的应用是（　　）

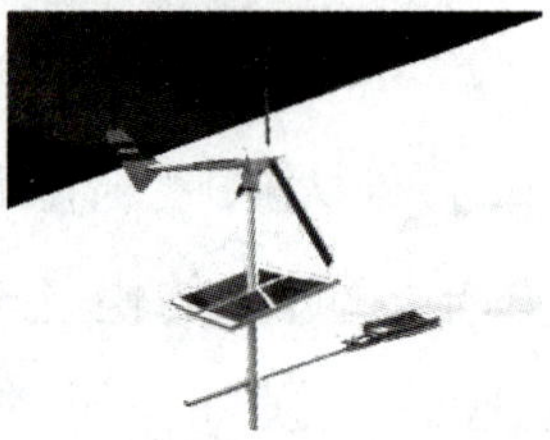

图 2

A. 小风扇是一个美化城市的时尚装饰

B. 小风扇是用来给太阳能电池散热的

C. 太阳能电池同时向小风扇和路灯供电

D. 小风扇是小型风力发电机，它和太阳能电池共同向路灯供电

得分：＿＿＿＿　学号：＿＿＿＿　姓名：＿＿＿＿　班级：＿＿＿＿

弥　封　线

物理　九年级下册　配教科版

他们的结论是：棉布比纸片和塑料薄膜更能有效地阻挡电视机遥控器发出的控制信号。

(1) 三个同学的探究过程存在一些问题，请你指出其中存在哪些问题。

(2) 请从指出的问题中选出一个说明如何改进。

四、综合应用题（23 题 9 分，24 题 10 分，共 19 分）

23. 雷达可用于飞机导航，也可用于监测飞机的飞行，其工作原理如图 3 所示。假设某时刻雷达向飞机发射电磁波，电磁波遇到飞机经反射后，又被雷达接收，整个过程用时 80 μs (1 μs$=10^{-6}$ s)。已知电磁波的速度为 3.0×10^{8} m/s，则飞机离雷达的距离是多少米？

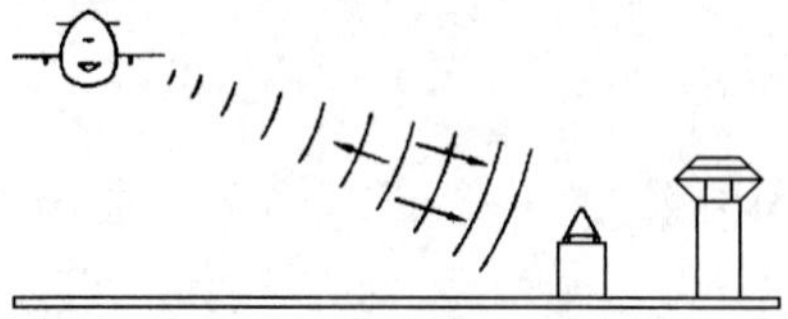

图 3

24. 既不用电缆，也不用光缆，还有别的输电方法吗？有！这就是微波输电。1993 年，日本邮政省科学家设计了如图 4 所示装置，利用微波成功地将电能传输了 50 m 距离，输电功率达到 5 kW，首次实现了微波输电。微波发送器由直径 3 m 的抛物面状天线、电源、波导管和振荡器组成，50 m 外的微波接收装置由一个纵横各 16 行共 256 个接收元件组成的平面天线和照明负载组成。当微波的频率为 2.45×10^{9} Hz，输电效率为 80% 时，求它的波长及负载的功率。

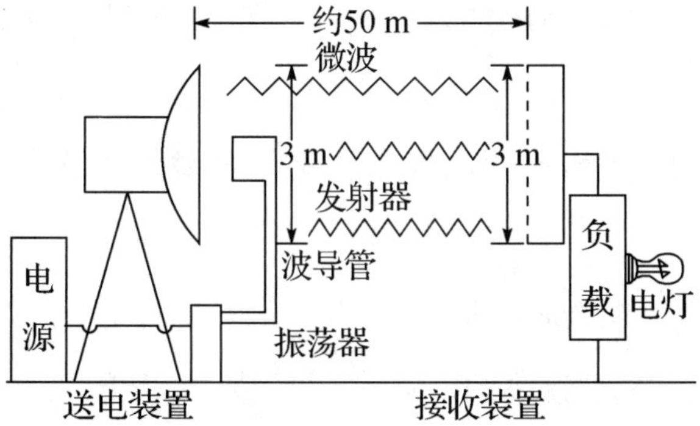

图 4

班级：________ 姓名：________ 学号：________ 得分：________

物理 九年级下册 配教科版

弥 封 线

单元学科能力测评卷（二）

时间：90 分钟　　分值：100 分

一、选择题（每题 3 分，共 39 分）

1. 在空气中传播着几种电磁波，下列说法正确的是 (　　)
   A. 频率越高的电磁波传播越快
   B. 频率越低的电磁波传播越快
   C. 波长越短的电磁波传播越快
   D. 不论什么电磁波，在空气中的传播速度均相同

2. 下列家用电器中，利用电磁波工作的是 (　　)
   A. 洗衣机　　B. 电冰箱
   C. 微波炉　　D. 电风扇

3. 我国的卫星通信技术拥有自主知识产权，在世界处于领先地位。在北京发射的信号通过通信卫星可传到上海。帮助实现这种信号传递的是 (　　)
   A. 超声波　　B. 次声波
   C. 声波　　D. 电磁波

4. 在研究电磁波的产生时，先将导线的一端与电池的负极相连，再将导线的另一端与正极摩擦，旋转收音机旋钮至无台处，根据收音机能否发出“咔咔”的声音来说明电磁波是否产生，这是应用了 (　　)
   A. 控制变量法　　B. 转换法
   C. 比较法　　D. 类比法

5. 关于电磁波与信息技术，下列说法正确的是 (　　)
   A. 电磁波不能在真空中传播
   B. 不同波长的电磁波在空气中的传播速度不同
   C. 可见光不是电磁波
   D. 日常生活中使用的手机既能发射电磁波，也能接收电磁波

6. 无线电通信是利用 (　　)
   A. 电流传输信号的
   B. 振荡电流传输信号的
   C. 电磁波传输信号的
   D. 以上说法都不对

7. “北斗”卫星导航系统是我国正在实施的自主研发、独立运行的全球卫星导航系统，缩写为 BDS。该系统可在全球范围内全天候、全天时为各类用户提供高精度、高可靠的定位、导航、授时服务并兼具短报文通信能力。BDS 卫星通信使用的是 (　　)
   A. 电磁波　　B. 次声波
   C. 超声波　　D. 光波

8. 光缆通信前景广阔，下面关于光缆通信的说法中，正确的是 (　　)
   A. 光缆通信中使用的光是激光
   B. 光缆通信中传递的信息量没有微波大

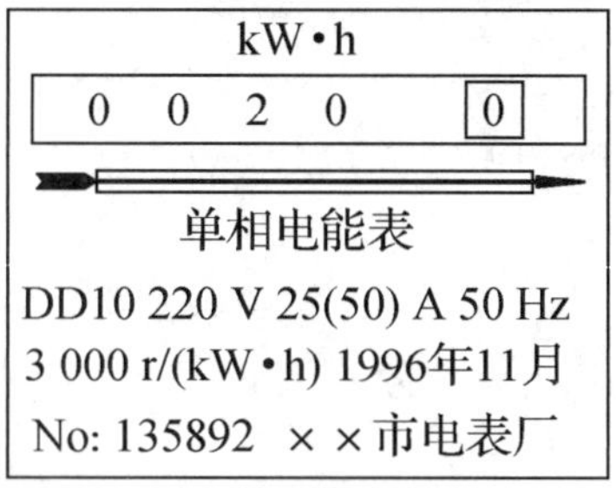

乙

图 8

（1）电能表表面的示意图如图乙所示，表面上标的“3 000 r/(kW·h)”表示____。

（2）测量时除电能表外，还需要使用的测量工具是________________。

（3）请你为小芳补完下面的步骤：

关掉________________用电器，只让________工作，记下________________，同时记下这一过程所用的时间 t，则电灯的电功率为________________（用实验测量的物理量表示）。

四、计算题（21 题 14 分，22 题 16 分，共 30 分）

21. 小丽家中有 30 W 的日光灯两盏，25 W 的白炽灯三盏，60 W 的彩电一台，100 W 的电冰箱一台，300 W 的洗衣机一台，600 W 的音响一台，1 000 W 的电饭煲一个，1 200 W 的电水壶一个，她家的电能表和保险丝应选用几安的？

22. 冬天，王好同学使用电热毯时发现电热毯有高温挡和低温挡，于是他设计了电热毯的模拟电路图如图 9 甲和乙所示（电热丝相当于电热毯内部的发热电阻）。

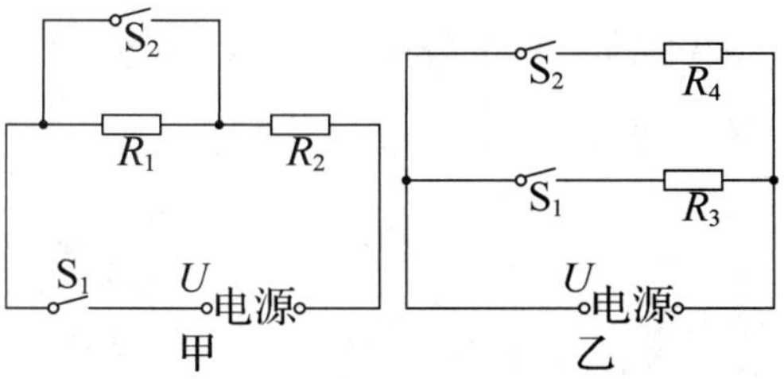

图 9

（1）图甲中有定值电阻 R_1（置于电热毯外部），电热丝 R_2，请说明要使电热毯处于低温挡，开关 S_1、S_2应处于什么状态？并写出低温挡时电热毯发热功率的表达式。

（2）图乙中有两根电热丝 R_3、R_4，请说明要使电热毯处于高温挡时，开关 S_1、S_2应处于什么状态？并写出高温挡时电热毯发热功率的表达式。

（3）请指出你认为其中较好的电路，并说明理由。

单元学科能力测评卷（一）

时间：90 分钟　　分值：100 分

一、选择题（每题 3 分，共 30 分）

1. 图 1 是家庭电路的一部分，则（　　）

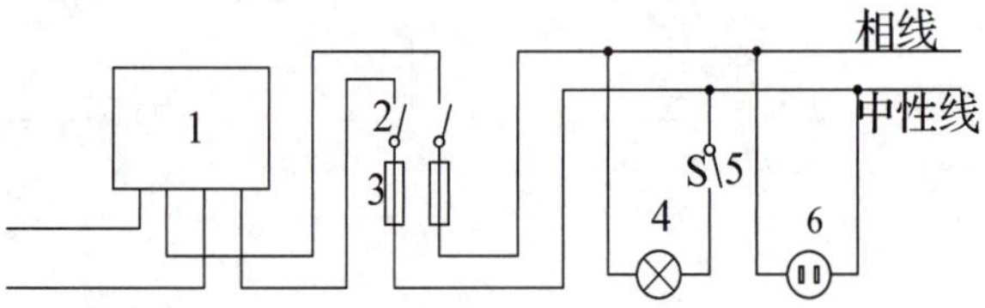

图 1

A. 元件“1”是电能表、“2”是保险丝、“3”是闸刀开关

B. 元件“1”“2”“3”正确连接顺序为“2”“1”“3”

C. 图中的元件“5”接错

D. 图中电路元件连接完全正确

2. 下列三个现象：①灯头里的两线头相碰；②插座中的两线头相碰；③照明电路的开关里两线头相碰。其中可能引起保险丝熔断的是（　　）

A. ①②③　　B. ①②

C. ①③　　D. ②③

3. 在使用家用电器时，下列说法错误的是（　　）

A. 洗衣机使用三孔插座能防止人触电

B. 家庭电路中保险丝要接在相线上

C. 电视机处于待机状态不消耗电能

D. 电饭锅的插头沾水后接入电路中易发生短路

4. 将如图 2 所示完好的接线板连入家庭电路中，闭合开关 S，指示灯发光。再将台灯插头插入接线板上的插座上，台灯与指示灯都能发光。则（　　）

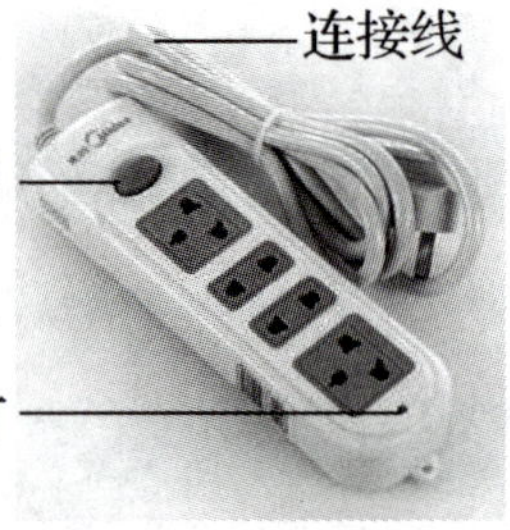

图 2

A. 该接线板的连接线内只有火线和零线两根导线

B. 台灯与指示灯串联，并受开关 S 控制

C. 台灯与指示灯并联，开关 S 在干路上

D. 该接线板上有 5 个插孔会使检测的验电笔氖管发光

5. 同学们发现家庭电路中，常使用一种外壳由塑料制成的“空气开关”，它可替代闸刀开关和熔断器。如果某同学家安装的“空气开关”的额定电流是 10 A，那么，由这个“空气开关”控制的用电器的总功率最好（　　）

A. 不大于 220 W　　B. 不大于 1 200 W

C. 不大于 2 kW　　D. 不大于 2.2 kW

6. 随着人民生活水平的提高，居民家里用电器的种类和数目在不断增加，给我们生活带来方便的同时也带来安全隐患。下列做法正确的是（　　）

A. 开关应接在灯和零线之间

B. 用电器的金属外壳不用接地线

C. 在现有的照明电路中，增加大功率用电器时只需换上足够粗的保险丝即可

D. 当电路被保险装置切断时，要先找到发生事故的原因，排除故障之后再恢复供电

7. 家庭电路中安装闸刀开关的作用是 ( )

A. 便于统一管理

B. 检修电路方便

C. 能够同时控制所有用电器的工作情况

D. 一旦发生事故，可以自动切断电路

8. 小明晚上做功课，把台灯插头插在书桌边的插座上，闭合台灯开关，发现台灯不亮。为了找出故障原因，小明把台灯插头插入其他插座，发现台灯能正常发光，用测电笔插入书桌边的插座孔进行检查，发现其中一个孔能使测电笔的氖管发光。故障原因可能是 ( )

A. 进户线火线上的熔丝烧断

B. 进户线零线断了

C. 书桌边的插座与零线断开

D. 书桌边的插座与火线断开

9. 关于家庭电路知识及安全用电原则，下列说法正确的是 ( )

A. 验电笔是用来辨别电源的正极和负极的

B. 电能表是用来测量电流大小的

C. 家庭电路中保险丝越粗越保险

D. 电冰箱的外壳要接地

10. 关于安全用电常识，下列说法不正确的是 ( )

A. 保险丝断了不可用铜丝代替

B. 安装、维修用电器时，首先要把电路断开

C. “高压危险”的标志，提醒我们不要靠近高压带电体

D. 有绝缘层的电线上可以晾晒湿衣服

二、填空题（每空 1 分，共 16 分）

11. 图 3 为家庭电路的组成，其中接入①的用电器和②为______联，②和③为______联。

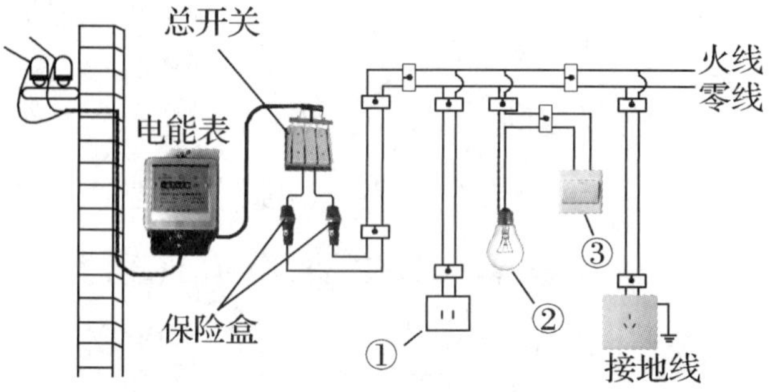

图 3

12. 王伟家的空调机上贴着“中国能效标识”，经查阅资料，王伟弄清“能效比”就是在规定条件下，空调机进行制冷运行时实际制冷量与实际输入功率之比。王伟家空调机能效比为“2.59”，可知他家空调机在规定条件下，每消耗 1 J 的电能，空调从室内吸走________J 的热量。

13. 小芳家夏天常用的“电热驱蚊器”是利用电流的________效应工作的。发热元件是一个阻值为 1 000 Ω 的电阻，接在照明电路中通电 100 s 产生的热量为________J。她家电能表铭牌上标有“220 V 10(40) A 50 Hz 2 000 r/（kW · h)”，她用 1 kW 的电磁炉（其他用电器都断开）6 min 烧开一壶水的过程中，电能表的转盘转________圈。

14. 图 4 为一个螺口灯泡的示意图，标出的五部分中属于导体的两个部分是锡块和______。灯泡是利用电流的________效应工作的。

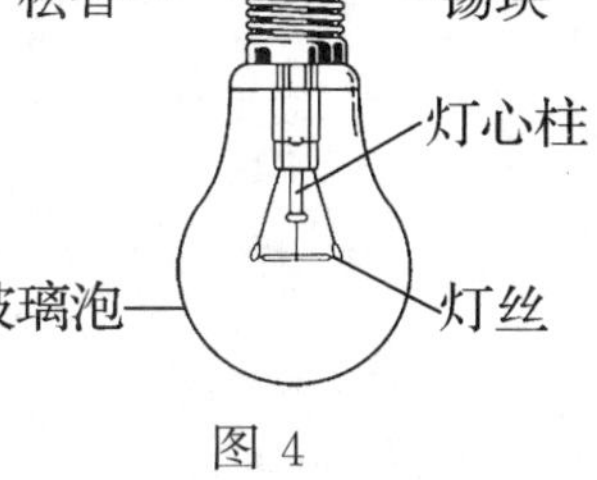

图 4

15. 把________线和________线直接连通，或者在用电器的两端连接一根________，都会造成短路。所谓短路就是电流没有经过用电器而直接构成________。短路时通过干路的________很大，________会立即熔断。

16. 据报道，某乡村进行电网改造，经测算，有一条线路应采用截面面积为 2.5 mm^2 的铝芯线，电工在实际安装时却采用了 1.5 mm^2 的铝芯线，结果酿成一场火灾。火灾的原因其实很简单，就是电工安装的导线与测算应采用的导线相比，________较大，根据________定律可知，导线上产生的热量也较多，导致导线的绝缘皮烧坏，最终引发了火灾。

三、实验与作图题（17～19 题每题 4 分，20 题 12 分，共 24 分）

17. 小丽家中有一盏用声控开关和光控开关控制的电灯，电灯在光线昏暗并且有人经过时才发光，可以达到方便节电的目的，同时由于有不固定的家用电器，需接入一只三孔插座，请将如图所示的原理图连接完整。

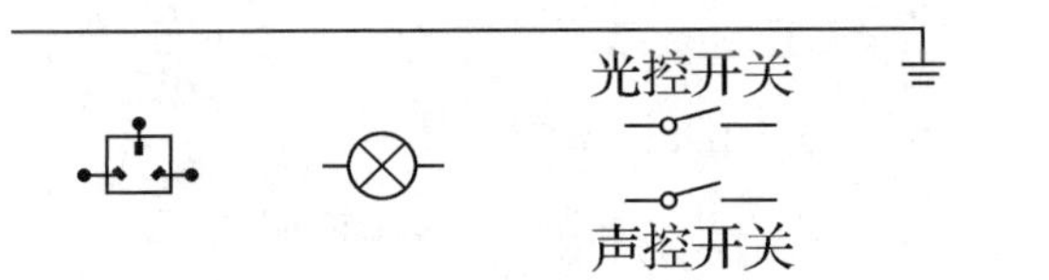

图 5

18. 请将图 6 中的插座、灯泡和控制灯泡的开关连入家庭电路。

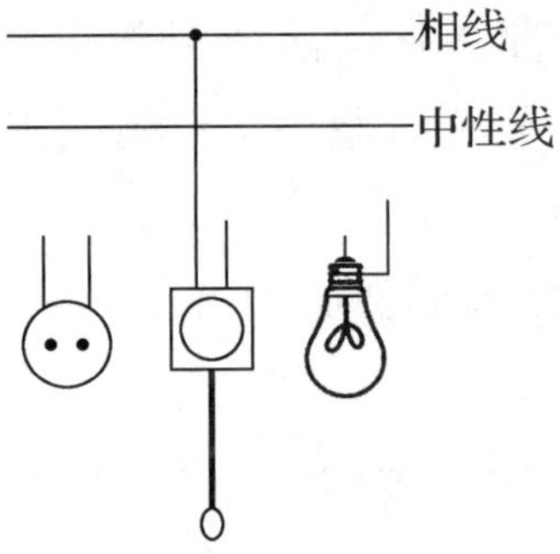

图 6

19. 如图 7 所示的是小李家电能表的盘面。小李只打开他家的一盏25 W的台灯工作 30 min。由这些条件把你能知道或计算出的物理量填入下表中。（至少填 3 条）

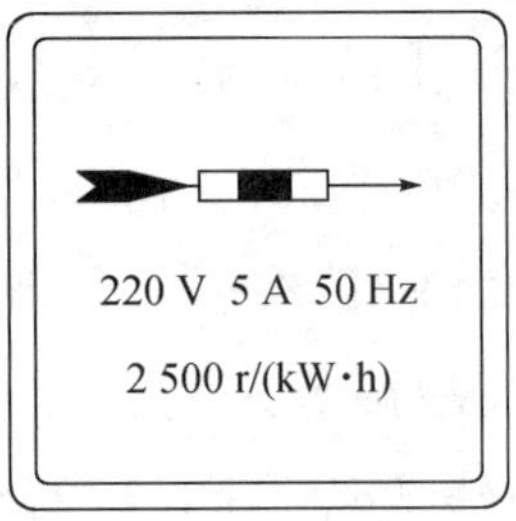

图 7

物理量	结果

20. 小芳家家庭电路的一部分如图 8 甲所示，未画出的部分还接有正在工作的其他用电器。她要利用电路中的电能表测出图甲中电灯的电功率。

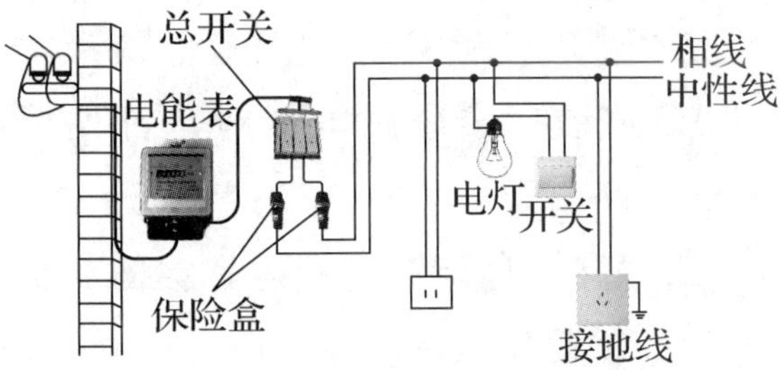

甲

C. 光缆通信不需要任何导体

D. 因为玻璃丝很容易折断，所以不宜用来制光导纤维

9. 计算机网络的最大优点是（　　）

A. 资源共享　　B. 增大容量

C. 加快计算　　D. 节省人力

10. 关于激光应用的下列描述中不正确的是（　　）

A. 利用激光进行通信

B. 利用激光进行长距离精确测量

C. 利用激光加工坚硬材料

D. 利用激光进行室内照明

11. 为了减少电磁污染对我们生活的影响，以下做法中正确的是（　　）

A. 禁止在市区建设移动通信基站

B. 把家用电器集中安放在厨房

C. 避免长时间使用手机

D. 使用电器时，离电器越近，受电磁波的辐射越小

12. 手机已进入千家万户，手机通信利用了（　　）

A. 红外线　　B. 紫外线

C. 电磁波　　D. 超声波

13. 黑龙江最大的火山湖——镜泊湖，冬季捕捞创造过一网打鱼 86 万斤的纪录。捕捞时，在厚约 1 m 的冰面上开一个进网口和一个出网口，两口相距 1 500 m，捕捞所用的渔网，长约 1 500 m，宽约 800 m，网到冰下水中后，要在广阔的湖中展开，还要准确地在出网口收拢。关于网头上的设置，以下说法正确的是（　　）

A. 渔网在冰面下要按人的指挥运动，应该在网头装有遥控接收装置

B. 渔网在冰面下要按人的指挥运动，应该在网头装有遥控发射装置

C. 为了确定网头到达的具体位置，网头上应装有信号接收传感器

D. 为了确定网头到达的具体位置，人拿的指挥棒上应装有信号发射传感器

二、填空题（每空 1 分，共 15 分）

14. LED 液晶电视的发光二极管是由________（填“导体”或“半导体”）材料制成的。卫星电视的图像信号是由卫星通过________传送信息的。

15. 图 1 是“神舟九号”载人飞船与“天宫一号”交会对接时的情景示意图，此时地面飞控中心和航天员之间的联系是通过________来实现的。对接完成后，若以“天宫一号”为参照物，“神舟九号”载人飞船是________的。

图 1

16. 叫声、气味是动物常用的信息，而人类拥有一些特有的信息，如____________。电磁学的发展使人们可以采用电磁波传递信息，我国发射的第一颗卫星使用的电磁波的频率约为 2×10^{7} Hz，对应的波长为________m。由计算机联成的互联网，在现代生活中正发挥着越来越重要的作用，其中一个作用的实例是________________________。

17. 光缆通信是利用光波在光导纤维中传输信息的一种通信方式。光波______（填“属于”或“不属于”）电磁波。电磁波在真空的传播速度为________。

18. 真空中电磁波的传播速度与________（填“声速”或“光速”）相同；由公

式 $c=\lambda f$ 可知，波长越长的电磁波频率越________（填“高”或“低”）。实验证明，________（填“金属”或“非金属”）材料制成的壳体或网罩，对电磁波有屏蔽作用。

19. 某无线电波在空气中传播，如果它的频率越高，则它的波长________；如果它的波长越长，则它的波速________。一台额定功率为 0.09 W 的收音机，在正常工作的情况下，若持续收听 2 h，将消耗________J 的电能。

三、探究题（20 题 9 分，21 题 8 分，22 题 10 分，共 27 分）

20. 在一个无色大塑料瓶的侧壁靠底部的位置钻一个小孔，用胶带粘住小孔，在瓶中装满水。在瓶的另一侧放一只激光电筒，调节光束的方向，让光束正好能射中对侧的小孔（如图 2 所示）。揭下胶带，让水流下，这时会看到接水的盆中有一个光斑。（说明：本实验在黑暗中效果更好）

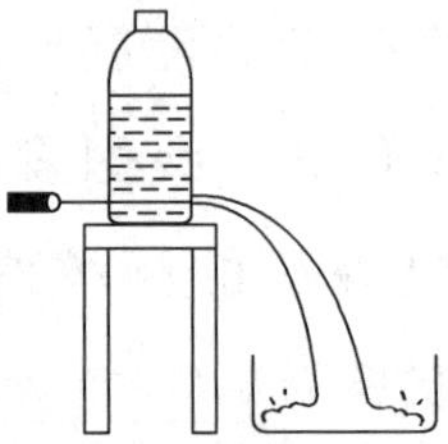

图 2

（1）在这个实验中，激光电筒的光束是沿水流的________（填“内”或“外”）壁经过多次________（填“反”或“折”）射，最后射到盆底。

（2）实验中从瓶中流出的水柱相当于光缆通信中的________，由此说明用来进行激光通信的光纤________（填“能”或“不能”）弯曲。

21. 根据题中的情景进行探究和分析，并得出相应的结论。

A. 当打开或关闭电灯时，能从开着的收音机中听到“咔咔”的杂音

B. 雷雨天，特别是有闪电的同时，从开着的收音机中也能听到“咔咔”的杂音

C. 宇航员登上月球后无法面对面地直接交谈，只能使用无线电话进行交谈

（1）由 A 得出的结论是________。

（2）由 B 得出的结论是________。

（3）由 C 得出的结论是________。

22. 有三个同学在家里用实验探究纸片、塑料薄膜、棉布对电视机遥控器遥控信号的阻挡能力，他们的探究过程分别是：

甲同学在自己家里，将纸片放在遥控器与电视机之间，手指按遥控器控制键，如果遥控器能对电视机起控制作用，则增加纸片的数量，如此重复实验，逐渐增加纸片的层数，直到遥控器不能控制电视机为止，记下纸片的层数。

乙同学在自己家中用塑料薄膜按照与甲同学同样的方法进行实验，记下塑料薄膜的层数。

丙同学在自己家中用棉布按照与甲同学同样的方法进行实验，记下棉布的层数。

他们的实验结果已经记录在下面的表格中：

学生	使用材料	能完全阻挡遥控信号的最少层数
甲	纸片	14
乙	塑料薄膜	20
丙	棉布	10

7. 下列关于能源、能量转化及其获取的说法正确的是（　　）

A. 化石能源是可再生能源

B. 太阳能不是清洁能源

C. 能量在转化或转移的过程中总量保持不变

D. 核能只能通过重核裂变获取

8. 环境保护、开发新能源是未来能源利用的主旋律。下列做法中最有利于环境保护的是（　　）

A. 开发太阳能取代煤、天然气等能源

B. 用天然气代替煤和石油

C. 用核能代替水力发电

D. 将废电池与其他废品一起填埋

9. 图 3 为某高校学生设计的一款小夜灯，它的一侧是太阳能电池板，白天接受阳光照射，晚上给另一侧高效节能的 LED 灯板提供电能，关于小夜灯中所应用的物理知识，下列说法不正确的是（　　）

图 3

A. 太阳能是可再生能源

B. 太阳能电池板将电能全部转化为内能

C. LED 灯的发光物体是由半导体材料制成的

D. LED 灯将电能转化为光能的效率比白炽灯高

10. 关于能源与环境，下列说法正确的是（　　）

A. 光的应用不会造成环境污染，城市建筑可以随意使用玻璃幕墙

B. 彩电、空调、手机等家用电器在使用中，对人和环境不会产生任何不利的影响

C. 石油、煤、天然气的开采和使用不会造成环境污染和生态破坏

D. 太阳能是一种既无污染，又取之不尽的新能源

二、填空题（每空 1 分，共 19 分）

11. 凡是能够提供________的物质资源，都可以叫作能源。我国的能源结构以________为主，它属于________能源。

12. 维持人或动物运动的能量叫________，这些能量实质是生物等在生命物质中存储的______能。

13. 2013 年 4 月，宁波市 14 个路段启用“绿波带”设置。设置“绿波带”能使按绿波带要求速度行驶的车辆一路绿灯通过。曾有记者在早高峰时段驾车通过世纪大道，在实施绿波带的12 km 路段用时 10 min，比实施前减少了 5 min，该车平均速度提高了____km/h。从节能减排角度分析，设置“绿波带”的好处是________________________。

14. 电能属于二次能源，电能最终要转化为光能、内能、机械能等其他形式的能，才能为人类所用。尽管如此，人类还要使用电能，这主要是因为电能便于________和________。

15. 黄冈遗爱湖风景区沿湖路都安装了高效太阳能路灯，真正达到碳的“零排放”。太阳能属于________（填“可再生”或“不可再生”）能源。公园内的工作

图 4

人员配备了如图 4 所示的警用电动车，以警用电动车为参照物，车上的锂离子电池是________的，警用电动车和指挥调度中心无线通信时用________（填“超声波”或“电磁波”）进行联络。

16. “世界面临的每一个危险都能追究到科学，拯救世界的每一种手段都将来自科学。”也许在不远的将来我们能变害为宝，比如可以建立发电站，将海啸具有的________转化为______为人类服务。（均填“核能”“机械能”或“电能”）

17. 汽车刹车时，由于摩擦，汽车的动能转化为地面、空气的________能，这些能量不能自动地用来再次开动汽车，这说明能量的转化、转移具有________。

18. 2010 年 5 月 1 日，上海世界博览会正式对外开放。本届世博会高度重视节能环保，因此又被称为“绿色世博”。中国国家馆内，“水的流动”联系了各个展层和展项，水资源的利用已成为各国探讨的热点。

(1) 水能属于________（填“可再生”或“不可再生”）能源。

(2) 如果在江河上修筑拦河坝，抬高坝内水位，就能增大坝内水的________能，水流下时可以带动发电机发电。

(3) 水具有比热容大的特点，以下现象中不能用此特点解释的是（　　）

A. 冷却汽车发动机，采用循环流动的水

B. 寒冬季节，放在室外的水缸会破裂

C. 育秧时，为了防止霜冻，常在傍晚时向秧田里灌水

三、应用与设计题（第 19 题 12 分，第 20 题 13 分，共 25 分）

19. 某汽车公司组织了一次新车型节油大赛，比赛分两组：第一组使用 A 型车（排量 1.6 L）；第二组使用 B 型车（排量 2.0 L）。A、B 型车外观和体积相同，属于同一产品系列。

(1) 你认为下列哪些评价方式可以作为比赛评价标准？__________（填序号）

①消耗相同体积的汽油，比谁行驶的路程长；

②行驶相同的路程，比谁消耗的汽油体积少；

③行驶相同的路程，比谁用的时间短；

④用“$\frac{\text{行驶的路程}}{\text{消耗汽油的体积}}$”的比值大小作比较。

(2) 下表是三位车手的比赛成绩，第一组比赛中最节油的选手是________。

组别	选手	驾驶车型	消耗汽油/L	行驶时间/min	行驶路程/km
第一组	马健	A 型	1	23.2	20.23
	董杰	A 型	1	28.6	22.59
	陈超	A 型	1	27.5	22.80
第二组	马健	B 型	1	15.3	17.68
	董杰	B 型	1	18.2	19.10
	陈超	B 型	1	17.3	18.25

(3) 从本次比赛数据看，______型车比较节油。

(4) 近年来，政府鼓励小排量、限制大排量汽车有什么意义？__________。

20. 近年来，汽油价格猛涨，城市出租车司机抱怨纷纷，在政府的倡导下，越来越

上两个事实说明能量的转化和转移具有 ( )

A. 任意性　　B. 方向性

C. 单一性　　D. 不确定性

10. 下列各种说法中错误的是 ( )

A. 能量就是能源

B. 电能是一种二次能源

C. 石油是一种常规能源

D. 地热能是一次能源

11. 关于核能及其利用，下列说法中不正确的是 ( )

A. 核能属于不可再生能源

B. 核能属于一次能源

C. 核能是指原子核发生裂变或聚变时所释放的能量

D. 核电站是利用原子核聚变所释放的能量来发电的

12. 能源、信息和材料是现代社会发展的三大支柱，对此，下列说法中正确的是 ( )

A. 太阳能、风能、天然气是可再生能源

B. 光纤通信主要利用电信号传递信息

C. 超导体材料可以应用于任何电器并使其效率提高

D. 大亚湾核电站利用核裂变释放的能量来发电

第Ⅱ卷（非选择题，共 66 分）

二、填空题（每空 2 分，共 32 分）

13. 在如图 1 所示的局部家庭电路中，如果想要在 1、2 两处分别装上开关和照明灯，则开关应该装在位置________。在电路连接正常的情况下，用验电笔插入插座中的________孔（填“左”或“右”），验电笔的氖管会发光。

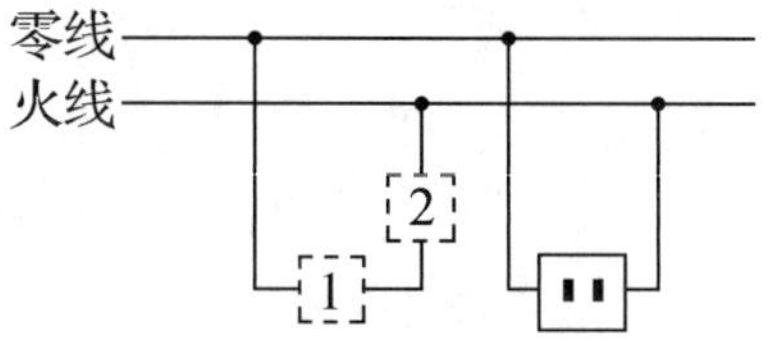

图 1

14. 某电磁波的波形如图 2 所示，则该电磁波的波长是________，频率是________。

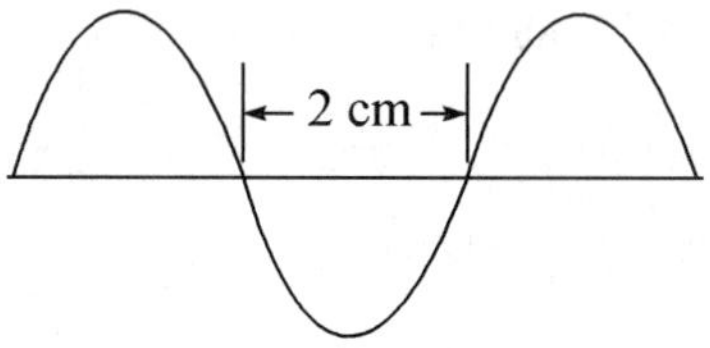

图 2

15. 雷达是现代战争中重要的军事设备，它使用微波传输信息，微波在空气中的传播速度是________ m/s。某雷达向飞机发射的微波从发出到接收返回信号所用时间为 52 μs（1 μs＝10^{-6} s），则此时飞机与该雷达的距离为________ m。

16. 小明家买了一台标有“220 V　2 000 W”字样的热水器，由于安装位置离固定插座太远，于是到商店买了一个标有“220 V　8 A”字样的移动插线板，该插线板是两脚插头。从安全用电的角度来说，这个移动插线板在供该热水器使用中存在的问题是：(1) ________________；(2) ________________。

17. 在广播电台的播音室内，话筒把播音员的声信号转化成________信号，然后用调制器把它加载到高频________上，最后通过天线发射到空中。

18. 电冰箱在工作过程中，之所以能把内部的热量转移到外部实现降温，是因为消耗了________能。在一个密闭的房间

里，如果把冰箱门打开，________（填“能”或“不能”）使房间的温度降低。

19. 乙醇汽油（10%的乙醇与90%的汽油混合而成）是近几年广泛推广的一种燃料。由于乙醇燃烧的生成物只有水和CO_2，所以，乙醇汽油中的乙醇属于________能源（填“清洁型”或“污染型”）。汽油属于________能源（填“可再生”或“不可再生”）。

20. 太阳能清洁无污染，太阳是人类能源的宝库。太阳能属于________能源（填“一次”或“二次”）。太阳能是由太阳内部氢原子核发生________（填“裂变”或“聚变”）释放出的能量。

三、作图与计算题（共 20 分，计算题在解答时应写出公式和重要的演算步骤，只写出最后答案的不能得分）

21. （6 分）（1）图 3 是一个电烤箱和一个插座，请按照安全用电的原则把二者的接线柱连接起来；

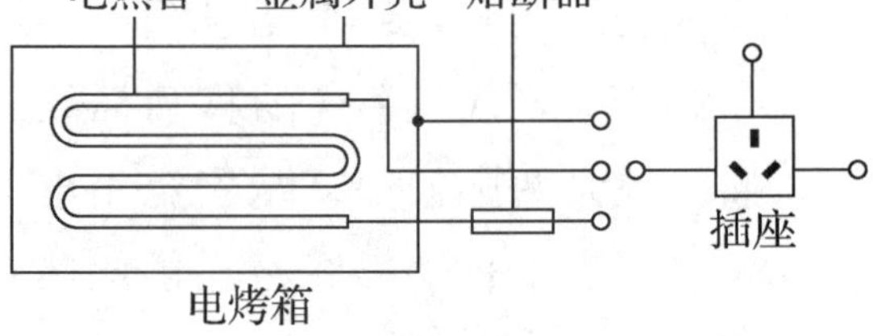

图 3

（2）小明同学想在自己房间的墙壁上安装两只“220 V　3 W”节能型小壁灯，并用一只开关同时控制它们。请你在图 4 中帮他画出电路图。

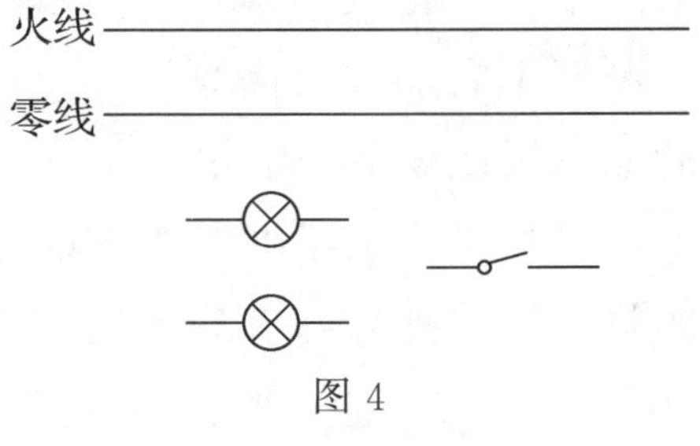

图 4

22. （6 分）刘晶家有一个 12 波段的收音机，其中的一个波段频率是 7.5 MHz～8.0 MHz，则该波段的波长范围是多少？（电磁波的速度为3×10^8 m/s）

23. （8 分）小亮家铺设电路所用的电线和空气开关允许通过的最大电流是 20 A。他家原有用电器的总功率为 3 600 W，现在又新买来一台“220 V　1 200 W”的微波炉。在其他用电器全部使用的同时，他又将微波炉接入电路中，空气开关立即“跳闸”。

（1）求此时电路中的总电流，并说明空气开关“跳闸”的原因。

（2）请你提出一条防止上述现象发生的合理建议。

四、实验与应用题（14 分）

24. （14 分）在小刚家中，有两只“110 V　60 W”的白炽灯灯泡，把它们串联接入家庭电路中都正常发光。某一时刻，这两只灯同时熄灭，而家中其他用电器仍正常工作。关于这两只灯的故障，小刚做出了四种猜想：a. 一只灯断路，另一只灯完好；b. 一只灯短路，另一

D. 食品用油炸比用水煮熟得更快，是由于油的沸点比水的沸点高

9. 三峡水电站是我国迄今规模最大的水利工程，决定大坝坝底所受水的压强大小的是　(　　)

A. 大坝的高度　B. 水库中水的体积

C. 水库中水的质量　D. 水库中水的深度

10. 小军同学对生活中的一些实例的对应解释，正确的是　(　　)

A. 路灯下人影相随——光的反射

B. 平静的水面上有桥和树的倒影——光的直线传播

C. 近视眼镜的镜片——凸透镜对光有折射作用

D. 斜插在水中的筷子好像在水面折断了——光的折射现象

11. 下列做法中不符合人类社会可持续发展战略的是　(　　)

A. 大力提高以汽油为燃料的汽车的人均持有量

B. 不随意丢弃废旧干电池，防止重金属污染土壤

C. 尽量减少一次性木筷、餐巾纸、塑料袋等物品的使用

D. 积极参加植树造林活动，因为森林既能净化空气，又能减弱噪声

12. 图 1 是安装在潜水器上的深度表的电路简图，显示器由电流表改装而成，压力传感器的电阻随压力的增大而减小，电源电压不变，R_0 是定值电阻，在潜水器下潜过程中，电路中有关物理量的变化情况是　(　　)

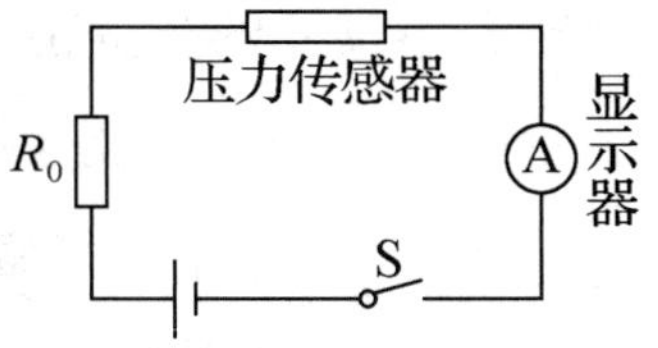

图 1

A. 通过显示器的电流减小

B. R_0 两端的电压增大

C. 传感器两端的电压增大

D. 电路的总功率减小

第Ⅱ卷（非选择题，共 66 分）

二、填空题（每空 2 分，共 32 分）

13. 进行中考英语听力考试时，考场内各教室的有线扬声器的连接方式是________联，原因是它们________（填“能”或“不能”）独立工作。

14. 周末，小红和爸爸来到滑雪场，开始他们的滑雪之旅。小红脱下运动鞋换上了滑雪板，这时她对地面的压强会________（填“变大”“变小”或“不变”）；若小红的体重较轻，她和爸爸在水平雪地上滑行时滑板受到的摩擦力分别为 F_1 和 F_2，则 F_1 ________ F_2（填“>”“<”或“=”）。

15. 云、雨、雹、雪、雾、露、霜都是水的家族成员，其中露的形成属于________，霜的形成属于________。（均填物态变化的名称）

16. 如图 2 甲所示电路，电源电压为 6 V，当 S 闭合时，电压表的读数如图乙所示，则 L_1 两端的电压为________V，L_2 两端的电压为________V。

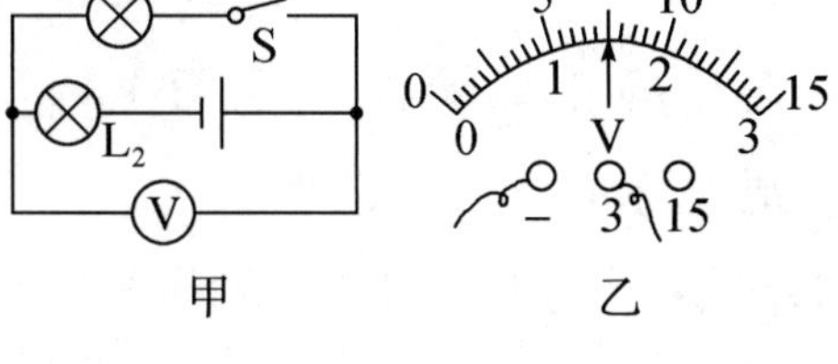

图 2

17. 一个焦距为 10 cm 的凸透镜，当蜡烛距它 15 cm 时，在光屏上得到一个倒立、________（填“放大”“缩小”或“等大”）的像；将蜡烛向透镜移近 7 cm 后，在光屏上________（填“能”或“不能”）成像。

18. “歼-10”是我国自行研发的新型战机，当发动机以 1.2×10^5 N 的推力使其以二倍声速（声速为 340 m/s）飞行时，10 s 飞行的距离为________ m，发动机推力的功率是________ W。

19. 图 3 是一种温度自动报警装置，当温度上升到警戒值时，装置中的________产生磁性，________灯发光报警。

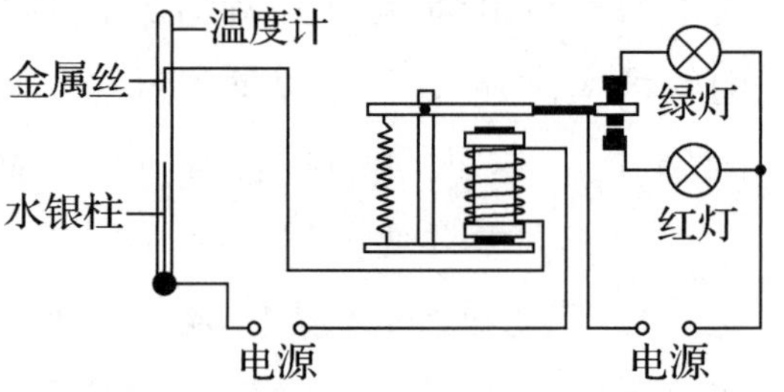

图 3

20. 一盏电灯未接入电路时的灯丝电阻为 55 Ω，接到 220 V 的电源上正常发光时通过的电流为 0.5 A。则该电灯的额定功率为________ W；从刚接通电源到正常发光过程中，电灯的最大功率为________ W。

三、作图与计算题（共 20 分，计算题在解答时应写出公式和重要的演算步骤，只写出最后答案的不能得分）

21. （6 分）（1）如图 4 甲所示，一个实心塑料球静止地漂浮在水面上，请画出塑料球的受力示意图。

（2）“猴子捞月”的故事同学们耳熟能详。如图乙所示，若猴子的眼睛用点 A 表示，空中的月亮用点 B 表示，请画出猴子看见水中月亮的光路图，并保留必要的作图痕迹。

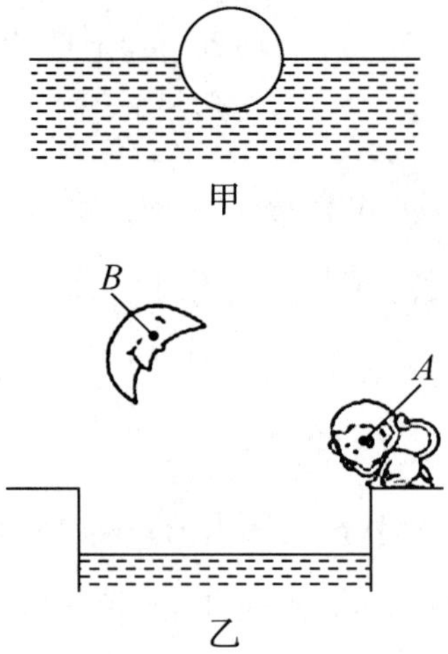

图 4

22. （6 分）2016 年春晚的广东分会场，使用了由 500 多个机器人组成的军团为歌唱演员伴舞。假设每个机器人的质量是 5 kg，它静止站立在水平地面上时，与地面的接触面积是 1×10^{-3} m²。求：

（1）机器人受到的重力；（g 取 10 N/kg）

（2）静止站立时，机器人对水平地面的压强。

23. （8 分）把一个标有“10 V　3 W”的小灯泡和定值电阻 R 串联后接在电压为 12 V 的电源上（如图 5 所示），小灯泡恰能正常工作。通过计算回答：

（1）通过小灯泡的电流是多少？

（2）串联在电路中的定值电阻的阻值多大？

10. 20　10

11. 大

12. 惯性　不是维持物体运动的原因　向后　相互的

13. 重力　匀速（或匀速直线）

14. 减速

15. 惯性　匀速运动

16. 如图所示

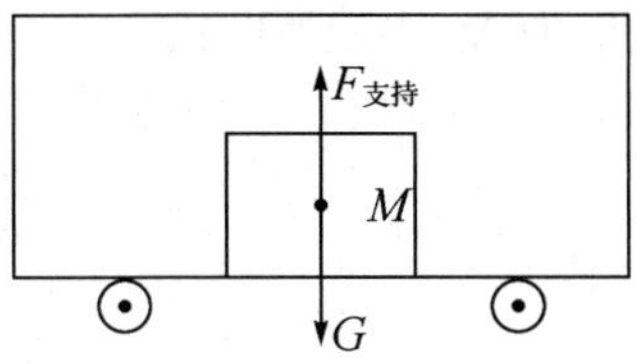

17. 如图所示

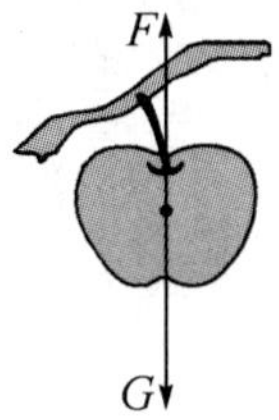

18. 拉力不在水平方向上　匀速直线　变大

19. (1) 同一位置　(2) 小车速度减小的快慢
(3) 做匀速直线运动

20. (1) 减小摩擦力对实验的影响（或减小摩擦力或使小车在水平方向上只受两个力的作用）
(2) 两个力必须作用在同一直线上

专题九　压　强

1. B
2. C
3. B
4. C
5. C
6. C
7. C
8. C
9. D
10. B

11. 旅行包（或背带）　压强

12. 0.2　2.00　500　500

13. 1.25×10^4　变大

14. 变大　高（或大）

15. 5.1×10^{19}

16. 越小　低于

17. 2×10^3　40　2.4×10^3　24

18. 增大摩擦（或者增大接触面的粗糙程度）　大气压

19. 液体的压强随深度的增大而增大　连通器

20. (1) 潜水器受到的海水压强：

$p=\rho_{海水}gh=1.0\times10^3\ kg/m^3\times10\ N/kg\times7\ 000\ m=7\times10^7\ Pa$。

(2) 由 $p=\frac{F}{S}$ 可得，观察窗受到的海水压力：

$F=pS=7\times10^7\ Pa\times50\times10^{-4}\ m^2=3.5\times10^5\ N$。

(3) 上浮时间：$t=6$ 小时 56 分 40 秒 $=6\times3\ 600\ s+56\times60\ s+40\ s=25\ 000\ s$，

上浮的平均速度：

$v=\frac{s}{t}=\frac{7\ 000\ m}{25\ 000\ s}=0.28\ m/s$。

21. (1) 水和杯子的总重力

$G=mg=0.4\ kg\times10\ N/kg=4\ N$。

(2) 水对杯底的压强

$p_1=\rho gh=1.0\times10^3\ kg/m^3\times10\ N/kg\times0.12\ m=1.2\times10^3\ Pa$。

(3) 杯子对水平茶几的压强

$p_2=\frac{F}{S}=\frac{G}{S}=\frac{4\ N}{2\times10^{-3}\ m^2}=2\times10^3\ Pa$。

22. (1) 受力面积　(2) 大气压强

23. (1) 压力的大小和受力面积的大小　(2) 控制变量法　(3) 细沙

24. (1) 越大　(2) 相等　(3) 深度　(4) 高度差变大

专题十 浮力及其应用（一）

1. B
2. C
3. BCD
4. D
5. A
6. A
7. B
8. C
9. 1 竖直向上
10. 1.545×10^7 1.545×10^7 5.15×10^5
11. 增大 下降 增大
12. 大于 小于 上
13. 50 200
14. （1）铝块体积 $V=l^3=(0.1\ \text{m})^3=1.0\times10^{-3}\ \text{m}^3$。

（2）铝块质量

$m=\rho V=2.7\times10^3\ \text{kg/m}^3\times10^{-3}\ \text{m}^3=2.7\ \text{kg}$。

（3）铝块重力 $G=mg=2.7\ \text{kg}\times10\ \text{N/kg}=27\ \text{N}$。

（4）铝块对水平地面的压力 $F=G=27\ \text{N}$。

（5）铝块对水平地面的压强

$p=\frac{F}{S}=\frac{F}{l^2}=\frac{27\ \text{N}}{(0.1\ \text{m})^2}=2\,700\ \text{Pa}$。

（6）铝块浸没在水中所受浮力

$F'=\rho_水 gV_排=1.0\times10^3\ \text{kg/m}^3\times10\ \text{N/kg}\times1.0\times10^{-3}\ \text{m}^3=10\ \text{N}$。

（7）题图乙中弹簧测力计的示数

$F''=G-F'=27\ \text{N}-10\ \text{N}=17\ \text{N}$。

15. （1）$F_浮=G-F=3.4\ \text{N}-2.9\ \text{N}=0.5\ \text{N}$。

（2）由 $F_浮=\rho_水 gV_排$，得

$V_排=\frac{F_浮}{\rho_水 g}=\frac{0.5}{1.0\times10^3\times10}\ \text{m}^3=5.0\times10^{-5}\ \text{m}^3$

因此 $V_石=V_排=5.0\times10^{-5}\ \text{m}^3$。

（3）$m_石=\frac{G}{g}=\frac{3.4}{10}\ \text{kg}=0.34\ \text{kg}$

$\rho_石=\frac{m_石}{V_石}=\frac{0.34}{5.0\times10^{-5}}\ \text{kg/m}^3=6.8\times10^3\ \text{kg/m}^3$。

16. （1）在同种液体中，浮力的大小与物体排开液体的体积

（2）当物体浸没在同种液体中时，浮力的大小与物体所处的深度 （3）c 和 d

专题十一 浮力及其应用（二）

1. D
2. D
3. B
4. C
5. B
6. C
7. A
8. A
9. 增大排开水的体积 2
10. 0.75 1.2×10^3
11. 8 上浮 5 5×10^{-4}
12. 6.75×10^8 护卫舰与航母间水的流速大，压强小
13. 0.6×10^3 =
14. （1）金属块排开水的体积

$V_排=V_溢=1\ \text{dm}^3=0.001\ \text{m}^3$

$F_浮=\rho_水 V_排 g$

$=1\times10^3\ \text{kg/m}^3\times0.001\ \text{m}^3\times9.8\ \text{N/kg}$

$=9.8\ \text{N}$。

（2）金属块的重力

$G=mg=7.9\ \text{kg}\times9.8\ \text{N/kg}=77.42\ \text{N}$

金属块对容器底的压力

$F=G-F_浮=77.42\ \text{N}-9.8\ \text{N}=67.62\ \text{N}$

因为正方体金属块的体积 $V=1\ \text{dm}^3$，

所以正方体金属块的底面积（受力面积）

$S=1\ dm^2=0.01\ m^2$

金属块对容器底的压强

$p=\frac{F}{S}=\frac{67.62\ N}{0.01\ m^2}=6\ 762\ Pa$。

15. (1) 潜水艇受到的浮力 $F_{浮}=G_{艇}=9.27\times10^6\ N$，

潜水艇排开海水的体积

$V_{排}=\frac{F_{浮}}{\rho_{海水}g}=\frac{9.27\times10^6\ N}{1.03\times10^3\ kg/m^3\times10\ N/kg}=9\times10^2\ m^3$。

(2) 潜水艇受到的最大浮力

$F_{浮}'=\rho_{海水}gV_{排}'$

$=1.03\times10^3\ kg/m^3\times10\ N/kg\times1.5\times10^3\ m^3$

$=1.545\times10^7\ N$

至少注入的海水所受的重力

$G_{水}=F_{浮}'-G_{艇}=(1.545\times10^7-9.27\times10^6)\ N$

$=6.18\times10^6\ N$。

(3) 液体内部的压强随深度的增大而增大。

16. (1) 混合物　(2) <

(3) 将“浮标”的杆做得更细一些；在“浮标”上缠绕更多的铁丝

专题十二　功和机械

1. B
2. D
3. B
4. D
5. B
6. B
7. B
8. B
9. D
10. B
11. B
12. C
13. D
14. C
15. C
16. 54　72
17. 后轮　省力
18. 轮轴　省力
19. <　<　<
20. 2 000　3.6×10^7　6×10^4
21. 80%　增大　增大
22. 1.2×10^4
23. 错误　向右倾斜
24. 如图所示

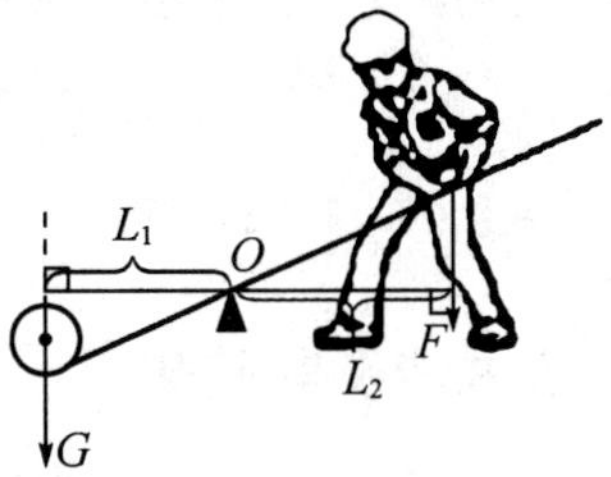

25. 如图所示

26. (1) $W_{有用}=fs_{物}$

$s_{物}=\frac{1}{2}s_{人}=\frac{1}{2}vt$

代入数据得 $W_{有用}=1.5\times10^4\ J$。

(2) $\eta=\frac{W_{有用}}{W_{总}}\times100\%=\frac{fs_{物}}{Fs_{人}}\times100\%$

代入数据得 $F=400\ N$。

(3) $P=\frac{W_{总}}{t}$ 或 $P=Fv$

代入数据得 $P=200\ W$。

27. (1) 根据题中条件可知 $n=3$，即动滑轮上绳子段数是 3；则绳子的固定端应连在动滑轮

上，如图所示。

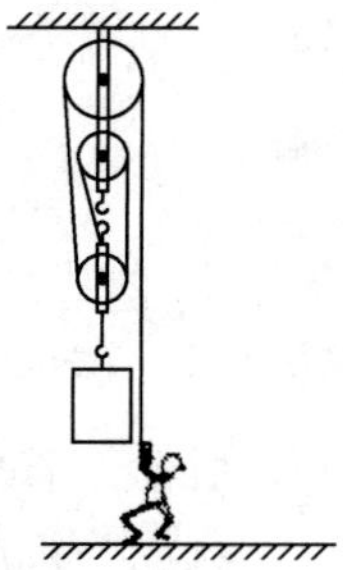

(2) 因为 $W_{总}=Fs=600\ N\times 1.5\ m=900\ J$，

所以 $P=\frac{W}{t}=\frac{900\ J}{10\ s}=90\ W$。

(3) 因为 $s=nh$

所以 $n=\frac{s}{h}=\frac{1.5\ m}{0.5\ m}=3$，

由 $\eta=\frac{G}{nF}$ 得 $G=\eta nF=70\%\times 3\times 600\ N=1\ 260\ N$，

所以 $m=\frac{G}{g}=\frac{1\ 260\ N}{10\ N/kg}=126\ kg$。

28. (1) 便于在杠杆上直接测量力臂大小　(2) 4　(3) 大于

29. (1) 匀速　2.4　5　83.3%　(2) 减小

专题十三　机械能及其转化

1. B
2. D
3. C
4. C
5. A
6. C
7. D
8. D
9. C
10. C
11. 弹性形变的程度　速度
12. 重力势　动　多
13. 增大　增大　减小　减小
14. *B*　*A*　*B*
15. (1) 速度　动能　(2) 速度　质量　(3) 控制变量法
16. (1) 小桌下陷的深度　(2) 质量　相同　(3) 让同一木块从不同高度下落，比较小桌下陷的深度。
17. 进站时将动能转化为重力势能“储存”起来；出站时将重力势能转化为动能“释放”出来，达到节约能源的目的。

专题十四　内能和热机

1. A
2. A
3. C
4. C
5. C
6. C
7. B
8. C
9. C
10. 热传递　增加
11. 永不停息的无规则　加剧
12. 做功　机械（或动）　40
13. 热值　2.5×10^3
14. 不可再生　0.042
15. (1) $m_{煤}=\frac{Q}{q}=\frac{1.008\times 10^8\ J}{3.0\times 10^7\ J/kg}=3.36\ kg$。

(2) $m_{水}=\frac{Q}{c\Delta t}$

$=\frac{1.008\times 10^8\ J}{4.2\times 10^3\ J/(kg\cdot ℃)\times 10\ ℃}$

$=2\ 400\ kg$。

16. 太阳能热水器内水的质量

$m=\rho V=1.0\times 10^3\ kg/m^3\times 0.5\ m^3=500\ kg$

需要吸收的热量

$Q_{吸}=cm\Delta t$

$=4.2\times 10^3\ J/(kg\cdot ℃)\times 500\ kg\times(40\ ℃-20\ ℃)=4.2\times 10^7\ J$

焦炭放出的热量 $Q_{放}=m_{炭}\cdot q$，

由火炉的转化效率 $\eta=\frac{Q_{吸}}{Q_{放}}=$

$$\frac{4.2\times10^{7}\ \text{J}}{m_{炭}\times3.0\times10^{7}\ \text{J/kg}}$$，得

$$m_{炭}=\frac{4.2\times10^{7}\ \text{J}}{20\%\times3.0\times10^{7}\ \text{J/kg}}=7\ \text{kg}。$$

17. (1) 沙子的比热容小于水的比热容　使沙子受热均匀

(2) 沙子　沙子比热容小，吸收相同热量温度升高得多

18. 相等　温度计的示数大小

专题十五　电路的组成和连接

1. D
2. D
3. A
4. D
5. C
6. A
7. B
8. 轻小物体　异种电荷互相吸引
9. 验电器　同种
10. 并联　开关
11. 串　并　短路
12. 如图所示

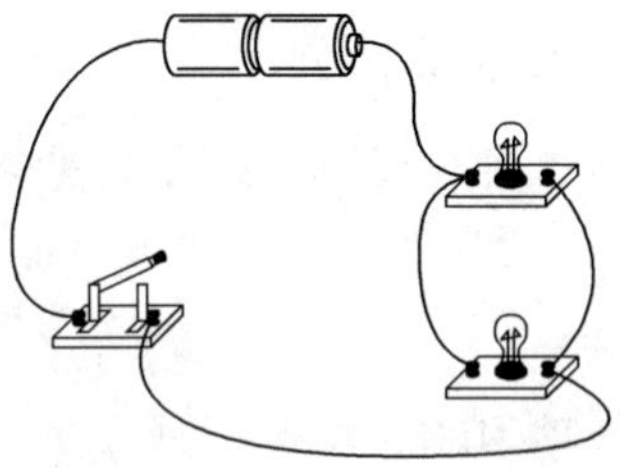

13. 如图所示

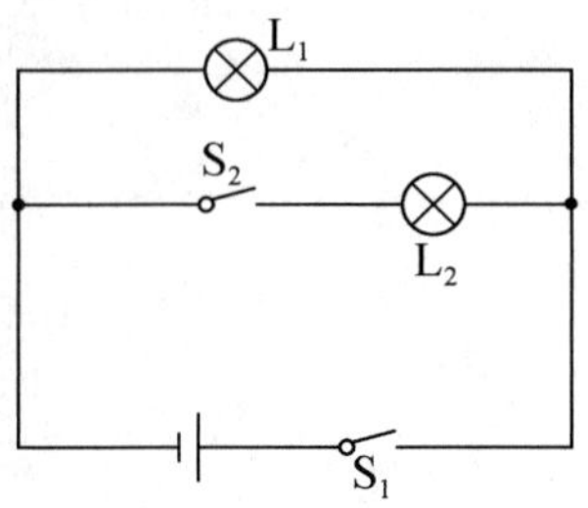

14. 如图所示

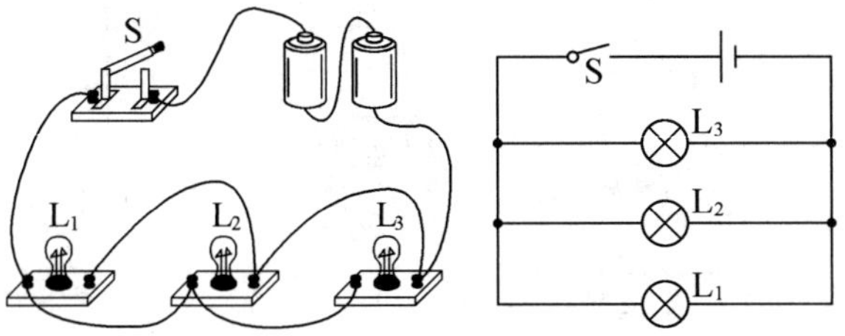

15. 如图所示

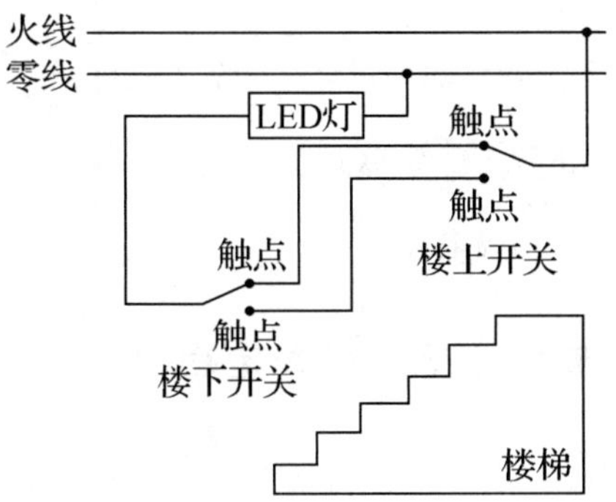

16. 并联　压缩机和电灯都能独立工作
17. 有两种可能的连接方式，串联或并联。如果是串联，取下一只灯泡，闭合开关时另一只灯泡不亮；如果是并联，取下一只灯泡，闭合开关时另一只灯泡仍然发光。

专题十六　电流、电压和电阻

1. C
2. C
3. B
4. D
5. A
6. A
7. B
8. 大　相等　相等　不相等
9. 导体　导体长度　滑动变阻器
10. 电压　电流
11. 串　相等　$3U$
12. 0.48
13. C　B（或 A）

14. 如图所示

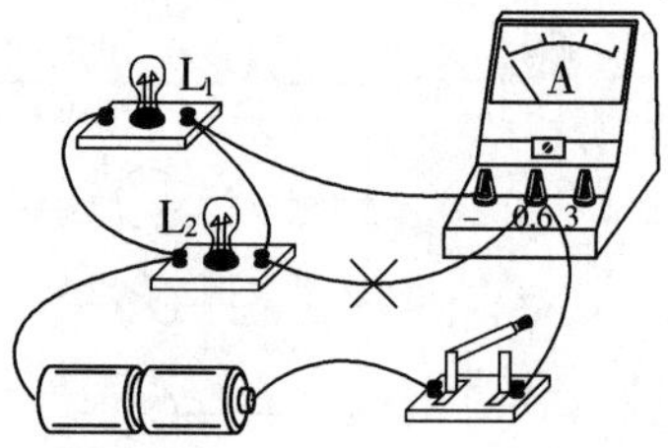

15. 材料　横截面面积　（1）材料　（2）材料　横截面面积

16. （1）串　（2）0.9　0.8　（3）①串联电路中电流处处相等；②串联电路两端的总电压等于各部分电路两端电压之和。

专题十七　欧姆定律

1. B
2. A
3. D
4. C
5. C
6. C
7. A
8. A
9. B
10. A
11. 10　10
12. 3　0.9
13. 等效替代　50
14. 5∶3
15. 变大　2
16. 变大　不变
17. 0.4　3
18. 5　0.6
19. 4　16
20. 由题中电路图可知，R_1与R_2串联，电压表测R_2两端的电压，电流表测电路中的电流。

（1）当酒精气体的浓度为0时，R_2的电阻为60 Ω，此时电压表的示数为6 V，因为串联电路中各处的电流相等，所以根据欧姆定律可得，电流表的示数

$I=\frac{U_2}{R_2}=\frac{6\ \text{V}}{60\ \Omega}=0.1\ \text{A}$。

（2）因为串联电路中总电压等于各分电压之和，所以此时R_1两端的电压

$U_1=U-U_2=8\ \text{V}-6\ \text{V}=2\ \text{V}$

所以$R_1=\frac{U_1}{I}=\frac{2\ \text{V}}{0.1\ \text{A}}=20\ \Omega$。

（3）调零后，R_1的电阻保持不变，此时变阻器两端的电压

$U_1'=I'R_1=0.2\ \text{A}\times 20\ \Omega=4\ \text{V}$

所以电压表的示数

$U_2'=U-U_1'=8\ \text{V}-4\ \text{V}=4\ \text{V}$。

21. （1）如图所示

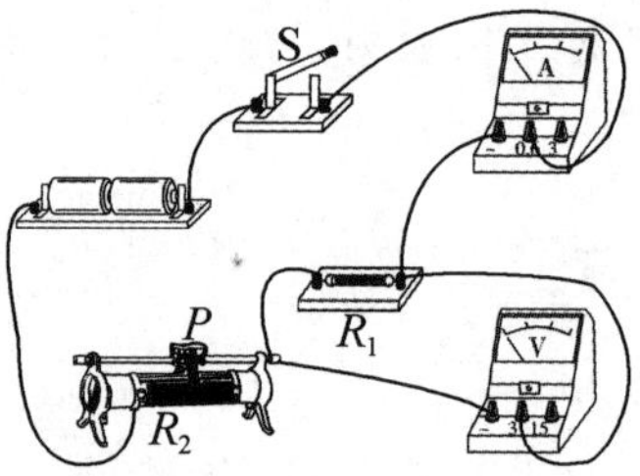

（2）R_1处断路　R_2处短路

（3）增大　10　不可靠　没有多次测量求平均值

专题十八　电功和电功率（一）

1. A
2. A
3. C
4. A
5. A
6. C
7. A

8. C

9. 消耗电能多少　44　22.88

10. 80　7.2×10^4

11. 15　60

12. B　大

13. (1) 依题意0～5 min内，对应的功率为1 100 W，为加热状态，根据 $P=UI=\frac{U^2}{R}$，电路中电阻较小，故 S_1 处于闭合状态（10～15 min内，对应的功率为440 W，电路中电阻较大，S_1 处于断开状态），R_1 此时的电功率 $P_1=1\ 100\ W$

由 $P=UI$ 得，通过 R_1 的电流 $I_1=\frac{P_1}{U_1}=\frac{1\ 100\ W}{220\ V}=5\ A$。

(2) 30 min内加热时间为10 min+25 min−15 min=20 min，保温时间为15 min−10 min+30 min−25 min=10 min，

由 $P=\frac{W}{t}$，得 $W=Pt$

$W=1.1\ kW\times\frac{20}{60}\ h+0.44\ kW\times\frac{10}{60}\ h=0.44\ kW\cdot h=1.584\times10^6\ J$。

(3) 依题意10～15 min内，S_1 处于断开状态，R_1 与 R_2 串联，此时电路总功率为 $P=440\ W$，由(1)，根据欧姆定律 $I=\frac{U}{R}$，

电阻 $R_1=\frac{U}{I_1}=\frac{220\ V}{5\ A}=44\ \Omega$，根据 $P=UI$，此时电路中的电流：

$I=\frac{P}{U}=\frac{440\ W}{220\ V}=2\ A$，根据串联电路电流的规律，通过 R_1 的电流 $I_1=I=2\ A$

由 $P=UI=I^2R$ 可求出10～15 min内 R_1 的电功率：

$P_1=I_1^2R_1=(2\ A)^2\times44\ \Omega=176\ W$。

14. (1) 两支温度计的示数（或两支温度计示数的变化）

(2) 质量相同　初温相同

(3) 相同

(4) 在电流、通电时间相同时，电阻越大，产生的热量越多

(5) 电流大小

专题十九　电功和电功率（二）

1. C

2. C

3. B

4. B

5. D

6. D

7. D

8. 2.5　45　变暗

9. 1 000　0.81

10. 6　3

11. 0.3　1.95

12. 0.05　14.7

13. 1.62×10^5　1.296×10^4　41.5

14. (1) 电炉的电阻 $R=\frac{U^2}{P}=\frac{(220\ V)^2}{1\ 100\ W}=44\ \Omega$。

(2) 电炉的实际功率

$P'=I^2R=(4\ A)^2\times44\ \Omega=704\ W$。

15. (1) 热　闭合

(2) 由电路图知：当 S_1 闭合、S_2 断开时，电熨斗处于低温挡，此时只有电阻 R_1 接入电路。

由 $P=UI$ 知，通过电路的电流

$I=\frac{P}{U}=\frac{100\ W}{220\ V}\approx0.45\ A$，

R_1 的电阻 $R_1=\frac{U^2}{P}=\frac{(220\ V)^2}{100\ W}=484\ \Omega$，

通电 $t=3\ min=180\ s$ 产生的热量

$Q=Pt=100\ W\times180\ s=1.8\times10^4\ J$。

(3) 当开关 S_1 与 S_2 都闭合时，电熨斗处于高温挡，

电阻 R_2 的功率 $P_2=\frac{U^2}{R_2}=\frac{(220\ \text{V})^2}{242\ \Omega}=200\ \text{W}$，

电阻 R_1 的功率

$P_1=P-P_2=1\ 000\ \text{W}-200\ \text{W}=800\ \text{W}$

则电阻 R_1 改变后的电阻

$R'_1=\frac{U^2}{P_1}=\frac{(220\ \text{V})^2}{800\ \text{W}}=60.5\ \Omega$。

(也可以改变电热丝 R_2 的电阻，答案略)

16. (1) 电路连接如图所示

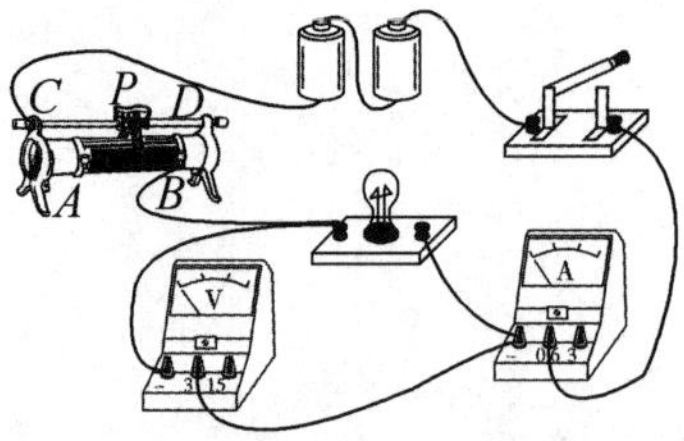

(2) 灯丝断了(或小灯泡接触不良)

(3) B (或 A) [解析：对比第 (1) 小题图，使滑动变阻器接入电路中的电阻变小]

专题二十　电与磁

1. B
2. A
3. D
4. D
5. D
6. A
7. B
8. A
9. S 极　S 极　N 极
10. 磁场　电流
11. 排斥　长
12. 电流　电磁感应
13. 如图所示

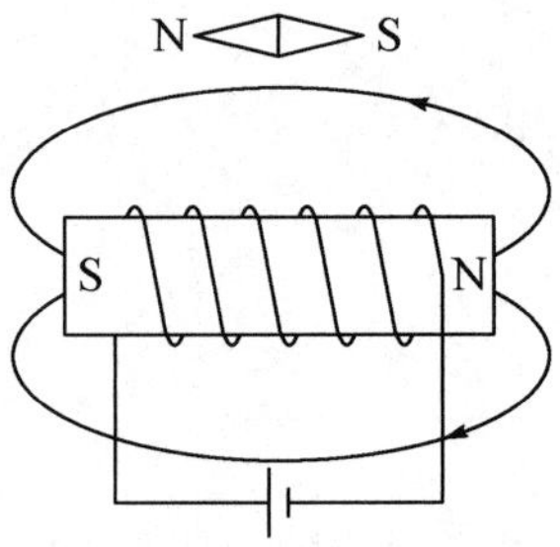

14. 如图所示

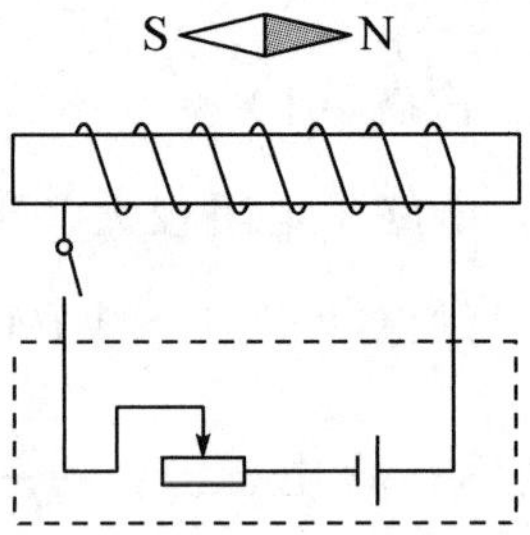

15. (1) 增加　大

(2) 甲　线圈匝数越多

(3) S

(4) 大头针被磁化，同名磁极相互排斥

16. (1) 电流表指针是否偏转

(2) 左右　电磁感应　发电机

(3) 调换 N 极、S 极位置(或改变磁场方向；改变铜棒 AB 的运动方向)

专题二十一　家庭用电

1. C
2. D
3. C
4. D
5. D
6. D
7. C
8. A
9. 火　开路
10. 并　验电笔
11. 火　电源
12. 220　并联　电能

13. 36　切断

14. 同时接入电路的用电器的总功率过大　2 200

15. 如图所示

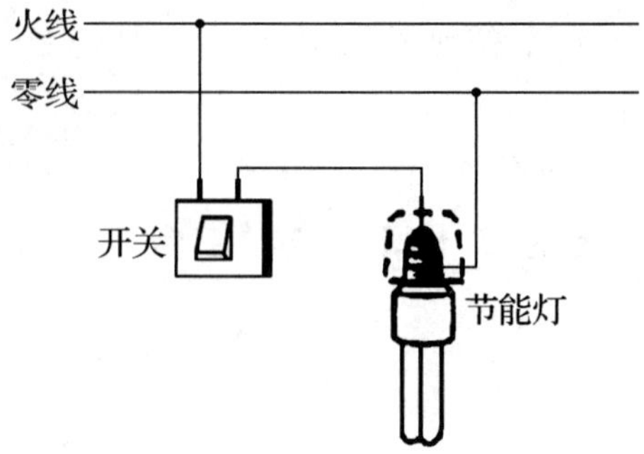

16. 如图所示

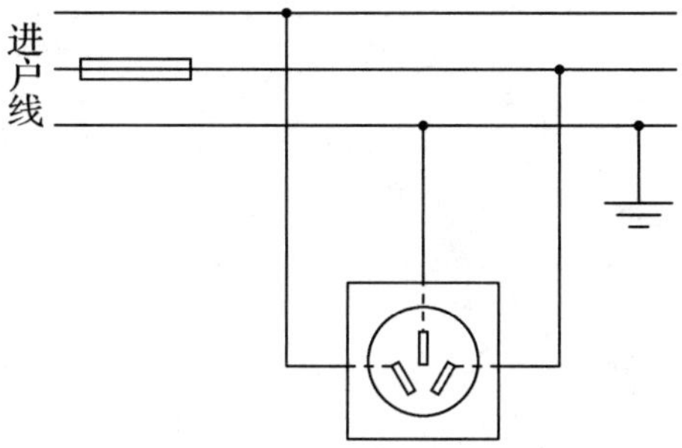

17. 发现有人触电时，应立即切断电源或者用干木棒等绝缘体挑开电线

18. (1) 当电线发生短路时，电路的总电阻很小，电流很大，由焦耳定律可知，短时间内会产生很多热量，使电线的温度急剧上升，引燃附近易燃物品。

(2) 例：及时更换老化的电线；不要在电线附近堆放易燃物品。

19. 他家用电器总功率为

$P=200\ W+150\ W+800\ W+150\ W+1\ 200\ W+40\ W\times6=2\ 740\ W$

这些用电器同时工作时干路的电流为

$I=\frac{P}{U}=\frac{2\ 740\ W}{220\ V}\approx12.45\ A$

所以他们家该选择额定电流稍大于 12.45 A 的保险丝。

专题二十二　能源和信息技术

1. D

2. D

3. C

4. D

5. B

6. B

7. C

8. B

9. A

10. D

11. 属于　3×10^8

12. 振动　声源处　声　电

13. 火力　水力

14. 不可再生　机械　8×10^4

15. (1) 太阳　电

(2) 光伏发电系统一天的发电量 $W=Pt=20\ kW\times8\ h=160\ kW\cdot h$。

(3) $160\ kW\cdot h=160\times3.6\times10^6\ J=5.76\times10^8\ J$

$Q=\frac{W}{\eta}=\frac{5.76\times10^8\ J}{30\%}=1.92\times10^9\ J$

燃烧煤的质量 $m=\frac{Q}{q}=\frac{1.92\times10^9\ J}{3\times10^7\ J/kg}=64\ kg$。

(4) 光伏发电的优点：清洁无污染；可再生；节约化石能源。

16. (1) 化学能　内能　(2) 污染小　(3) 不能。因为沼气不能保证大规模使用。

17. (1) 能源危机　(2) 太阳能　(3) 示例：人走灯灭　夏天尽量少用空调

18. (1) 不可再生

(2) 1.6×10^8

(3) 开发使用清洁燃料等

专题二十三　力学综合

1. B

2. B

3. C

4. D

5. CD

6. D

7. D

8. B

9. 形变　热传递　2

10. 2×10^3　10

11. 减小　大于　自身

12. (1) 液体内部有向上的压强　越大

(2) 如下表

实验序号	薄橡皮膜到水面的距离 h_1/cm	薄橡皮膜到液面的距离 h_2/cm	薄橡皮膜凸起程度	液体密度 g/cm^3
1				
2				
3				

(3) 1.2×10^3　(4) 向下　4

13. (1) 以 B 为支点时重力的力臂为 B 点到重力作用线的距离，如图所示。

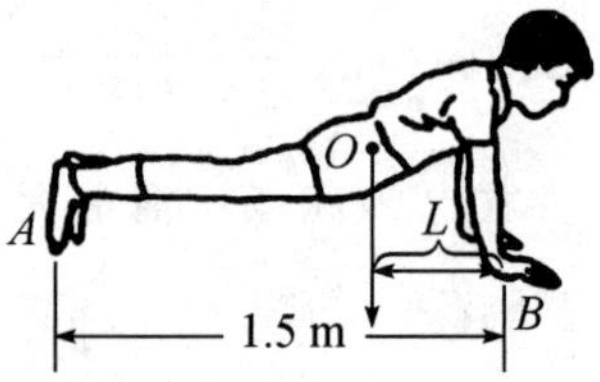

(2) 因为物体间力的作用是相互的，支持力和压力是一对相互作用力，

所以 $F_{脚}=F_{脚支}=250$ N，$F_{手}=F_{手支}$，

则两脚尖对地面的压强 $p_{脚}=\frac{F_{脚}}{S_{脚}}$，双手对地面的压强 $p_{手}=\frac{F_{手}}{S_{手}}$，

因为 $p_{脚}:p_{手}=5:2$，

所以 $\frac{F_{脚}}{S_{脚}}:\frac{F_{手}}{S_{手}}=5:2$，

则 $F_{手}=\frac{2S_{手}F_{脚}}{5S_{脚}}=\frac{2\times300\ cm^2\times250\ N}{5\times60\ cm^2}=$ 500 N。

(3) 做一个俯卧撑时，支持力对人做功为 $W=F_{手}h=500\ N\times0.36\ m=180$ J，

所以做 30 个俯卧撑做功 $W'=30\times180$ J $=5\ 400$ J。

专题二十四　电学综合

1. C

2. C

3. C

4. B

5. A

6. ABC

7. B

8. 2∶1　1∶2

9. 6　1.5

10. 360　12　21

11. (1) 三脚　(2) 玻璃　电　(3) 在步骤 C 前加断开其他用电器　1 125　$\frac{cm(t-t_0)}{nE_0}\times100\%$

(4) 手机　先用手机打家里的固定电话，并迅速将手机放入微波炉内，关上炉门，观察家里的固定电话有无铃声：若无铃声，说明微波炉的防泄漏功能较强（手机发射的电磁波不能传播出来）；若有铃声，说明微波炉的防泄漏功能存在问题（手机发射的电磁波能够传播出来）

12. (1) R_0 上允许消耗的最大功率是 $P_{max}=I^2\cdot R=0.015^2\times400$ W $=0.09$ W。

(2) $300-0.4F$

(3) 当电路中电流最大时，测力计的压力最大，此时电路中的总电阻为 $R_{总}=\frac{U}{I_{max}}=\frac{7.5\ V}{1.5\times10^{-2}\ A}=500\ \Omega$。

则此时测力计的电阻为

$R=R_{总}-R_0=500\ \Omega-400\ \Omega=100\ \Omega$。

则此时测力计上的压力 $F=\frac{300-100}{0.4}\ N=500\ N$，

则该测力计的量程是 0～500 N。

（4）方法一：换 R_0，增大 R_0 允许通过的最大电流；

方法二：换电源，减小电源电压。

单元学科能力测评卷（一）

1. C
2. B
3. C
4. C
5. D
6. D
7. B
8. C
9. D
10. D
11. 并　串
12. 2.59
13. 热　4 840　200
14. 灯丝　热
15. 中性　相　导线　回路　电流　保险丝
16. 电阻　焦耳
17. 如图所示

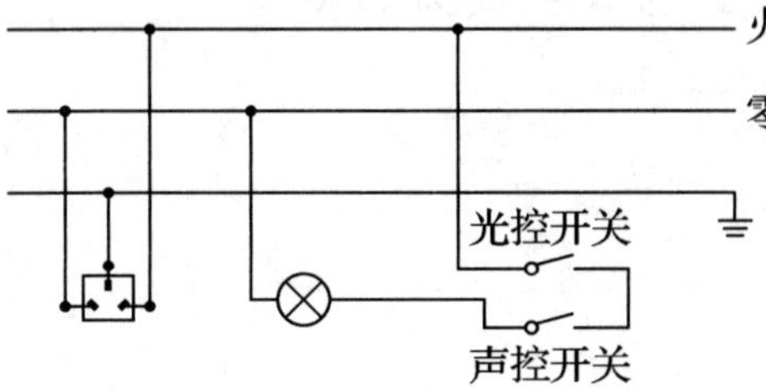

18. 如图所示

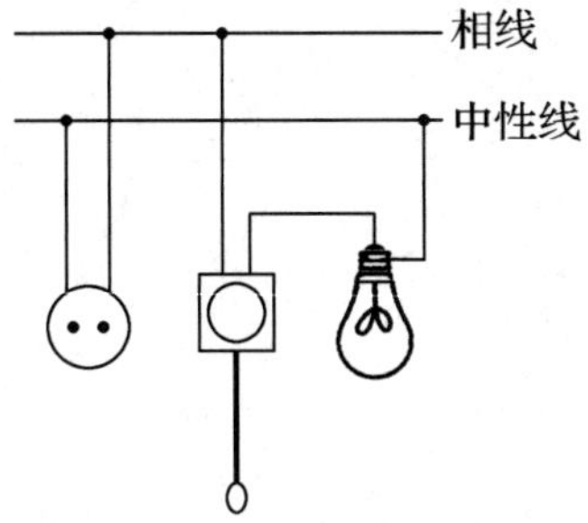

19. 如下表。

物理量	结果
接入电路的用电器的最大总功率	1 100 W
台灯消耗的电能	4.5×10^4 J
电能表能通过的最大电流	5 A
台灯的电阻	1 936 Ω

20. （1）电路中用电器每消耗 1 kW・h 电能，电能表转盘转 3 000 r　（2）秒表　（3）家中其他的所有　这盏电灯　电能表转盘的转数 n　$\frac{1\ 200n}{t}$

21. 她家用电器的总功率

$P=2\times30\ W+3\times25\ W+60\ W+100\ W+300\ W+600\ W+1\ 000\ W+1\ 200\ W=3\ 395\ W$

她家用电器全部工作时的干路电流

$I=\frac{P}{U}=\frac{3\ 395\ W}{220\ V}=15.43\ A$

所以她家的电能表和保险丝应选允许通过的最大电流稍大于15.43 A的。

22. （1）S_1闭合，S_2断开。

低温挡电热毯发热功率 $P=I^2R_2=\left(\frac{U}{R_1+R_2}\right)^2R_2$。

（2）S_1、S_2均闭合。

高温挡电热毯发热功率 $P=\frac{U^2}{R_3}+\frac{U^2}{R_4}$。

（3）较好的电路是乙电路，因为在甲电路中，低温挡时 R_1 要发热，但这个热不能利用，浪费电能。

单元学科能力测评卷（二）

1. D

2. C

3. D

4. B

5. D

6. C

7. A

8. A

9. A

10. D

11. C

12. C

13. A

14. 半导体　电磁波

15. 电磁波　静止

16. 语言　15　电子邮件

17. 属于　3×10^{8} m/s

18. 光速　低　金属

19. 越短　不变　648

20. (1) 内　反　(2) 光纤　能

21. (1) 打开或关闭电灯时，会激发电磁波
(2) 闪电产生时，会激发电磁波
(3) 电磁波的传播不需要介质

22. (1) 不是同一个遥控器，也不是同一台电视机；遥控器与电视机的距离不同；纸片、塑料薄膜、棉布的厚薄不一样。
(2) 用同一个遥控器和同一台电视机，遥控器与电视机的距离相同，纸片、塑料薄膜、棉布的厚薄一样。

23. $s=vt$
$=3.0\times10^{8}\ \text{m/s}\times80\times10^{-6}\ \text{s}\times\frac{1}{2}$
$=1.2\times10^{4}$ m。

24. 微波的波长 $\lambda=\frac{c}{f}=\frac{3\times10^{8}}{2.45\times10^{9}}\ \text{m}\approx0.122$ m
负载的功率 $W=5\ \text{kW}\times80\%=4$ kW。

单元学科能力测评卷（三）

1. C

2. B

3. A

4. B

5. B

6. D

7. C

8. A

9. B

10. D

11. 能量　煤　化石（或不可再生、一次）

12. 生物质能　化学

13. 24　节能、环保

14. 输送　转化

15. 可再生　静止　电磁波

16. 机械能　电能

17. 内　方向性

18. (1) 可再生　(2) 重力势　(3) B

19. (1) ①②④　(2) 陈超　(3) A　(4) 节约能源，降低污染（合理均可）

20. 243　出租车每跑 100 km，消耗汽油的费用是 81 元，消耗天然气的费用是 25.5 元，即每百千米节约 55.5 元，从长远来看，用天然气显然更经济　更经济、更环保　太阳能（合理即可）

21. (1) $F=\rho gV_{排}=1.2\ \text{kg/m}^3\times10\ \text{N/kg}\times3.0\times10^{5}\ \text{m}^3=3.6\times10^{6}$ N。
(2) $W=Pt=3\ 000\ \text{kW}\times6\ 000\ \text{h}=1.8\times10^{7}\ \text{kW}\cdot\text{h}$。
(3) 磁铁、线圈。
(4) C

综合学科能力测评卷（一）

A卷

1. B

2. D

3. C

4. D

5. A

6. B

7. C

8. A

9. B

10. A

11. D

12. D

13. 2　右

14. 0.04 m　7.5×10^9 Hz

15. 3×10^8　7.8×10^3

16. (1) 插座允许通过的电流小于热水器正常工作的电流

(2) 两脚插头在使用时不能使热水器的外壳接地

17. 电　电流

18. 电　不能

19. 清洁型　不可再生

20. 一次　聚变

21. (1) 如图所示

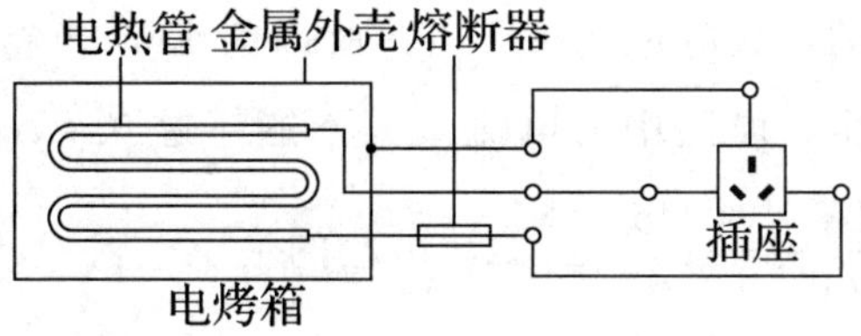

(2) 如图所示

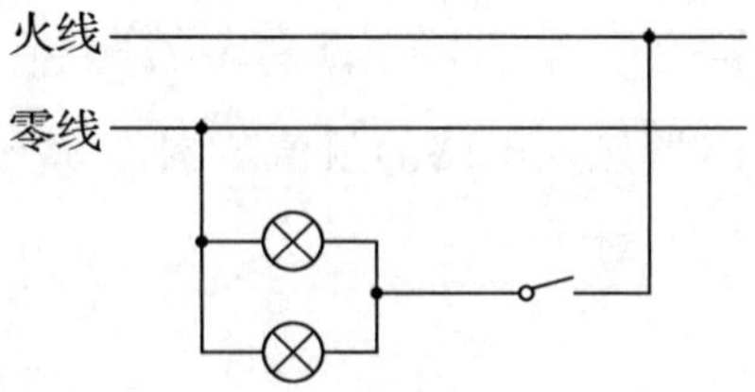

22. 由 $c=\lambda f$ 得

$$\lambda_1=\frac{c}{f_1}=\frac{3\times10^8\ \text{m/s}}{7.5\times10^6\ \text{Hz}}=40\ \text{m}$$

$$\lambda_2=\frac{c}{f_2}=\frac{3\times10^8\ \text{m/s}}{8.0\times10^6\ \text{Hz}}=37.5\ \text{m}$$

故该波段的波长范围为 37.5～40 m。

23. (1) 此时电路中的总电流

$$I=\frac{P_{总}}{U}=\frac{3\ 600\ \text{W}+1\ 200\ \text{W}}{220\ \text{V}}\approx21.8\ \text{A}$$

因为此时电路中的电流超过了空气开关允许通过的最大电流，所以空气开关“跳闸”。

(2) 重新铺设额定电流更大的电线，并配备允许通过电流更大的空气开关。

24. (1) a　(2) 其他用电器仍能正常工作　(3) ③和④　用电流表或导线接通电路，加在无故障灯两端的电压为 220 V，灯丝会被烧断

B 卷

1. CD

2. AD

3. AB

4. B

5. (1) 水吸收的热量（有用能量）

$Q_{吸}=cm\Delta t=4.2\times10^3\ \text{J/(kg·℃)}\times100\ \text{kg}\times50\ ℃=2.1\times10^7\ \text{J}$。

(2) 10 h 太阳能热水器吸收的太阳能（总能量）

$Q_{总}=Pt=4.2\times10^6\ \text{J/h}\times10\ \text{h}=4.2\times10^7\ \text{J}$

$$\eta=\frac{Q_{吸}}{Q_{总}}\times100\%=\frac{2.1\times10^7\ \text{J}}{4.2\times10^7\ \text{J}}\times100\%=50\%。$$

(3) 足够丰富，清洁、无污染。

综合学科能力测评卷（二）

A 卷

1. A

2. D

3. B

4. D

5. D

6. C

7. D

8. C

9. D

10. D

11. A

12. B

13. 并　能　14. 变小　<　15. 液化　凝华

16. 1.5　4.5　17. 放大　不能

18. 6 800　8.16×10^7　19. 电磁铁　红

20. 110　880

21. (1) 如图所示　　(2) 如图所示

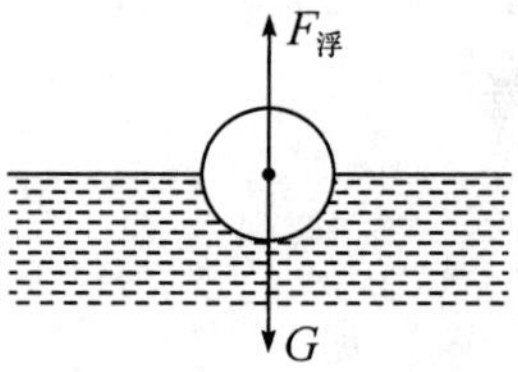

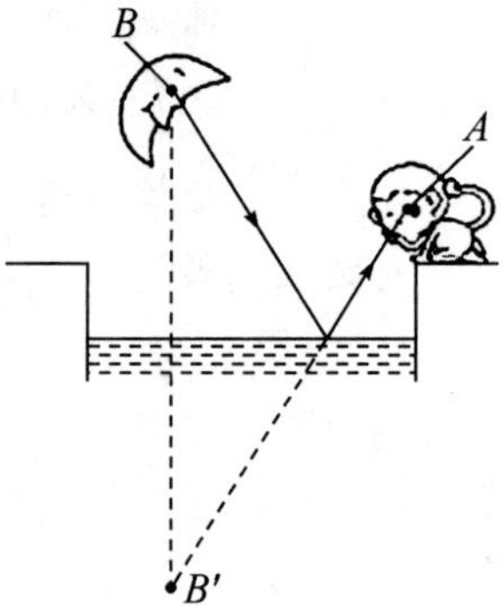

22. (1) 机器人受到的重力

$G=mg=5\ kg\times10\ N/kg=50\ N$。

(2) 站立时对地面的压强

$p=\frac{G}{S}=\frac{50\ N}{1\times10^{-3}\ m^2}=5\times10^4\ Pa$。

23. (1) 因为 $P=UI$，所以灯泡正常发光的电流

$I=\frac{P_额}{U_额}=\frac{3\ W}{10\ V}=0.3\ A$。

(2) 因为 $P=\frac{U^2}{R}$，所以灯泡电阻

$R_L=\frac{U_额^2}{P_额}=\frac{(10\ V)^2}{3\ W}\approx33.3\ \Omega$

串联电路总电阻为 $R_总=\frac{U}{I}=\frac{12\ V}{0.3\ A}=40\ \Omega$

定值电阻的阻值为

$R=R_总-R_L=40\ \Omega-33.3\ \Omega=6.7\ \Omega$。

(3) 定值电阻产生的热量为

$Q=I^2Rt=(0.3\ A)^2\times6.7\ \Omega\times10\ s=6.03\ J$。

24. (1) B　(2) 热传递　(3) 减少水量（“在烧杯中加入热水”或“增大火力”等）

B卷

1. AD

2. BD

3. BD

4. (1) 当 S、S_1、S_2 闭合时，R_1、R_2 并联，电流表测 R_1 支路的电流，R_1 的阻值 $R_1=\frac{U}{I_1}=\frac{12\ V}{0.3\ A}=40\ \Omega$，

R_1 消耗的电功率 $P_1=UI_1=12\ V\times0.3\ A=3.6\ W$，

当滑动变阻器接入电路的电阻最大时，整个电路消耗的功率最小，

$P_2=\frac{U^2}{R_2}=\frac{(12\ V)^2}{100\ \Omega}=1.44\ W$，

电路的总功率 $P=P_1+P_2=3.6\ W+1.44\ W=5.04\ W$。

(2) 当 S 闭合，S_1、S_2 断开时，R_3 允许通过的最大电流 $I_3=\frac{P_3}{U_3}=\frac{0.9\ W}{3\ V}=0.3\ A$，$R_2$ 允许通过的最大电流为 0.5 A，所以为保证整个电路安全，电路中的电流最大不能超过 0.3 A，$R_3=\frac{U_3}{I_3}=\frac{3\ V}{0.3\ A}=10\ \Omega$，电路的最小电阻 $R_总=\frac{U}{I_3}=\frac{12\ V}{0.3\ A}=40\ \Omega$，滑动变阻器接入的最小阻值是 $R_{2min}=R_总-R_3=40\ \Omega-10\ \Omega=30\ \Omega$，所以滑动变阻器接入电路的阻值范围是 30～100 Ω。

2. 电磁波的应用

教材助读·自主学习

1. 电磁波在信息方面的应用

(1) 电磁波在信息方面的应用源于三个方面：第一，电磁波可以携带信息；第二，电磁波可以帮助人们获得________，充当测量或检测的工具；第三，电磁波能承载并传播信息，充当信息传播的________。

(2) 电磁波可以通过“________”，把文字、图像、声音等各种信息加入其中，并传播到远方。用户可以通过收音机、电视机等装置“________”，把信息还原，收到优美的音乐和精彩的电视节目。

2. 电磁波能量特性的应用

一切电磁波都具有能量。________提供地球上维持各种生命运动的最基本的能量。电磁波在机械制造业中用于加工________，钻打精细小孔，进行精密焊接等；在核聚变研究中提供核聚变的环境。

3. 减少电磁污染

研究表明，高压线、变电站、通信基站等设施周边的________较为密集，是电磁污染的重灾区。为避免电磁辐射带来的伤害，离这些设备的距离要尽可能的________一些。

课内探究·展示交流

一、电磁波在信息方面的应用

例1 关于电视信号的接收，下列说法中正确的是　　(　　)

A. 电视机通过天线接收电视信号

B. 电视机通过天线直接接收图像信号

C. 电视机的图像是自己制造出来的

D. 以上说法都不对

【思路导析】 电视机通过天线接收电视信号，它接收的电视信号是加载在高频电磁波上的；电视机不能通过天线直接接收图像信号；电视机只是将原来的图像进行还原，不能自己制造图像。

交流·分享

对无线电广播，电视信号的发射与接收可以这样理解：把电磁波与船相类比，把调制和解调与装船和卸船相类比，从而了解电磁波的发射和接收的基本过程。

【变式训练】 下列事例利用电磁波传递信息的是　　(　　)

A. 蝙蝠的“回声”定位

B. 大象用“声音”交流

C. 手机用“Wi-Fi”上网

D. “B超”检查人体

二、电磁波能量特性的应用

例2 下列选项中，是电磁波在能量特性上应用的是　　(　　)

A. 无线电通信用电磁波传递信息

B. 医院“B超”利用电磁波进行检测

C. 遥控器利用发出的红外线控制电视

D. 人们利用太阳能获得电能

【思路导析】 无线电通信是用电磁波传递各种信息的，遥控器利用红外线控制电视机，这些都是电磁波在信息方面的应用；医院“B超”是利用超声波进行检测的，不是电磁波；人们利用太阳能发电，是将太阳能转化为电能，是电磁波在能量上的应用。

三、减少电磁污染

例3 电磁辐射对人体健康的影响已经引起了人们的广泛关注。以下活动中，几乎不会对人体产生电磁辐射的是（　　）

A. 使用手电筒

B. 玩电脑游戏

C. 接听手机

D. 靠近工作着的微波炉

【思路导析】 我们知道，微波炉、手机、电视机、电脑等产生的电磁波对人体的损害是不容忽视的，如造成头疼、失眠、大脑异常和诱发白内障等。一般情况下，使用手电筒对人体是没有伤害的。

课时作业·高效训练

基础达标

1. 下列通信方式不是利用电磁波传递信息的是（　　）

A. 无线电广播　　B. 微波通信

C. 卫星通信　　D. 声呐

2. 手机是现代人们最常用的通信工具之一，手机间通话和收发信息是利用（　　）

A. 电磁波传送的　　B. 超声波传送的

C. 可见光传送的　　D. 空气传送的

3. (2015·河南) 2015年3月，我国成功将首颗新一代“北斗”导航卫星发射升空，标志着我国“北斗”卫星导航系统由区域运行向全球拓展。它与地面通信时利用的是（　　）

A. 电磁波　　B. 紫外线

C. 红外线　　D. 超声波

4. 下列选项中，没有利用到电磁波的是（　　）

A. 通过卫星转播，世界各地的观众可以同时收看奥林匹克运动会的精彩比赛

B. 太阳光为人们提供生活、工作最基本的温度环境

C. 医生利用激光，对眼睛进行精巧的手术，治疗近视眼

D. 人们通过有线电话交谈

5. 广州的小茗同学用新买的4G手机听广州交通电台（FM106.1）交通信息，北京的小萱同学用收音机听北京音乐广播（FM97.4）的音乐节目。下列说法正确的是（　　）

A. 4G手机比原来的3G手机上网速度快，是因为4G网络的电磁波传播速度比3G的快

B. 广州交通电台发射的电磁波比北京音乐广播电台发射的电磁波速度快

C. 收听广州交通电台能听到106.1 MHz频率的声音

D. 4G手机发射的电磁波和北京音乐广播电台发射的电磁波速度一样

6. 在战争中使用电子干扰战术，能够取得很好的效果，争取到战争的主动权。电子干扰具体地说就是（　　）

A. 对敌方发射波长很长的电磁波

B. 对敌方发射很强的电磁波

C. 对敌方发射频率很高的电磁波

D. 对敌方发射与敌方电子设备工作频率相同的电磁波

7. 现实生活中，越来越多的人使用手机进行视频通话，手机之间是依靠________来传递信息的。遥控器是靠发射________（填“紫外线”　“红外线”或“可见

光”）来实现对电视机的控制的。

8. 医生通过听诊器可以了解病人心脏的工作状况，这是利用了声音能够传递________的道理；心脏的跳动声是心脏________而发出的。手机不宜挂在胸前，是因为手机发射出的________会对人的心脏造成不良影响。

9. 以下是电磁波的应用实例：①天体研究中，根据遥远星体发出的射线谱可以知道该星体中的物质组成；②利用雷达帮助发现军事目标；③医生用 γ 射线切割肿瘤，大大提高手术治疗效果；④通过卫星转播，世界各地的观众都可以收看到 2016 年里约奥运会的精彩比赛。在这些事例中，属于利用电磁波能量特征的是____________，属于利用电磁波信息特征的是________。（均填序号）

能力提升

10. 飞机在起飞、降落和飞行时，不允许乘客使用手机，这是为什么？你还知道哪些特殊环境中不允许人们使用手机？

11. 阅读下列材料，回答文后问题。

为什么收音机接收不到电视机的声音

电视信号采用 FM 方式广播，而普通的收音机以 AM 方式接收，故收音机接收不到电视伴音。若收音机以 FM 方式接收，是不是一定可以接收到电视信号的伴音呢？

这要由收音机所能接收的信号的频率范围来定，只要看看收音机调谐板上的频率就可知道。通常 FM 收音机可以接收的频率范围为 87 MHz～108 MHz，但电视广播的频率范围则为 470 MHz～792 MHz。由此可知，收音机和电视的频道就像井水不犯河水一样互不侵犯。除非特意改变线路以作调整，否则收音机就收不到电视信号的伴音。

（1）电视信号的频率范围为 470 MHz～792 MHz，那么电视台所用的电磁波波长的范围是怎样的？

（2）收音机通常情况下不能接收到电视伴音的原因是什么？

3. 改变世界的信息技术

教材助读·自主学习

1. 卫星通信

在卫星通信中，地面站向人造地球卫星发射电磁波；卫星作为________，将接收到的电磁波进行处理，并发送给另一个或几个________，或转发给另一颗卫星；接收方地面站接到卫星发来的电磁波，就获得了发送方地面站传来的信息，实现了信息传递。

2. 光缆通信

利用光导纤维进行的通信叫光缆通信。由于光纤具有传输距离长、________等特性，在20世纪80年代中期以后，骨干网及区域网已经逐渐由电缆替换为光缆。

3. 移动通信

当前最为普遍的手机通信系统主要由移动台、________和移动交换中心组成，它们形成一个________。

4. 信息革命与人类文明

物质、______和信息是人类社会生存和发展不可缺少的三大支柱。人类传递信息的方式主要经历了烽火传递到“八百里快马”，再到后来的________的应用，最后到迅速发展的________，人们走上了信息高速公路。

课内探究·展示交流

一、卫星通信

例1 下列说法中正确的是　（　　）

A. 卫星通信就是利用卫星向地面发射电磁波

B. 通信卫星相当于一个太空中继站，用来转发地面站发出的信号

C. 卫星通信只能转发电视信号，不能转发广播信号

D. 要使卫星通信的范围覆盖地球的各个角落，至少需要四颗同步卫星

【思路导析】 通信卫星相当于一个太空________，它只是用来转发信号的，故A项错误；卫星通信转发的信号可以是广播信号、电视信号等多种信号，故C项错误；要使卫星通信的范围覆盖地球的各个角落，至少需要三颗同步卫星，故D项错误。

二、光缆通信

例2 对于光缆通信，小明同学曾经思考过这样的问题：在漫长的线路上，光纤免不了要拐弯、缠绕，而光在同种均匀介质中是沿直线传播的，激光通信信号怎能从一端传到另一端呢？后来在“研究光纤怎么传输光信号”的活动中，小明终于明白了激光信号在光纤中　（　　）

A. 就像水流沿弯曲水管流动那样

B. 就像电流沿弯曲导线传播那样

C. 不断地经光纤壁反射而向前传播

D. 不断地在光纤中折射而向前传播

【思路导析】 携带信息的光在光导纤维中传播的时候，先从光导纤维的一端射入，在内壁多次反射，最后从另一端射出，这样光就把它携带的信息传递到了远方。

交流·分享

光纤中用来传递信息的是什么光

光纤中用来传递信息的光是激光。

三、移动通信

例 3 现代社会，移动电话已成为人们普遍使用的通信工具，它是由______传递信息的。某手机发射的信号频率是 1 800 MHz，那么该信号波长约为______m（保留小数点后两位）。

【思路导析】 移动电话既能发射电磁波，又能接收电磁波，它是靠电磁波来传递声音等信息的。电磁波的波速、波长和频率的关系为 $c=\lambda f$，所以 $\lambda=\frac{c}{f}=\frac{3\times10^{8}\ \text{m/s}}{1\ 800\times10^{6}\ \text{Hz}}\approx0.17\ \text{m}$。

【变式训练】 随着智能手机的普及，人们的聊天方式也不断推陈出新，微信就是时下流行的一款手机语音聊天软件，语音信息是利用手机通过一定频率的_______进行传播的。

四、信息革命与人类文明

例 4 小明用自己家的电脑成功地给小红发了一封电子邮件，则 （　　）

A. 小红家的电脑如果关闭主机，则肯定收不到

B. 小红打开电脑主机，就会收到

C. 小红一旦上网，打开电子邮箱就会查阅到

D. 邮件已经存储在小红的电脑主机上

【思路导析】 小明和小红的计算机是通过_______网相连的，小明给小红发送电子邮件时，即使小红未上网，小红的电子邮箱所在的_______也会把该电子邮件储存起来，一旦小红上网，她就能从自己电子邮箱所在的服务器上得到这封电子邮件，也就是说对方发来的电子邮件并不是储存在小红家的电脑主机上的。

课时作业·高效训练

基础达标

1. 在邮局通信楼的顶部通常可见到一些锅盖形天线，关于这种天线的作用，以下说法正确的是 （　　）

   A. 这是做广告用的模型

   B. 天线凹面是一个太阳灶

   C. 天线凹面斜向上方是用来接收卫星信号的

   D. 天线凹面朝水平方向是用来接收卫星信号的

2. 光缆通信是利用了光的什么现象（　　）

   A. 光的直线传播　B. 光的反射

   C. 光的折射　D. 光的传播速度快

3. 如图 10-3-1 所示的就是移动通信的基地台，关于基地台，下列说法中正确的是 （　　）

图 10-3-1

   A. 基地台就是广播电台

   B. 基地台就是电视台

   C. 基地台是单独存在的一个电台，与其他设备和电台没有任何关系

   D. 基地台是一个固定的无线电台，起转接作用

4. 下列说法中不正确的是　（　　）
   A. 现在使用的移动电话有发射装置和接收装置
   B. 现在使用的对讲机有发射装置和接收装置
   C. 电视机有发射装置和接收装置
   D. 收音机只有接收装置没有发射装置

5. 关于移动电话与其他用户通话要靠较大的固定无线电台（基地台）来转接的原因，下列说法不正确的是　（　　）
   A. 移动电话发射功率较小
   B. 移动电话灵敏度不高
   C. 移动电话对外发射无线电波的能力有限
   D. 移动电话的天线很简单

6. 下列操作中，互联网不能实现的是　（　　）
   A. 查阅资料，看新闻
   B. 购物，视频点播，聊天
   C. 远程教育，远程医疗
   D. 现金交易

7. 在我们的生活中，4G 手机通信业务已经非常普遍，使用 4G 手机不仅可以通话，还可以随时通过无线网络上网。下列说法正确的是　（　　）
   A. 电磁波和声波都是由物体的振动产生的
   B. 电磁波和声波在空气中的传播速度都是 340 m/s
   C. 手机无线上网是利用电磁波传输信息的
   D. 电磁波和声波一样不能在真空中传播

8. 下列关于信息技术的说法中，正确的是　（　　）
   A. 光纤通信不是靠电磁波传递信息的
   B. 有线电话通话时，在电话线中传递的是声信号
   C. 手机通信是利用超声波传递信息的
   D. 卫星通信是靠电磁波传递信息的

9. 下列事件中不属于互联网的用途的是　（　　）
   A. 电子邮件　　B. 邮递物品
   C. 远程教育　　D. 视频会议

10. 关于电子邮件，下列说法正确的是　（　　）
   A. 发送电子邮件必须输入对方的邮箱地址
   B. 电子邮箱是某用户计算机上的空间
   C. 对方的计算机没开机，邮件就没法发送
   D. 发送电子邮件必须输入自己的邮箱地址

11. 在用笔记本电脑无线上网时，包含了一些物理知识和现象，其中错误的是　（　　）
   A. 利用电磁波连接了电脑和因特网
   B. 电脑是利用数字信号工作的
   C. 电脑和无线上网接入点的距离没有限制
   D. 无线上网接入点应具备发射和接收功能

12. 声波能传递信息，也能传递________。汶川大地震震中会产生很强的次声波，远隔千里的我们也有不舒服的感觉。地震对地面上的通信设施造成了巨大

破坏，救援初期主要靠我国自主研发的“北斗”导航系统与灾区取得联系，该系统利用太空中的______作为微波中继站。地震发生仅几分钟，全国乃至世界各地的人们通过因特网就得到了地震的信息，目前人们经常使用的因特网通信形式还有______（只需填写一种）。

13. 世界上凡是计算机集中的地方，例如企业、机关、某些居民小区等，大都已经把自己的计算机连在一起了。这些网络又互相联结，成为世界上最大的计算机网络，叫作________。

能力提升

14. 光缆通信是利用激光通过光纤来传递信息的。光从图 10-3-2 所示的光纤一端射入，从另一端射出。请将图中未完成的光路部分补充完整。

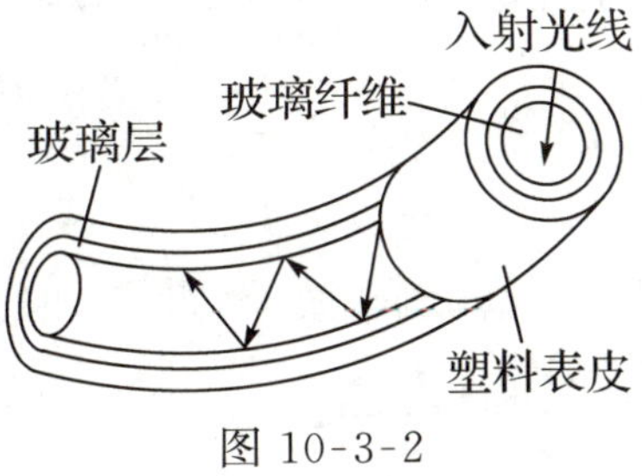

图 10-3-2

15. 据报道：某居民认为光缆很值钱，一夜之间盗割了一百多米光缆，造成 60 万路电话用户的正常通信受到影响，直接导致 400 万的经济损失，该居民被依法追究刑事责任。为了避免类似事件的发生，请你拟两条相关的公益宣传广告词。

（1）________________________________；

（2）________________________________。

16. 小宇认为，月球是地球的卫星，利用月球作为微波通信的中继站可以省钱。为此，他还画了一张想象图（如图 10-3-3 所示），拿给几个同学欣赏，几个同学看了小宇的想象图后，发表了自己的看法。

图 10-3-3

小丽：我认为这不能实现，因为月球离我们太远了！信号衰减、时间延迟。

小红：我认为这不能实现，因为月球表面无法反射微波。

小明：我认为这不能实现，因为月球总是在绕地球公转，不能固定地传递地球上两点的信号。

你________（填“支持”或“不支持”）小宇的设计。在以上三位同学中，观点不正确的是________。

17. 每天晚上 7 点，打开电视机收看中央电视台的《新闻联播》，CCTV-1 在现场直播，各省、直辖市的卫星节目也在同时转播。若仔细观察，会发现各省市转播的节目比 CCTV-1 播放的节目要延迟零点几秒时间，请你解释这种现象。

本章小结

考点题型探究

考点一 电磁波的产生与传播

1. 小明家住马路边，他家的电视机使用的是室外天线。当马路上有汽车经过时，有时在电视机的屏幕上会出现雪花点或水平亮线（图 10-1）。引起这种现象的原因可能是（　　）

图 10-1

A. 电视台自身的故障

B. 汽车引起地面振动对电视产生影响

C. 汽车运动产生声波对电视产生影响

D. 汽车发动机的火花塞产生的电磁波对电视的影响

2. 如果在雷电时听收音机广播，收音机的喇叭中常常会出现“咔嚓、咔嚓”的杂音，出现这种现象的原因是（　　）

A. 雷电使收音机振动发声

B. 雷电使广播电台出现故障

C. 雷电产生的电磁波被收音机接收

D. 雷电使收音机内的零件出现故障

3. 下列四种类型的波中，不属于电磁波的是（　　）

A. 超声波　　B. 红外线

C. 可见光　　D. X 射线

4. 月球距离地球约 3.84×10^5 km，如图 10-2 所示，从地球向月球发射电磁波，则电磁波到达月球所需的时间为（　　）

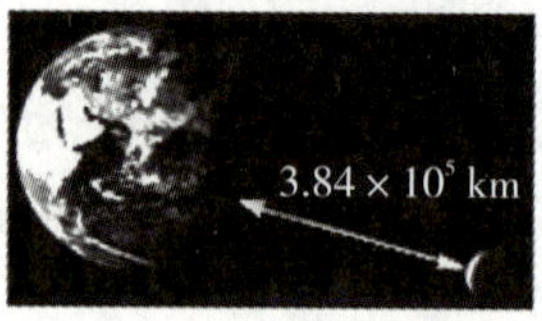

图 10-2

A. 0.012 8 s　　B. 0.128 s

C. 1.28 s　　D. 12.8 s

5. （2021·山东聊城）2021 年 5 月 15 日，“天问一号”探测器在火星乌托邦平原南部预选着路区着陆，在火星上首次留下中国印迹，火星探测器通过________（填“超声波”或“电磁波”）向地球传回信号。

6. 小明用收音机听英语广播时，打开了房间里的日光灯，在开日光灯的瞬间听到收音机中发出“咔嚓”声。这是由于日光灯电路中电流的________变化，在周围空间里产生的________被收音机接收到。

7. 某电磁波的波形如图 10-3 所示，则该电磁波的波长是________。

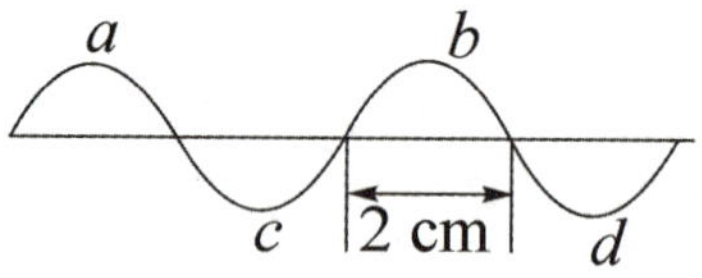

图 10-3

考点二 电磁波在生活和生产中的应用

8. 下列器材中不属于移动通信设备的是（　　）

A. 手机　　B. 固定电话

C. 对讲机　　D. 军用电台

9. 用收音机（图 10-4）接收广播电台的节目时，必须选择我们需要的某一频率的电磁波，承担频率选择的部件是（　　）

图 10-4

A. 天线　　B. 扬声器

C. 调谐旋钮　　D. 音量旋钮

10. 图 10-5 所示是电视机遥控器上的频道按钮（上、下两个按钮）和音量按钮，按动频道按钮实际上是在改变（　　）

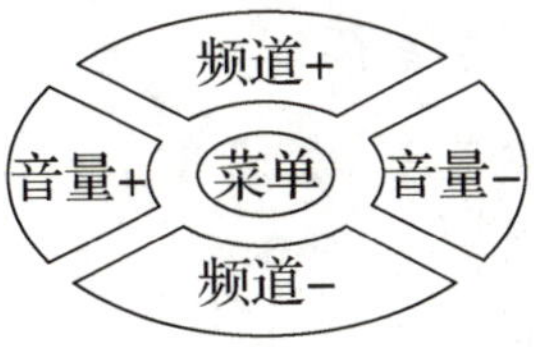

图 10-5

A. 电视机的发射频率

B. 电视机的接收频率

C. 电视台发射的电磁波的频率

D. 电视机接收到的电磁波的波速

11. 现在的电视机可以收看两、三百个频道的节目，不同的电视台使用不同的频道来发射电视信号。新购的电视机在第一次试机时要开启"自动搜索"频道程序，如图 10-6 所示，使每一个电视台的节目都有固定的频道序号。

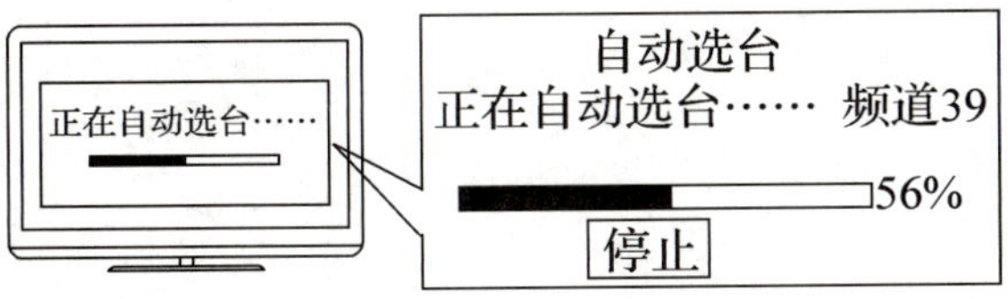

图 10-6

（1）启动"自动搜索"实质是搜寻________。

A. 音频频率

B. 视频频率

C. 射频频率

（2）不同电视台使用不同频率，是为了避免信号之间互相__________。

考点三　越来越宽的信息之路

12. 下表是几种作为载体的常用电磁波，则相同时间内传递的信息最多的电磁波是（　　）

电磁波	频率/MHz
微波	$30\sim3\times10^5$
短波	$3\sim30$
中波	$0.3\sim3$
长波	0.3 以下

A. 长波　　B. 中波

C. 短波　　D. 微波

13. 光导纤维的主要用途是（　　）

A. 照明　　B. 输电

C. 导热　　D. 通信

14. 图 10-7 所示是一颗通信卫星，关于通信卫星，下列说法正确的是（　　）

图 10-7

A. 通信卫星使用的是中波

B. 通信卫星只能用来传递声音信号

C. 地球同步通信卫星离地面高度没有特定要求

D. 通信卫星既能传递信号，又能放大信号

15. 车载 GPS 导航仪是通过与导航卫星互相传递信息，确定汽车的准确位置，并在电子地图上显示出来（图 10-8），为汽车驾驶员导航。下列说法正确的是（　　）

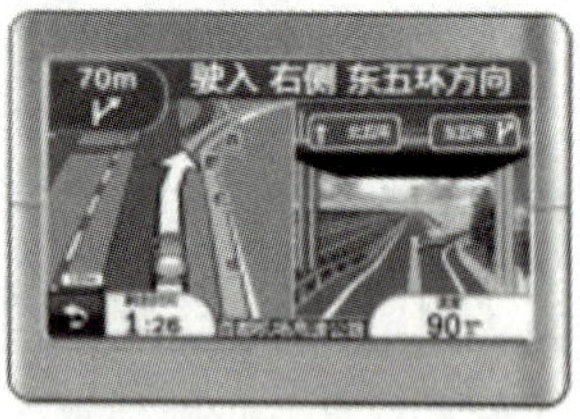

图 10-8

A. 导航仪与导航卫星是通过电磁波传递信息的

B. 导航仪上的移动电话是通过电流传递信息的

C. 导航卫星发射的电磁波不能在真空中传播

D. 导航卫星发射的电磁波比光的传播速度慢

16. 被誉为"光纤之父"的华裔科学家高锟因为"光在纤维中的传输用于光学通信"的成就而获得 2009 年诺贝尔物理学奖。光纤通信实际上是激光信号在光纤里________（填"直线""反射"或"折射"）传播。利用光纤传播的优点之一是________。

17. 通过互联网发送电子邮件，收件人可以在任何________、任何________打开信箱，查看邮件。假设光信号在光缆中传播的速度为 2×10^8 m/s。如果你向国外的一位朋友发送的电子邮件经历的时间大约为 0.07 s，那么，你和你朋友的距离大约为________km。

最新考情分析

命题规律

纵观近几年全国各地中考试题，本章内容在中考中的命题特点如下：

1. 从题型来看，主要包括选择题、填空题等。

2. 从命题角度来看，常以电磁波应用的情景命题，题目贴近实际生活，难度不大。

3. 从考查内容来看，主要包括：(1) 电磁波的产生与传播；(2) 电磁波在实际中的应用；(3) 现代通信技术；(4) 电磁波的特征等。

4. 从考查能力来看，主要考查同学们运用知识解释实际生活中应用电磁波的实例等。

第十一章　物理学与能源技术

1. 能量守恒定律

教材助读·自主学习

1. 形形色色的能量

自然界中存在多种形式的能量，常见的能量有________能、________能、________能和________能等。

2. 不同形式能量的相互转化

两种形式的能量都可以实现相互的转化，能量还可以在物体间________。现代化的生活就是以________为中心的能量转化和利用的过程。

3. 能量守恒定律

能量既不能________，也不会________；当能量从一个物体______到其他物体或从一种形式________为其他形式时，总量________。这称为能量守恒定律。

4. 永动机是不可能实现的

永动机就是指不消耗能量而能够永远地运动下去的机器。事实证明，永动机违背了________定律，所以世界上不可能存在永动机。

课内探究·展示交流

一、认识不同形式的能量是可以相互转化的

例1 下列关于能量转化的说法不正确的是　　(　　)

A. 洗衣机工作时，电能主要转化为机械能

B. 汽车匀速下坡时，重力势能转化为动能

C. 绿色植物的光合作用将光能转化为化学能

D. 太阳能电池板将太阳能转化为电能

【思路导析】洗衣机工作过程中，消耗的是______能，获得了________能；汽车匀速下坡时，重力势能________，动能________，如果是重力势能转化为动能，那么动能就应该________；绿色植物的光合作用需要阳光，最终转化为植物体内的________能；太阳能电池板利用________能，获得电能，所以是将太阳能转化为电能。

【变式训练】目前长沙城区的老居民小区正在进行水路改造，改造中用到了一种打孔工具——冲击钻。冲击钻工作时，钻头在电动机的带动下不断地冲击墙壁，打出圆孔，如图11-1-1所示。冲击钻在工作过程中，其能量转化关系是　　(　　)

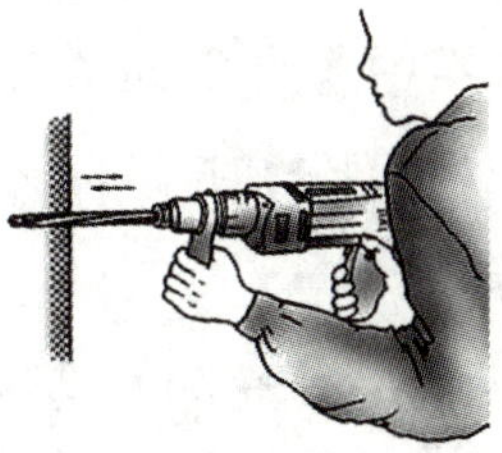

图 11-1-1

A. 内能转化为机械能

B. 内能转化为电能

C. 只有机械能和内能的转化

D. 有电能、机械能和内能的转化

二、对能量守恒定律的理解

例 2 如图 11-1-2 所示，一个篮球在空中飞行时的某一刻具有 100 J 的动能，掉到地面，在地上弹了几下后，静止在地面上，则篮球（　　）

图 11-1-2

A. 动能消失了

B. 化学能增加了 100 J

C. 内能减少了 100 J

D. 动能都转化为其他形式的能了

【思路导析】 能量守恒定律可以这样理解：某种形式的能量减少了多少，就一定有其他形式的能量相应地增加了多少，增加的其他形式的能可能是一种，也可能是多种。

三、能量守恒定律的应用

例 3 根据能量守恒定律，下列说法正确的是（　　）

A. 发电机可以产生电能

B. 电动机工作时消灭了电能

C. 发电机和电动机都是转化能量的机器

D. 自然界中各种能量在不断地相互转化，人类在不断地消耗各种能量，所以总能量在不断减少

【思路导析】 根据能量守恒定律可知，能量既不会创造，也不会消灭。发电机并非产生了电能，而是将其他形式的能转化成了电能；电动机工作时将电能转化成了机械能，用来做功，不是消灭了电能；根据前面的分析也可以看出，发电机和电动机确实都是转化能量的机器；自然界中各种能量在不断地相互转化，但能量的总量保持不变。

课时作业·高效训练

基础达标

1. 下列四种现象中，只发生能的转移而没有发生能的转化的过程是（　　）

A. 烧水时，水蒸气顶起壶盖

B. 闭合开关后，灯泡发光

C. 冬天，用手摸户外的金属杆时手感觉到凉

D. 给电动自行车的蓄电池充电

2. 有关能量守恒定律，下列说法正确的是（　　）

A. 能量守恒定律只适用于机械能与内能的相互转化

B. 能量守恒定律只适用于能量转化过程

C. “摩擦生热”是创造了热，它不符合能量守恒定律

D. 按照能量守恒定律，宇宙中的能量总和永远不会增减

3. 下列情况中属于内能转移的是（　　）

A. 人在火炉旁取暖

B. 铅球在地面上慢慢地停下来

C. 运载火箭腾空而起

D. 火药燃烧

4. 下列关于能量转化的实例，你认为说法正确的是（　　）

A. 水轮机带动发电机发电——电能转化为机械能

B. 燃料燃烧——化学能转化为内能

C. 汽油机的做功冲程——机械能转化为内能

D. 给蓄电池充电——化学能转化为电能

5. 从能量转化的角度来看，下列说法错误的是 （　　）

A. 电风扇工作时主要将电能转化为机械能

B. 铅蓄电池充电时化学能转化为电能

C. 发电机工作时主要将机械能转化为电能

D. 电热水壶工作时电能转化为内能

6. 根据能量守恒定律，下列说法正确的是 （　　）

A. 随着科技的发展，永动机是可能制成的

B. 太阳照射到地球上的光能转化为其他形式的能量，但照射到宇宙的能量就消失了

C. “既要马儿跑，又要马儿不吃草”的想法是违背能量守恒定律的

D. 有种“全自动”手表，不用上发条，也不用任何形式的电源，却能一直走动，说明能量也可以无条件地产生

7. “嫦娥一号”在绕月飞行时，卫星上的太阳能电池板会遇到没有太阳照射的情况。为了有效地帮助“嫦娥一号”内的电器设备渡过黑暗时光，你认为“嫦娥一号”内必须有的设备是 （　　）

A. 性能好的蓄电池

B. 性能好的发电机

C. 性能好的电动机

D. 性能好的热机

8. 太阳能是人类优先开发和利用的新能源之一，关于图 11-1-3 太阳能的利用，下列说法正确的是 （　　）

甲　　乙　　丙　　丁

图 11-1-3

A. 图甲中，绿色植物通过光合作用将太阳能转化为化学能

B. 图乙中，太阳能热水器通过做功将太阳能转化为水的内能

C. 图丙中，太阳能交通信号灯将太阳能直接转化为信号灯的光能

D. 图丁中，首架环球航行的太阳能飞机将太阳能直接转化为飞机的机械能

9. 某研究性学习小组对能量转化现象进行了研究，他们利用铁丝、镍铬丝、灵敏电流计等器材组成一个闭合电路，如图 11-1-4 所示，A 点为铁丝和镍铬丝绞合在一起组成的加热点。用打火机给 A 点加热时，观察到灵敏电流计的指针发生了明显偏转，这一实验现象说明了______能可以转化成______能。

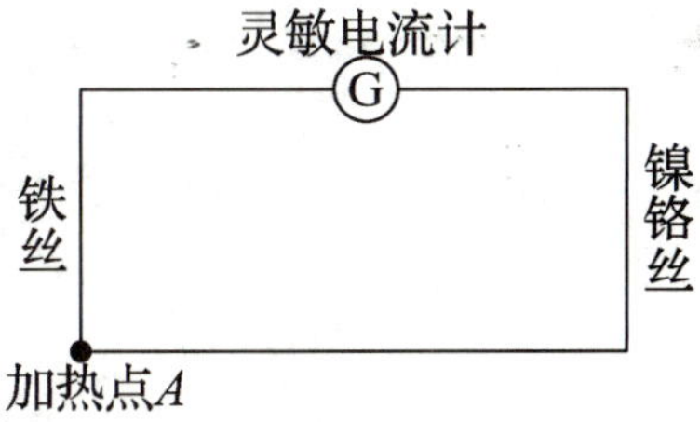

图 11-1-4

10. 明代航海家郑和率庞大的船队远航，所用的帆船不用发动机就可航行，这就是有效地利用了自然界中的________能，这说明了能量可以________（填“转化”或“转移”）。

11. 图 11-1-5 是太阳能 LED 照明路灯，白天太阳能电池板将太阳能转化为电能，并向灯杆下方的蓄电池充电，将电能转化为________能储存起来，供夜晚路灯照明。LED 灯是一种发光二极管，通过电流可以把电能直接转化成________能。

图 11-1-5

12. 用纸做一个风车，如果把风车放在点燃的酒精灯附近（如图 11-1-6 所示），火焰上方的空气因受热膨胀，密度______而上升，从而推动风车转动起来，在这一实验中涉及两次能量转化，一是__________；二是________________________。

图 11-1-6

能力提升

13. 我们玩溜溜球时发现，如果不用力将球向下掷出，球就不能自动回到手中。同样在做如图 11-1-7 所示的实验时，也会发现摆球每次上升的高度都比前一次要低些，这是为什么？

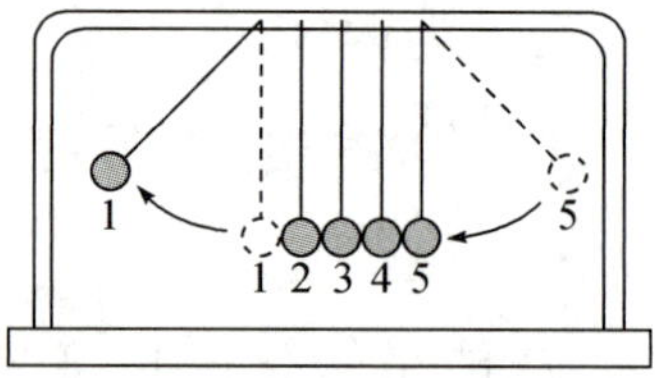

图 11-1-7

14. 小华在做滚摆实验时发现滚摆每次上升的高度逐渐减小，这是否说明在动能、势能相互转化的过程中，整个装置的能量不守恒，是否与能量守恒定律相矛盾，请你帮助他解决这个困惑。

15. 急刹车时，汽车的轮胎会在地面上留下黑色的痕迹。请说出其中的能量转化过程。

2. 能量转化的方向性和效率

教材助读·自主学习

1. 能量转化的方向性

自然界中能量的转化具有________性。

2. 能量转化中的效率

(1) 人们使用能量是有目的的。在使用能量的过程中，__________占________的比例就是能量转化效率 η。

(2) 由于在使用能量过程中，能够有效利用的那部分能量肯定小于输入能量，所以能量的转化效率一定小于________。提高能量转化利用中的效率是节能问题的________，是可持续发展的重要措施之一。

课内探究·展示交流

一、对能量转化的方向性的理解

例1 下列事例中，能表示能量的转化或转移具有方向性的事例是 ( )

A. 电能可以转化为机械能，机械能也可以转化为电能

B. 热量可以自发地从高温物体传递到低温物体，但却不能自发地从低温物体传递到高温物体

C. 动能可以和重力势能相互转化

D. 电能可以转化为内能，内能也可以部分地转化为电能

【思路导析】 电能可以转化为机械能，机械能也可以转化为电能，只能说明能量之间的转化是相互的，不能说明能量转化具有方向性；热量可以自发地从高温物体传递到低温物体，但却不能自发地从低温物体传递到高温物体，说明能量转移具有方向性；动能可以和重力势能相互转化，能说明能量之间的相互转化，不能说明能量转化具有方向性；电能可以转化为内能，内能也可以部分地转化为电能，能说明能量之间的相互转化，不能说明能量转化具有方向性。

交流·分享

能量转化的条件

自然条件下能量的转化和转移是有条件的，并且还具有方向性，两种形式的能量不是在任何条件下都能转化的。

二、对能量转化效率的理解

例2 下列说法中不正确的是 ( )

A. 在纯电阻电路中，电能不可能全部变为内能

B. 在火力发电机中，燃气的内能不可能全部变为电能

C. 在蒸汽机中，蒸汽内能不可能全部变为机械能

D. 在热传导中，热量不可能自发地从低温物体传递到高温物体

【思路导析】 纯电阻通电后只能发热，电能全部变为内能；火力发电机发电时，能量转化的过程为内能—机械能—电能，因为内能—机械能的转化过程中会对外放出热量，故内能必然不能全部转化为电能；在蒸汽机中，燃料的不充分燃烧、空气带走一部分热量等必然会导致燃料燃烧放出的内能不能全部变为机械能；热量从低温物体传递到高温物体不能自发地进行，必须借助外界的帮助。

三、有关能量转化效率的计算

例3 图11-2-1表示白炽灯将________转化为光能和内能的大致比例，由此可以计算出白炽灯的发光效率为________，一般节能灯的发光效率为30%，它只要有________W的功率就可以达到60 W的白炽灯的亮度。

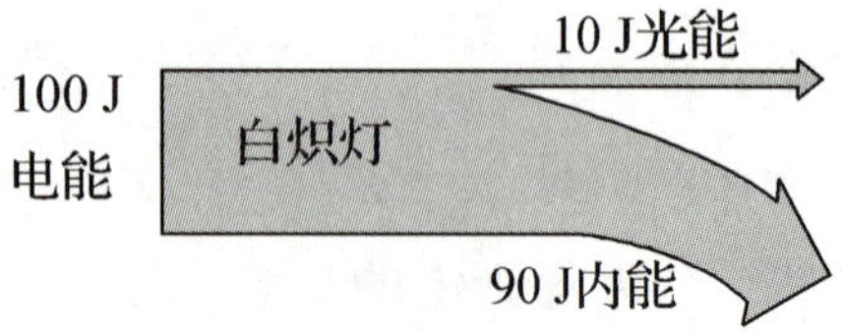

图11-2-1

【思路导析】对于电灯而言，光能是我们所需要的，电能是我们所消耗的，所以所需要的光能占所消耗的电能的比例就是发光效率。

【变式训练】一种白炽灯的发光效率为10%，这意味着它在工作过程中，每消耗100 J的电能，有________J的电能转化为光能，有________J的电能转化为内能。

课时作业·高效训练

基础达标

1. 下列说法中正确的是 （　　）
   A. 热量可以自发地从低温物体传到高温物体
   B. 内能可以全部转化为机械能，而不引起其他变化
   C. 可以从单一热源吸收热量并全部用来做功而不引起其他变化
   D. 电炉工作时电能转化为内能，最终流散到周围的环境中去

2. 一台柴油机，一定质量的柴油完全燃烧时，放出了7.5×10^8 J的热量，其中有4.5×10^8 J的能量以各种形式损失掉了，可知该柴油机的效率是 （　　）
   A. 30%　B. 40%　C. 48%　D. 60%

3. （多选）提高能量的利用率，除了不随便浪费能源外，主要还需改进应用能源的技术，常采用的措施有（　　）
   A. 让燃料充分燃烧
   B. 采用保温隔热措施，减少热量的散失
   C. 充分利用余热和减少有害摩擦
   D. 增加能量的转化环节

4. 蒸汽机工作时将内能转化为机械能，电视机工作时将电能转化为光能、声能和内能，任何机器都是能量转化或转移的设备，能量在转化和转移的过程中，其总量__________。能源危机产生的根源是能量转化和转移具有________。下列能说明能量转化或转移具有方向性的有______________（填序号）。
   A. 热量总是自发地从高温物体传到低温物体
   B. 熟鸡蛋无法再恢复到被煮熟前的状态
   C. 人活动过程中消耗的能量，不可能重新自动回归身体

5. 由能量守恒定律可知，能量不能无中生有；在许多情况下，能量的利用过程是不可逆的，所有这些都提醒我们，要珍惜现有的能源，要尽力提高现有能源的利用率。下列关于能量和能源的说法正确的是______。（将正确的全部选出，只需填字母代号）
   A. 能量守恒定律告诉我们能量取之不尽，用之不竭，所以没必要节约能源

B. 内能总是自发地从高温物体向低温物体转移

C. 热机是一种将内能转化为机械能的机械，但能量转化的效率不可能达到 100%

6. 随着我国人民生活水平的提高，家用轿车作为一种普通的交通工具已走进千家万户。汽车发动机一般是汽油机，在______冲程把燃料燃烧产生的内能转化为机械能。阅读了某型号汽车发动机的说明书后，将内燃机的能量流向制成如图 11-2-2 所示的图，根据图给出的信息，该内燃机的效率为______%。

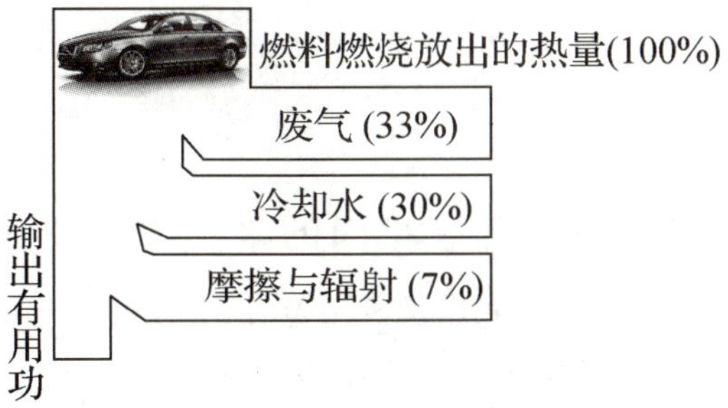

图 11-2-2

7. 微波炉是低碳高效的家电，三脚插头中的一个长插脚把微波炉的外壳同______相连，防止漏电时发生触电事故。若晓琳家的微波炉额定功率是 1 000 W，平均每天使用的时间为 1 h，则一个月（30 天计算）该微波炉消耗______kW·h 的电；若天然气炉的效率是 20%，则晓琳家一个月需要燃烧______m^3的天然气才能获得同样的能量。（天然气的热值是 4×10^7 J/m^3）

8. 小丽家去年冬天的供暖比往年好很多，这是因为热网改造后，由原来的小锅炉房供暖变为热电站余热供暖，从能源利用的角度来看供电又供热的热电站与一般的火力发电站相比，提高了______，能较好地控制污染。

9. 我国每年消耗数千万桶原油用于制造塑料袋。已知原油的热值为 4.4×10^7 J/kg，完全燃烧 1 kg 原油，能释放出______J 的热量，这些热量若只有 42% 被水吸收，则可以使常温下______kg 的水温度上升 20 ℃ [水的比热容为 4.2×10^3 J/(kg·℃)]。自 2008 年 6 月 1 日起，我国开始限制塑料袋的使用，目的是______（写出一条即可）。

10. 图 11-2-3 是德州市为迎接太阳城大会而改造的街道路灯。灯杆顶端是太阳能电池板，可将太阳能转化为电能，并向灯杆下方的蓄电池充电，供夜晚路灯照明。若在一定时间内，太阳光辐射到该太阳能电池板的能量为 2.1×10^7J，这与完全燃烧______kg 的煤放出的热量相当（煤的热值为 3.0×10^7 J/kg）；这些能量经转化后，可供一盏功率为30 W 的路灯工作 70 h，则该太阳能路灯的能量转化效率是______。

图 11-2-3

能力提升

11. 在交通运输中，常用“客运效率”来反映交通工具的某项效能，“客运效率”表示每消耗单位能量对应的载客人数和运送路程的乘积，即客运效率＝人数×路程/消耗能量。一个人骑电动自行车，消耗 1 MJ（10^6 J）的电能可行驶 30 km，一辆载有 4 人的普通轿车消耗320 MJ 的电能可行驶 100 km，则该电动自行车与这辆轿车的客运效率之比是（　　）

A. 6∶1　　B. 12∶5

C. 24∶1　　D. 48∶7

12. 每到夏收季节，大量农作物秸秆在田间被随意焚烧，这不仅造成资源浪费、环境污染，而且极易引发火灾。为解决这一问题，现已研制出利用秸秆生产的节能环保型燃料——秆浆煤。若燃烧秆浆煤（热值为 2.4×10^7 J/kg）使 50 kg、20 ℃的水温度升高到 80 ℃。

（1）求水需要吸收的热量。

（2）如果秆浆煤燃烧释放的热量有30%被水吸收，需要完全燃烧多少千克秆浆煤？

13. 随着“西气东输”，天然气进入扬州市民家庭，小明家已经开始使用天然气了。小明家原来就有个电磁炉，他想究竟使用哪种能源更划算呢？小明开始实验并收集有关数据。

（1）小明在水壶里放入 5 000 cm^3、20 ℃的水，记录下当时的气量表示数是 134.731 m^3；随后点火并将火调至最大烧水，开始同步计时；当水烧至沸腾时，气量表示数为 134.871 m^3，需 24 min。小明查到天然气热值为 4.0×10^7 J/m^3，单价 2.2 元/m^3。烧开这壶水，水需要吸收多少热量？小明家天然气炉具的效率是多少？[$c_水=4.2\times10^3$ J/(kg·℃)]

（2）小明又取相同的水在电磁炉上加热，使用功率为 1 000 W 挡正常工作将水加热至沸腾，需30 min。扬州的电费价格为 0.5 元/度。使用电磁炉烧开这壶水，需消耗多少电能？花费多少电费？

（3）你建议小明家使用哪种能源？请说明两点理由。

3. 能　源

教材助读·自主学习

1. 能源的分类

(1) 能源就是能量的________，是指能为人类提供某种形式能量的__________。

(2) 能源按产生方式可分为一次能源和二次能源。一次能源是指从自然界直接取得，而不改变其基本形态的能源；二次能源是________能源经过加工，转换成另一种形态的能源。

(3) 常规能源指的是当前被广泛利用的一次能源，常见的有________、________和________等；新能源则是目前尚未被广泛利用而正在积极研究以便推广的一次能源。

(4) 可再生能源是能够不断得到补充以供使用的一次能源，而不可再生能源则是________________的一次能源。常见的可再生能源有________、________等，常见的不可再生能源有________、________和________等。

2. 世界能源储量及需求

传统能源储量的有限性与________逐年增加是当今世界面临的能源问题的核心。研究开发________是世界各国面临的重要任务。

课内探究·展示交流

一、能源的分类

例1 油页岩是一种矿物，燃烧油页岩可释放大量的热量，如图 11-3-1 所示，油页岩属于　　　(　　)

图 11-3-1

A. 一次能源、不可再生能源

B. 一次能源、可再生能源

C. 二次能源、不可再生能源

D. 二次能源、可再生能源

【思路导析】 油页岩是一种矿物，是天然形成的，所以是________次能源，而且一旦消耗不可能在短时间内得到补充，所以是________再生能源。

交流·分享

能源分类的方法和技巧

能源可以从不同的角度来进行分类，比如可以从来源的角度来分，也可以从是否能再生的角度来分，还可以从是否来自生命体的角度来分等。

【变式训练】 火力发电厂，进的是“煤”，出的是“电”。关于煤和电，下列说法正确的是　　　(　　)

A. 煤和电都是一次能源

B. 煤和电都是二次能源

C. 煤是一次能源，电是二次能源

D. 煤是二次能源，电是一次能源

二、世界能源储量及需求

例2 能源是人类社会存在和繁荣的物质基础之一，图 11-3-2 为两个多世纪以来，人类能源消耗曲线图。由图可知，自

1950 年以来，人类能源消耗的情况是（　　）

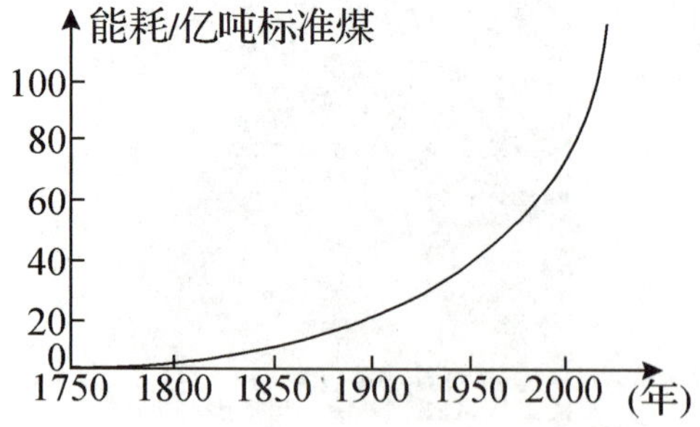

图 11-3-2

A. 显著增长　　B. 平稳增长
C. 稳中有降　　D. 显著减少

【思路导析】根据图中的曲线变化趋势可知，随着时间的增长，消耗的能源越来越______。

三、新能源

例 3 下列选项中，不属于利用新能源的是（　　）

A. 氢动力汽车　　B. 太阳能发电
C. 火力发电　　D. 风力发电

【思路导析】所谓的新能源指的是目前尚未广泛利用而正在积极研究以便推广的________能源。其实新能源还有一个特点就是绿色、环保。氢能、风能、太阳能均属绿色能源，符合环保要求。太阳能发电是太阳能转化成电能的过程，火力发电是用煤作燃料，煤属化石燃料资源，是不可再生的矿物能源。

课时作业·高效训练

基础达标

1. 关于能源的描述，下列说法中正确的是（　　）

A. 火力发电无污染
B. 太阳能属于可再生能源
C. 核能是可再生的能源
D. 地热能是二次能源

2. 关于可再生能源和不可再生能源，下列说法正确的是（　　）

A. 不可再生能源在自然界里永远也得不到补充
B. 太阳能是不可再生能源
C. 可再生能源可以从自然界里源源不断地得到，如潮汐能
D. 石油属于可再生能源

3. 对能源的分类有不同的方法。一般情况下，将能源分为三类：第一类能源来自地球以外；第二类能源来自地球内部；第三类能源来自地球和其他天体的相互作用。人们已经利用的太阳能和核燃料分别属于（　　）

A. 第一类能源和第二类能源
B. 第二类能源和第三类能源
C. 第二类能源和第一类能源
D. 第一类能源和第三类能源

4. “能源危机”是当今世界各国共同面临的问题，对此，下列措施可行的是（　　）

A. 人人都要节约用水、节约用电，不浪费和人为毁坏物品
B. 关闭现有的火电站
C. 各地都新建水力发电站和风力发电站
D. 停止使用化石能源，而以太阳能取代

5. (多选) 图 11-3-3 是地热发电示意图，它同火力发电的原理是一样的，所不同的是，它不需要消耗煤，而用地球内部的地热蒸汽作为能源，这种能源叫地热能。地热能属于（　　）

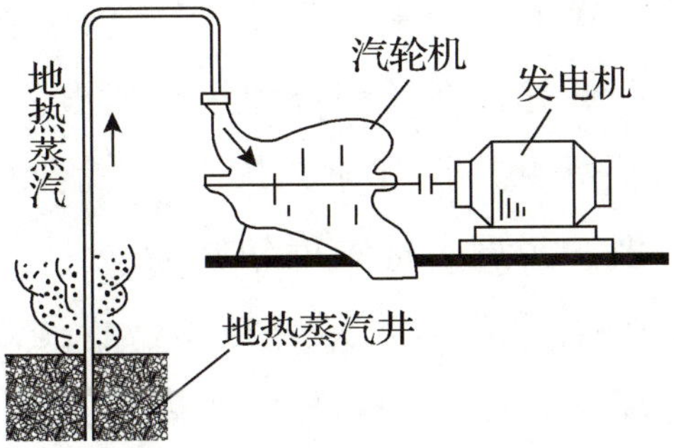

图 11-3-3

A. 化石能源　　B. 新能源

C. 可再生能源　D. 常规能源

6. 成都正全面加强人居环境建设，让市民“望得见山，看得见水，记得住乡愁”，要实现这样的愿景，节能减排，使用新能源势在必行。下列说法不正确的是（　　）

A. 生物能、地热能、海洋能、太阳能都是新能源

B. 氢燃料发动机能够将化学能全部转化为机械能

C. 能源的大量消耗使人类面临严重的能源危机

D. 节能问题的核心是提高能量利用中的转化效率

7. 下列各组能源中，都属于可再生能源的是（　　）

A. 煤、地热能　B. 天然气、潮汐能

C. 水能、风能　D. 核能、太阳能

8. 目前许多城市的居民使用天然气作为燃料。关于天然气，下列说法正确的是（　　）

A. 是一次能源，是可再生能源

B. 是一次能源，是不可再生能源

C. 是二次能源，是可再生能源

D. 是二次能源，是不可再生能源

9. 下列关于能源的说法中正确的是（　　）

A. 现今人类利用的煤、石油是可再生能源

B. 天然气是一种清洁能源，人类可以无尽地开发利用

C. 水能和风能可以从自然界里源源不断地得到，是可再生能源

D. 如果大量利用太阳能，可能使太阳能在短期内消耗殆尽

10. 波浪蕴含着巨大的能量，如果将波浪具有的能量充分利用，将会节省大量的煤炭、石油等资源。波浪具有能量，它属于________（填“可再生”或“不可再生”）能源。波浪发电装置如图 11-3-4 所示，它将波浪具有的________能转化成电能。

图 11-3-4

11. 可燃冰是一种神秘的冰晶体，它具有热值大、储量丰富、能直接点燃等特点，目前我国正在研究它的开发利用。它的热值约 1.4×10^{10} J/m^3，则 2 m^3 的可燃冰完全燃烧后放出的热量为________J，可燃冰属于________（填“常规”或“新”）能源。

12. 近年来，一些地区推广使用乙醇汽油（乙醇俗称酒精），乙醇汽油是由 10% 的乙醇与 90% 的汽油混合而成。

（1）乙醇汽油的燃烧过程是________

能转化为内能的过程；

(2) 使用乙醇汽油较使用汽油的好处有
____
____
________________________________。

能力提升

13. 用燃气灶烧水时，把 2.2 kg、初温为 20 ℃的水加热到 100 ℃，共燃烧了 45 g 天然气（假设天然气完全燃烧），已知天然气的热值为 4.4×10^{7} J/kg，水的比热容为 4.2×10^{3} J/(kg·℃)。

(1) 天然气属于________（填“可再生”或“不可再生”）能源，在烧水过程中，大量向外散失的能量不会自动再汇集回来，这说明能量的转化和转移是有________的。

(2) 水的内能增加了________J。

(3) 该燃气灶烧水的效率为________。

14. 某学习小组内的各位同学分头查阅了许多资料，得到了如下的一些信息：

①发生海啸时，海洋中聚积的能量造成滔天巨浪，形成一堵堵水墙疯狂地向岸上拍击，造成严重的人员财产损失。

②潮汐能也是蕴含在海洋中的一种能量，利用潮汐来推动发电机发电的技术已日趋成熟。

③火山爆发时，将大量的地热能带到地面，炽热岩浆将其所到之处的动植物化为焦炭。

④地热能，被看成是人类历史上开辟的又一个新能源，它可直接用于住房取暖、温室供热和工业上的发电。

⑤水力发电是利用江河水流从高处流到低处存在的势能差进行发电。

⑥雨季，长江洪水暴发，就会冲毁堤坝，淹没大批农田和城镇。

⑦泥石流经常突然暴发，所到之处破坏性极大，一切尽被摧毁。

⑧封山育林、退耕还林可以固结表土，降低泥石流的发生频率。

(1) 他们经过讨论将上述能量释放分为了两大类：一类属于有益的能量，如：________（写序号）；另一类属于有害的能量，如：________（写序号）。

(2) 他们发现海啸、山洪、泥石流的共同特点是蕴含了大量的________能和________能，一旦释放可以产生强大的破坏力。

15. 某电机厂研制的直驱型风力发电机组处于国际领先地位。

(1) 直驱型风力发电机是将风的________能转化成电能的装置。它是利用风力带动风车叶片旋转，使发电机的转子（永磁体）在定子线圈中运动，从而在定子线圈中产生________；

(2) 风能作为一种清洁的________（填“可再生”或“不可再生”）能源，其蕴藏量巨大，比地球上可开发利用的水能大 10 倍，我国仅陆地上一天的风能就有大约 1.8×10^{16} J，这相当于________t 热值为 3×10^{7} J/kg 的煤完全燃烧所放出的热量。

4. 核　能

教材助读·自主学习

1. 原子核　核能

(1) 原子核是由________和________组成的，它们通过一种叫作“________”的相互作用紧密地结合在一起。

(2) 将原子核________或将几个原子核________就会放出巨大的能量，这就是核能，通常也叫________。

2. 核裂变能及其应用

(1) 较重的原子核分裂成较轻的原子核叫作________，原子弹就是根据这一原理制成的。

(2) 用中子轰击一个铀原子核引起铀核裂变并在释放能量的同时，还会释放出2～3个中子，这些释放的中子再引起其他铀核的裂变，就可使裂变反应不断地进行下去，这种反应叫作________。

(3) 核电站是利用________工作时释放的能量来发电的。

(4) 核反应堆是一种________控制链式反应的装置。

(5) 核反应的燃料是具有强烈________的物质，能够发出________。

3. 核聚变

将轻原子核，在________条件下结合成新的原子核，会释放出更多的核能，这就是核聚变，通常也叫________。________弹就是根据这一原理制成的。

课内探究·展示交流

一、核裂变能及其应用

例 1 人类对核能的开发和利用不断取得新的进展，根据目前的科研水平，你认为以下关于原子弹和核电站的说法正确的是　(　　)

A. 核电站能控制裂变的反应速度

B. 原子弹对聚变的链式反应不加控制

C. 原子弹利用核裂变，核电站利用核聚变

D. 原子弹利用核聚变，核电站利用核裂变

【思路导析】原子弹及核电站都是利用重核的________，但原子弹是让核能瞬间释放，不加以控制，而核电站通过吸收中子来控制反应速度，从而使能量缓慢释放。

二、核聚变能及其应用

例 2 原子核发生变化时所释放的能量叫核能，它可以通过两种途径获得：重核的裂变和轻核的聚变。2005 年 6 月由中国、法国、德国、美国、英国及俄罗斯六国联合建造在法国的热核反应堆（如图 11-4-1 所示），获得核能的途径是　(　　)

图 11-4-1

A. 重核的裂变　　B. 轻核的聚变

C. 重核的聚变　　D. 轻核的裂变

【思路导析】轻核的聚变又叫作热核反应，故六国联合建造的热核反应堆应是通过轻核聚变获得核能的。

三、放射性及其防护

例3 对放射性的应用，下列说法不正确的是（　　）

A. 放射线能杀伤癌细胞或阻止癌细胞分裂，所以为了健康，人体应该经常照射

B. 放射性的废料，要装入特制的容器并埋入深地层进行处理

C. 射线探伤仪中的放射源必须存放在特制容器里，而不能随意放置

D. 对可能产生放射性污染的场所或物品进行检测是很有必要的

【思路导析】人体接受少量的放射性辐射无损于健康，强剂量或长时间的照射能杀伤人体细胞，严重时可使人致死，所以放射性物质一定要放在特制容器中，人体切莫靠近。由于目前还没有研究出有效的办法来处理放射性废料，所以只有先用特制的容器装起来深埋，等以后再处理。

交流·分享

射线的防护

由于射线会对人体造成伤害，所以接触和使用时必须要采取防护措施。

课时作业·高效训练

基础达标

1. 如图 11-4-2 所示的反应是（　　）

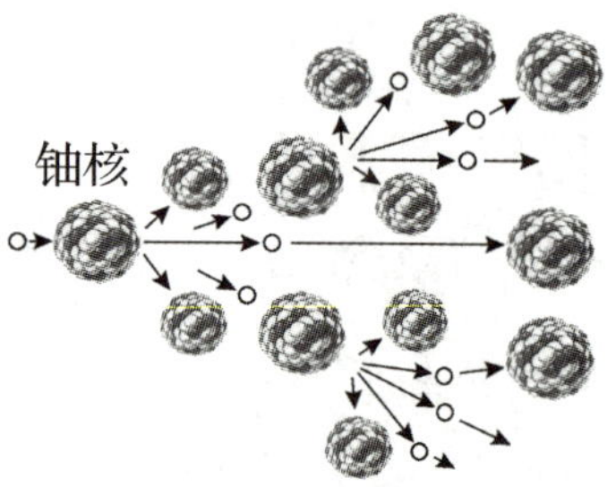

图 11-4-2

A. 热核反应　　B. 核聚变反应

C. 核裂变反应　　D. 化合反应

2. 平南白沙核电站，又名广西桂东核电站，2009 年 8 月 3 日由中国电力投资集团和平南县政府签约建设。初步确定核电站站址位于广西贵港市平南县丹竹镇白沙村，距贵港市约 100 km，工程总投资约 500 亿元。下列说法错误的是（　　）

A. 核能是原子核分裂或聚合时释放的能量

B. 目前的核电站是通过聚变反应来利用核能的

C. 核能属于不可再生能源，也是一次能源

D. 核反应堆中发生的链式反应是可以控制的

3. 为缓解电力紧张的状况，开发利用新能源，我国陆续建成了一些核电站。关于核电站，下列说法正确的是（　　）

A. 核电站使用的核燃料是石油或天然气

B. 核反应堆中发生的是不可控制的核裂变

C. 核电站应用的是核裂变

D. 核电站产生的核废料可以像生活垃圾那样被处理

4. 几十年来，核电已成为一种相当成熟的技术，一座 1.0×10^5 kW 的火电站每年耗煤三四百万吨，而相同功率的核电站每年仅需铀燃料三四十吨，核电站同火电站相比，具有很多优点。据此，以下说法正确的是（　　）

A. 核电站发电成本比火电站发电成本小

B. 核电站发电不会对空气造成污染

C. 核电站发电时很容易造成核泄漏，污染环境

D. 我国水资源丰富，没有必要开发核电站，以免造成核污染

5. 目前世界上很多国家把核能发电当作解决能源危机的主要措施。下列关于核能的认识，正确的是（　　）

A. 核能是可再生能源

B. 核能发电利用的是原子核裂变释放的能量

C. 核能发电利用的是原子核聚变或裂变释放的能量

D. 核能发电释放核能的过程与原子弹爆炸释放核能的过程相同

6. 现在的大型航空母舰常以核反应堆作为动力，其目的是（　　）

A. 利用核裂变的巨大威力

B. 利用核裂变提供的巨大能量

C. 核反应堆在使用上比使用化石燃料更安全

D. 利用它发射核武器

7. 下列不是人类和平使用核能的一项是（　　）

A. 用放射线检查金属内部有无砂眼和裂痕

B. 核能发电

C. 放射性治疗恶性肿瘤

D. 第二次世界大战时期，美国向日本投放了两颗原子弹，加速了战争的结束

8. 下列关于核能的说法正确的是（　　）

A. 物质是由原子组成的，原子中有原子核，所以利用任何物质都能得到核能

B. 到目前为止，人类获得核能有两种途径，即原子核的裂变和聚变

C. 原子弹和氢弹都是利用原子核裂变的原理制成的

D. 只有在人为的条件下才会发生核裂变现象

9. 在作为人类主要能源的化石能源发生危机时，核能由于其能量密度远高于化石能源，给人类解决能源危机带来了希望。但1986年切尔诺贝利核电站的核泄漏和2011年日本福岛核电站的核泄漏等，使各国对核电站的安全性不得不高度重视。造成核电站的安全性得不到保障的最主要原因是（　　）

A. 核废料不好处理

B. 核能发电技术还不成熟

C. 只有核裂变可控，核聚变不可控

D. 意外发生核泄漏对环境会产生放射性污染

10. 原子核是由________和中子组成的；获得核能有两种途径：一种是________，另一种是________。

11. 今天，全世界已经建成了几百座核电站，核电站发电量接近全球发电量的五分之一，核电站能给那些水利资源、化石能源缺乏的地区提供电能，也给人类解决能源危机带来了希望。核电站利用______能发电，它的核心设备是__________，它是通过可控__________反应释放能量的。

12. 获取核能的方式有核裂变和__________，请举出利用核裂变方式获取核能的一个实例：____________，核能是__________（填“可再生”或

“不可再生”）能源。

13. 下列几种情景中，属于应用放射性的有________，属于防护放射性产生危害的有________。(填序号)

①医院用 CT 给病人检查身体；

②实验室中的放射源用铅盒封存；

③利用放射性同位素鉴定木乃伊的年代；

④将植物的种子送到太空中照射宇宙射线来育种；

⑤核废料用特定的容器封存深埋地下；

⑥用放射线照射肿瘤来杀死癌细胞；

⑦进入发生过核泄漏的福岛核电站要穿防护服。

14. 2011 年 3 月，日本发生了强烈地震并引发了海啸，对福岛核电站造成了很大的破坏。

(1) 核电站是利用________能来发电的，其能量来源于原子核发生的核________（填“裂变”或“聚变”）反应；

(2) 由于一系列的爆炸，使得大量的核燃料外泄，周围的人们处在核污染中，图 11-4-3 中是核辐射标志的是________。

图 11-4-3

能力提升

15. 在能源的开发和利用中，太阳能是大自然赋予人类的一种取之不尽、用之不竭的能源，在太阳内部进行着大规模的聚变，其释放的能量以电磁波的形式辐射出来，地球每年所接收的太阳能有 6×10^{17} kW·h。

(1) 太阳发生聚变时释放________能；

(2) 地球每年接收太阳能合________J；

(3) 改变物体内能的方式有两种，“辐射”属于利用________改变物体内能。

16. 图 11-4-4 为某核电站发电流程图。请简述在此过程中的能量转化顺序。

核反应堆 → 汽轮机 → 发电机 → 电

图 11-4-4

17. 核能的开发和利用给人类带来的好处有目共睹，但是任何一种能源的开发和利用都会对自然环境的平衡有一定程度的破坏，核能也给人类带来了很多急需解决的问题，如：核能利用中的废料的处理、核泄漏的防止等。请同学们就自己的了解，从“优点”和“缺点”两方面谈一谈对核能的认识。

5. 能源开发与可持续发展

教材助读·自主学习

1. 能源利用中的问题及相应对策

能源利用中的问题主要有：________、对环境及生态造成破坏、由于突发事件引起的能源短缺或能量供应中断。要解决能源问题：一方面必须形成全民节能意识，注重________，提高能源利用效率，减少污染物排放；另一方面要依靠科技创新开发________，提高能源利用的安全性。

2. 新能源的开发与利用

目前，人类对________能、________能和________能的开发和利用已经取得了长足的进展，除此之外，世界各国还都在竞相开发________能、________能、________能和________能等绿色能源。

课内探究·展示交流

一、能源利用中的问题及相应对策

例 1 如图 11-5-1 所示的是某火力发电厂，它排放的烟雾严重地污染了空气。为控制由于使用化石燃料而造成的大气污染，下列措施目前不可行的是 （　　）

图 11-5-1

A. 尽量用天然气代替煤作为城市居民生活用的燃料

B. 开发和使用新能源

C. 改进消烟和除尘装置，提高燃料利用率

D. 禁止使用石油资源

【思路导析】目前人类使用的主要能源是________能源，新能源的开发和利用还没有达到大规模的应用阶段，现在就停止使用化石能源将会造成全球能量供应短缺，人类的生产和生活都会出现混乱。

交流·分享

解决能源问题的核心

要想彻底地解决目前的能源问题，必须从两个方面入手，第一要提高全民的节能意识；第二要开发储量大、无污染的绿色能源。

二、太阳能的开发和利用

例 2 光伏产业利用太阳能的最佳方式是光伏转换，利用光伏效应使太阳光照射到硅材料上产生电流直接发电（如图 11-5-2 所示），下列说法中正确的是 （　　）

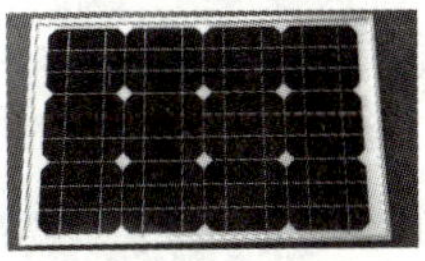

图 11-5-2

A. 光伏效应是将太阳能转化为电能

B. 太阳能是不可再生能源

C. 太阳能和电能都属于一次能源

D. 化石能源和太阳能都是取之不尽、用之不竭的

【思路导析】光伏效应的过程是将太阳能转化为电能；太阳能属于可再生能源；太阳能属于________次能源，可以直接利用；电能属于________次能源，是从其他

能源转化而来的；地球上化石能源的总量是有限的，总有一天会开发殆尽；太阳能至少在太阳存在的时间内是取之不尽、用之不竭的。

三、其他新能源的开发与利用

例3 石油是一种重要的能源，但又是不可再生的能源，目前人类正面临着石油短缺、油价上涨的挑战。探求能源利用的新途径是人类亟待解决的课题。以下探究能源利用的途径不恰当的是　（　　）

A. 更多地利用木材

B. 更多地利用太阳能

C. 增加风力发电量

D. 增加核能发电量

【思路导析】更多地使用木材将会造成水土流失，令环境恶化，而太阳能、风能是新型的清洁能源，而且是________再生能源，使用过程中对环境几乎没有污染；核能虽然是________再生能源，但潜力十分巨大，应用前景很广阔，只要做好技术保护，核能也是清洁能源。

交流·分享

未来的理想能源必须满足的条件

必须足够丰富，可以保证长期使用；必须足够安全、清洁，不会严重影响环境；必须足够便宜，可以保证多数人用得起；相关技术必须成熟，可以保证大规模使用。

课时作业·高效训练

基础达标

1. 关于能源的利用，下列说法正确的是　（　　）

A. 大量使用石油产品会造成大气污染，所以应该停止开采石油

B. 和平利用核能特别要注意防止核泄漏，以免造成环境污染

C. 修筑拦河坝建造水电站利用水能发电，有百利而无一害

D. 天然气是一种清洁能源，人类可以无穷无尽地开发

2. 能源危机、环境污染给社会的可持续发展带来越来越多的困难，人们节能环保的意识越来越强。下列做法不符合这一观点的是　（　　）

A. 城乡广泛使用太阳能热水器

B. 高楼大厦装饰玻璃幕墙

C. 公路两旁设置声音屏障

D. 汽车使用绿色新能源

3. 当今社会，能源问题是个重要的问题，而日本福岛核电站危机，使能源的安全问题更受关注。下列哪种能源的利用对环境的污染最小　（　　）

A. 核能

B. 石油

C. 煤

D. 太阳能

4. 下列是人类利用太阳能的途径，其中不正确的是　（　　）

A. 把太阳能直接转化为内能

B. 把太阳能直接转化为电能

C. 把太阳能直接转化为机械能

D. 把太阳能直接转化为化学能

5. 下列关于太阳能的开发与利用的说法中，错误的是　（　　）

A. 太阳能是可供人类使用的一种新能源，它是一次能源

B. 太阳能分布广阔，获取方便，处处可以利用

C. 太阳能安全、清洁，利用太阳能不会给环境造成污染

D. 太阳能取之不尽、用之不竭，所以人类不需要开发别的新能源了

6. 目前，“低碳”“绿色”等词语逐渐成为人们日常生活中谈论的热门话题，各级政府对此高度重视，并采取了一系列措施。下列措施不符合“低碳”“绿色”要求的是 ( )

A. 大力发展风力发电

B. 倡导多乘公交车，少开私家车

C. 大力发展火力发电

D. 加大对污染企业的减排监管力度

7. 2013年1月以来，全国中东部地区陷入严重的雾霾和污染天气中，如图11-5-3所示，中央气象台将大雾蓝色预警升级至黄色预警，某市环保局也提出要进一步改善城市空气质量，创造更加适宜的居住环境。以下措施与改善空气质量无关的是 ( )

图 11-5-3

A. 加大煤改电、煤改气力度，推广使用清洁能源

B. 加大老旧机动车更新力度，提高尾气排放标准

C. 减少学生户外运动时间，避免呼吸道疾病

D. 限制节日爆竹燃放，减少有害气体排放

8. 2017年6月2日美国总统特朗普宣布退出《巴黎协定》，但节能减排、保护环境是全人类的共同责任。日常生活中以下做法合理的是 ( )

A. 随意把废旧电池丢到垃圾桶中

B. 家中的电视机可以长时间处于待机状态

C. 为了节能减排、保护环境，郴州市决定关停所有高能耗、高污染的工厂

D. 废水直接排放到江河

9. 中东地区战争频繁出现，其实，这一切都与能源有关。在下列有关能或能源的讨论中，你认为错误的是 ( )

A. 人类社会面临能源危机，总有一天化石能源会被消耗殆尽

B. 煤、石油、天然气等的储量有限，人类面临能源危机

C. 很多传统能源已走向枯竭，但我们可以开发新的能源

D. 太阳能、风能、水能、地热能、核能等是取之不尽的

10. 灼热的太阳内部原子与原子之间的剧烈碰撞使核________（填“裂变”或“聚变”）不停地进行，从而不断辐射出巨大的光和热，给太阳系带来光明。地球上的植物接受阳光的照射，通过________作用，把光能转化为自身的________能。

11. 中国第一大地热发电站西藏羊八井地热电站发电的示意图如图11-5-4所示，从地下井→汽轮机→发电机，其能量转化过程是：内能→________能→________能。

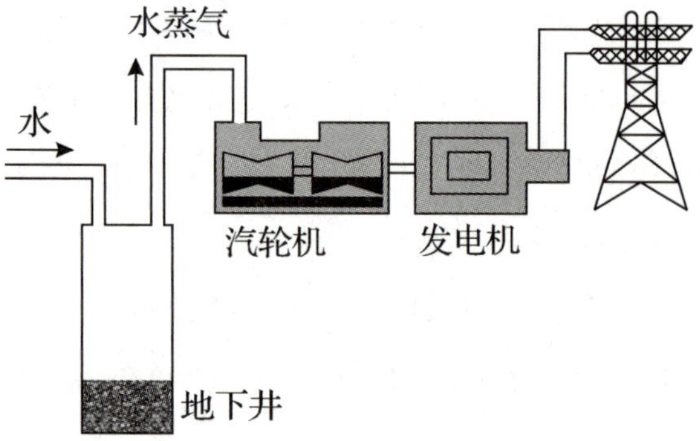

图 11-5-4

12. 随着人们物质生活水平逐步提高，农村的厨灶发生了革命性的变化。煤球炉、沼气灶和液化气灶等灶具已走进家庭。燃烧煤、液化气都是将化学能转化为________能；液化气与煤相比，热学方面突出的优点是________________；环保方面突出的优点是________________。

13. 连云港市第一座光伏电站采用晶体硅光伏发电系统，利用太阳能发电，功率为 3.2×10^{6} W。太阳能是清洁________（填“可再生”或“不可再生”）能源。假设一年平均有效发电时间为1 200 h，则年发电量可达________kW·h。

能力提升

14. 为了响应国家节能减排的号召，福建莆田大力加快能源产业建设，并划分出四大基地。

(1) 福建液化天然气（LNG）及冷能利用生产基地。天然气的热值约为 4×10^{7} J/m³。完全燃烧3 m³的天然气能放出约________J 的热量。

(2) 兴化湾风力发电生产基地。风力发电机是根据________原理工作的。

(3) 仙游水力发电生产基地。利用水力发电时，是将水的________能转化为电能。

(4) 莆田高新技术园区太阳能光伏产业生产基地。利用太阳能的优点之一是________________。

15. 能源危机制约着现代社会的发展，开发和利用可再生能源是人类解决自身能源问题的重要举措之一。

(1) 目前，煤、石油、天然气等化石燃料是最主要的能源，它们的大量使用打破了生物圈中碳循环的平衡，使大气中________的含量迅速增加，导致全球气温升高。

(2) 氢能源是我国正在开发的新能源之一。其使用的主要途径是设法构成原电池，从能量转换的角度看，原电池是一种将________转化为电能的装置。

(3) 某辆以蓄电池为能源的环保汽车，总质量是1 000 kg。当它在水平路面上以一定速度匀速行驶时，驱动电机的输入电流为 20 A，输入电压为 50 V，在此状态下，驱动电机的输入功率为________W，设想改用太阳能电池给该车供电，所需的太阳能电池板的面积至少应为________m²。（按阳光垂直照射时，地球表面每平方米面积上每秒内可获得 800 J 的能量，太阳能电池的转换效率为 20%计算）

微课堂讲解（二）

能量转化效率的计算

微型讲解

根据能量守恒定律可知，

输入能量=输出有效能量+输出无效能量，

即 $E_{输入}=E_{有效}+E_{无效}$，

则能量转化效率 $\eta=\frac{E_{有效}}{E_{输入}}\times100\%$，

上式是计算所有能量转化效率的通式，在不同形式的能量转化过程中，公式中的 $E_{输入}$ 和 $E_{有效}$ 不尽相同。

1. 化学能转化为内能的效率

【例 1】某同学在实验室做实验时，在标准大气压下用酒精炉给水加热，将质量为 500 g、初温为 20 ℃的水烧开，燃烧了 14 g 酒精。求该酒精炉的效率是多少。[已知酒精的热值为 3.0×10^7 J/kg，水的比热容为 4.2×10^3 J/(kg·℃)]

【思路导析】在用酒精炉给水加热的过程中，输入能量是酒精完全燃烧释放的化学能；输出的有效能量是水吸收的内能。能量转化效率为 $\eta=\frac{Q_{吸}}{Q_{放}}\times100\%$。

【答案】

2. 电能转化为内能的效率

【例 2】某电热淋浴器铭牌中的主要参数如下表所示，在正常工作时，将满桶水从 20 ℃加热到 70 ℃需要 50 min。[$c_{水}=4.2\times10^3$ J/(kg·℃)；1 L=1 dm^3] 求该淋浴器的电热转化效率。

额定电压	220 V
额定功率	3 000 W
额定频率	50 Hz
额定容积	36 L

【思路导析】在用电热器给水加热的过程中，输入能量是电热器在加热的这段时间内消耗的电能；输出有效能量是水吸收的热量。能量转化效率可表示为 $\eta=\frac{Q_{吸}}{W}\times100\%$。

【答案】

3. 内能转化为机械能的效率

【例 3】 一辆小汽车以 30 kW 的功率在水平路面上匀速行驶 10 min，消耗汽油 1.3 kg,求小汽车发动机的效率。（汽油的热值 $q_{汽油}=4.6\times10^7$ J/kg，汽油的密度 $\rho_{汽油}=0.71\times10^3$ kg/m^3，g 取 10 N/kg）

【思路导析】 小汽车发动机的工作过程，就是汽油燃烧释放内能转化为小汽车行驶过程中机械能的过程，因此，输入能量是汽油完全燃烧释放的内能；输出的有效能量是小汽车行驶过程中发动机所做的功。能量转化效率可表示为 $\eta=\dfrac{W}{Q_{放}}\times100\%$。

【答案】

4. 光能转化为电能的效率

【例 4】 图微 2-1 为一种太阳能照明灯，太阳能电池板供一只“12 V　9 W”的电子节能灯工作。若太阳能电池板接受太阳能的有效面积为 0.3 m^2，平均 1 h 内得到的太阳辐射能约为 0.4×10^6 J，太阳光照射一天（不考虑天气影响，以 8 h 计算）获得的能量恰好可供电子节能灯工作 10 h。求太阳能照明灯利用太阳能的效率是多少。

图微 2-1

【思路导析】 在太阳能转化为电能的过程中，输入能量是在 8 h 内太阳对电池板的辐射能；输出有效能量是电子节能灯在 10 h 内消耗的电能。能量转化效率可表示为 $\eta=\dfrac{W}{E_{输入}}\times100\%$。

【答案】

针对练习

1. 请从能量角度具体说明以下效率的含义。

(1) 某电动机工作效率为 80%。

说明：____。

(2) 某手机充电器的效率是 95%。

说明：____。

(3) 某太阳能热水器的效率是 35%。

说明：____。

2. 在“家电下乡”活动中，小亮家买了一台微波炉。微波炉说明书中的铭牌如下表所示：

额定电压	220 V
最大加热功率	1 100 W
电源频率	50 Hz
加热效率	＞92%

小亮对铭牌中加热效率大于 92%有点怀疑，他动手进行了测量。他用容积是 250 mL 的废矿泉水瓶装满自来水，倒入专用塑料杯中，水的初温为 20 ℃，放入微波炉中用最大加热功率加热 1 min,取出后测得温度为 78 ℃。请你计算这台微波炉的加热效率。[已知水的比热容为 4.2×10^3 J/(kg·℃)]

3. 某汽车质量是 10 t，它匀速行驶时受到的阻力是车重的百分之一，它行驶 100 km 消耗汽油 10 升，求该汽车的效率。(汽油的密度为 0.71×10^3 kg/m^3，汽油的热值为 4.6×10^7 J/kg，g 取 10 N/kg)

4. 太阳能汽车能通过太阳能电池将所接收到的太阳光能转化为电能，并将这些电能提供给电动机来驱动汽车，已知太阳能电池接收太阳光能的面板的面积 $S=8$ m^2,正对太阳时能产生 $U=120$ V 的电压，并对车上的电动机提供 $I=10$ A 的电流，电动机线圈的电阻为 $R=4$ Ω，而太阳光照射到地面时每平方米上的辐射功率 $P=1.0\times10^3$ W。求：

(1) 该车的太阳能电池转化太阳光能的效率 η_1。

(2) 在 30 min 内，电流通过电动机线圈产生的热量。

(3) 电动机把电能转化为机械能的效率 η_2。

本章小结

考点题型探究

考点一　能量的转化与守恒

1. 近年来，一些地区推广使用乙醇汽油（乙醇俗称酒精），乙醇汽油是由10%的乙醇与90%的汽油混合而成。乙醇汽油属于________（填“一次”或“二次”）能源。从能量转化来看，乙醇汽油燃烧过程是将________能转化为________能的过程。

2. 在大型的煤炭基地旁，有时要建造火力发电厂，将煤变成电，其主要原因是电比煤更容易________和________。

3. 电能是最方便的能源，它能通过各种用电器转化为其他各种形式的能。请你填写图11-1中电能通过用电器所转化的能量。

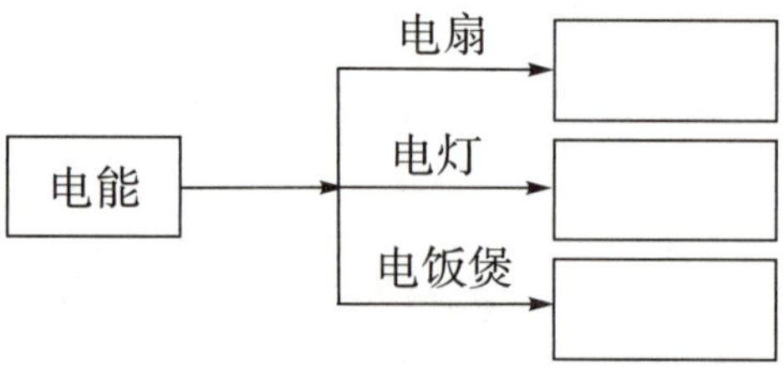

图 11-1

考点二　核能　太阳能

4. 图11-2为核电站发电流程图。在核电站的发电过程中，核能的获取途径及能量转化顺序正确的是（　　）

图 11-2

A. 聚变；核能→内能→化学能→电能

B. 聚变；核能→内能→机械能→电能

C. 裂变；核能→内能→化学能→电能

D. 裂变；核能→内能→机械能→电能

5. 我国核动力潜艇的相关技术已十分成熟，目前正在加紧研究将大功率核动力用于航空母舰的技术。关于核动力航母的说法正确的是（　　）

A. 航母使用的核能属于可再生能源

B. 航母核反应堆里发生的是核聚变反应

C. 航母核反应堆中发生的链式反应是可以控制的

D. 航母核反应堆产生的核废料对环境没有污染

6. 关于发展核电的优点，下列说法错误的是（　　）

A. 特别适合缺少化石能源的地区

B. 可以大大减少燃料的运输量

C. 不需要特别的保护措施

D. 消耗很少的核燃料可以获得巨大的能量

7. 太阳源源不断地对外释放着大量的能量，这些能量都来自（　　）

A. 太阳内部可燃性物质燃烧的过程

B. 太阳内部大规模核裂变的过程

C. 太阳内部大规模核聚变的过程

D. 太阳内部电能转化为热能的过程

8. 下列不属于人类直接利用太阳能的是（　　）

A. 太阳能热水器　　B. 太阳灶

C. 太阳能电池　　D. 绿色植物

9. 图11-2是小明自制的太阳能热水器，下列有关说法正确的是（　　）

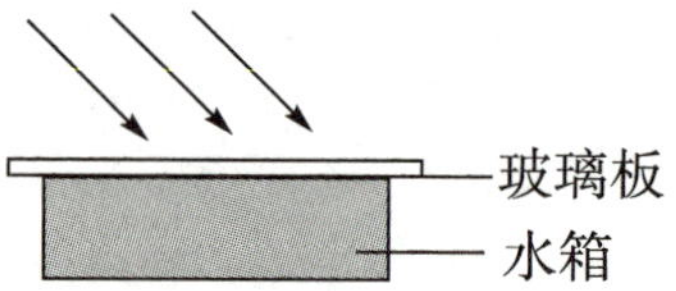

图 11-2

A. 它能将内能转化为光能

B. 水箱上覆盖玻璃板能减少热量的散失

C. 玻璃板表面只发生反射现象

D. 玻璃板表面只发生折射现象

10. 关于太阳能的利用，下列说法错误的是 (　　)

A. 直接利用太阳能，主要是利用太阳能加热物质

B. 间接利用太阳能，主要是指利用化石能源

C. 太阳能的使用受天气、季节、纬度的影响较大

D. 太阳能电池板是将太阳能转化为内能

11. (2021·四川南充) 2021年1月，南充籍总设计师邢继主持完成的华龙一号全球首堆投入商业运行，标志着我国自主三代核电技术跻身世界前列，核反应堆是通过可控________(填“裂变”或“聚变”)反应释放核能的设备。

12. 环境保护是现代社会的热点，环境污染是世界各国关注的焦点，特别是核污染更是全人类高度警惕的问题，继1986年“切尔诺贝利”核泄漏事件之后，2011年3月日本大地震造成福岛核电站发生核泄漏事故，引起国际社会对核能的安全利用的普遍关注。

(1) 核裂变和核聚变是大量获得核能的两种途径，核电站反应堆的核能是通过________(填“聚变”或“裂变”)获得的。

(2) 图11-3是核电站原理示意图，反应堆中的能量转化过程是________________，二回路中的能量转化过程是________________。

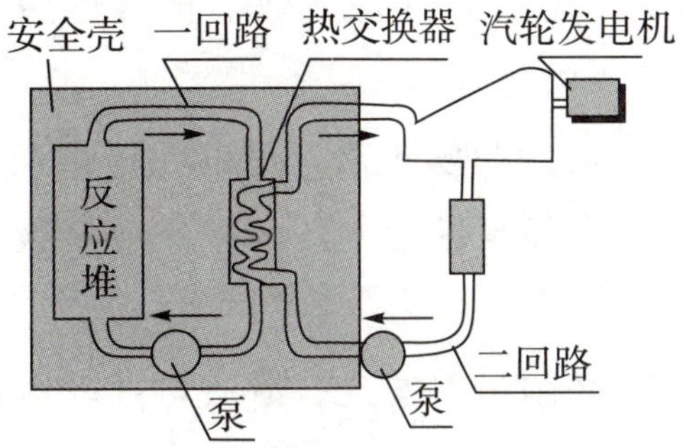

图 11-3

(3) 在235 g铀燃料中含有6.02×10^{23}个铀核，如果它们全部发生裂变，通过汽轮机发电得到3.2×10^{6} kW·h的电能，则核电站的效率为________。(一个铀核裂变会释放出3.2×10^{-11} J的能量)

13. 由于太阳内部的温度极高，因而太阳内部的氢原子核会在超高温下发生________(填“裂变”或“聚变”)，释放出巨大的能量，换言之，太阳能实质是一种________。

考点三　能源与可持续发展

14. 下列能源既属于一次能源又属于可再生能源的是 (　　)

A. 太阳能　　B. 核能

C. 石油　　D. 天然气

15. 下列关于能源的说法正确的是 (　　)

A. 煤、石油是当今人类利用的主要能源，它们是可再生能源

B. 天然气是一种清洁的能源，人类可以无尽地开发利用

C. 如果大量利用太阳能，可能使太阳能在短期内消耗殆尽

D. 水能和风能可以从自然界中得到，是可再生能源

16. 我们在节约能源的同时，还应开发和利用新的能源。作为未来的理想能源应满足一定的条件，下列不符合理想能源必要条件的是（　　）

A. 必须足够丰富，可以保证长期使用

B. 必须足够便宜，可以保证多数人用得起

C. 必须足够安全、清洁，可以保证不会严重影响环境

D. 必须足够昂贵，可以保证节约使用

17. 可持续发展的理念应当落实到各项工作中。下列做法不符合可持续发展要求的是（　　）

A. 若可能，出行时尽量使用自行车

B. 大力开发利用太阳能和风能

C. 节约用水、用电、用气

D. 大力发展以煤为燃料的火力发电

18. 如果我国每人每年节约 1 kW·h 电，那么全国 14 亿人口一年节约的电能为__________kW·h，这些电能相当于完全燃烧__________t 标准煤释放的能量（标准煤的热值是 2.9×10^7 J/kg）。

19. 某沿海城市为响应国家号召，发展低碳经济，在沿海地区建造了风力发电厂。下表给出了不同风速下每台风力发电机的功率。(结果保留两位小数)

平均风速/($m\cdot s^{-1}$)	5	6	8	9
功率/kW	9	16	38	55

（1）若在某段时间内的风速为 6 m/s，一台发电机工作 1 小时，产生的电能可供小明家的空调（220 V　5 A）、电热锅（220 V　40 Ω）同时工作多少小时？

（2）若该市年平均风速为 8 m/s，50 台这样的风力发电机工作一天，获得的电能相当于完全燃烧多少吨煤？（煤的热值为 3×10^7 J/kg）

最新考情分析

命题规律

纵观近几年全国各地中考试题，本章内容在中考中的命题特点如下：

1. 从题型来看，主要包括选择题、填空题、综合应用题等。

2. 从命题角度来看，常以新能源在实际中的开发和运用为背景命题，但起点高，落点低，难度不大。

3. 从考查内容来看，主要包括：(1) 能量的转化和转移实例的判断；(2) 能量守恒定律的应用；(3) 能量转化效率的相关计算；(4) 新能源在现实中的开发和应用；(5) 太阳能和核能的应用；(6) 能源和可持续发展。

4. 从考查能力来看，主要考查同学们的想象能力、归纳概括能力、知识的迁移应用能力等。

专题一　长度和时间的测量、简单的运动

分值：100 分　　时间：40 分钟

考查的主要内容：
1. 刻度尺和秒表的正确使用方法；2. 误差和错误；3. 参照物和运动的描述；4. 速度和平均速度；5. 匀速直线运动和变速运动。

一、选择题（每题 5 分，共 35 分）

1. 下列物理量的估测中，最接近实际的是　（　　）
   A. 人的步行速度约为 10 m/s
   B. 普通教室的高度约为 3 m
   C. 九年级物理课本质量约为 30 g
   D. 普通教室一盏日光灯的额定功率约为 200 W

2. 如图专 1-1 所示，是香香同学在相等时间间隔里运动的情景，可能做匀速运动的是　（　　）

图专 1-1

3. 在上学的路上，当小明快步追赶在前面的小华时，一辆车从他身旁向前快速驶去，则　（　　）
   A. 小明相对于车是向后运动的
   B. 小明相对于小华是静止的
   C. 小华相对于车是向前运动的
   D. 小华相对于小明是向前运动的

4. 用分度值为 1 mm 的刻度尺去测同一物体的长度，四次测量结果中正确的是　（　　）
   A. 28.1 mm　　B. 28.12 mm
   C. 27.98 mm　　D. 28 mm

5. 甲、乙两物体同时同地向东做匀速直线运动，它们的 s-t 图像如图专 1-2 所示。由图像可知　（　　）

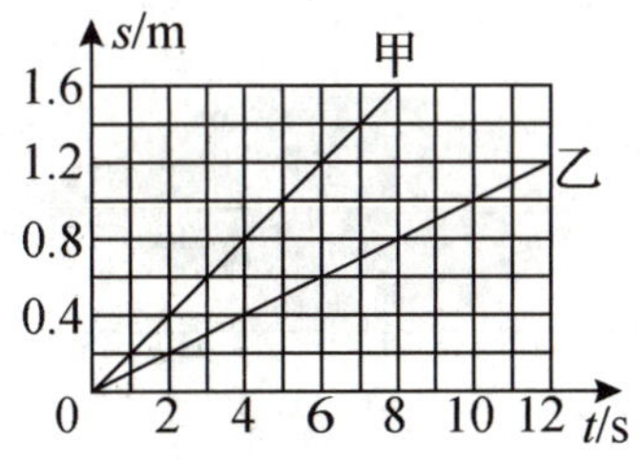

图专 1-2

   A. 甲的速度小于乙的速度
   B. 经过 6 s，甲在乙前面 1.2 m 处
   C. 以甲为参照物，乙向东运动
   D. 以乙为参照物，甲向东运动

6. 2013 年 4 月 20 日清晨，雅安芦山发生强烈地震，距灾区 105 km 的某驻地部队接到命令后立即驱车赶往灾区救援。出发 50 min 后中途遇山体滑坡，道路被阻断，经 2 h 抢修道路，继续前进 40 min 到达指定地点。救援部队全程平均速度应为　（　　）
   A. 126 km/h　　B. 70 km/h
   C. 52.5 km/h　　D. 30 km/h

7. 用斜面和滑块做“测物体的平均速度”实验，当滑块自顶端出发时开始计时，滑至斜面底端时停止计时，如图专 1-3

所示。此过程中，滑块的平均速度约为 ( )

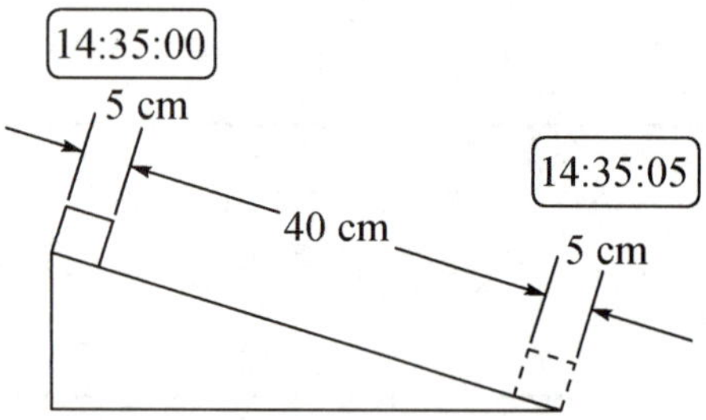

图专 1-3

A. 10 cm/s B. 9 cm/s

C. 8 cm/s D. 7 cm/s

二、填空题（每空 3 分，共 36 分）

8. 如图专 1-4 所示，某同学测量一片完整树叶的长度，读数为________cm。

图专 1-4

9. 放学路上，小明和小红沿人行道步行，一辆汽车从身旁疾驰而过，如图专 1-5 所示。司机说"你没动"是选定了________为参照物；小红说"车真快"是选定了________为参照物。

图专 1-5

10. "红色摇篮，绿色家园"，是井冈山展现出来的独特魅力。五一期间，苹苹乘坐的汽车刚刚进入井冈山景区，便有一种"车行绿色中，风景扑面来"的感觉，实在是令人心旷神怡。"车行绿色中，风景扑面来"所选的参照物分别是________与________。

11. 平直的公路上有甲、乙两辆汽车，它们的运动路程随时间变化的关系图像如图专 1-6 所示。根据图像可知，汽车________（填"甲"或"乙"）处于静止状态。

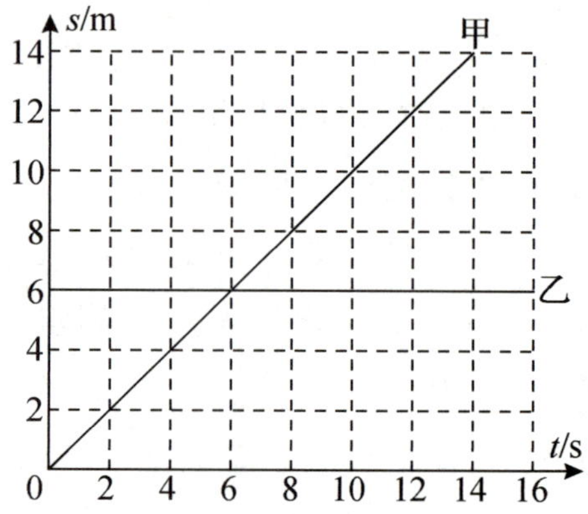

图专 1-6

12. 一列长 200 m 的火车，以 72 km/h 的速度匀速进入长为 2 km 的隧洞，火车完全在洞中的时间是________s，火车上的乘客看见洞中的路灯在后退，乘客是以________为参照物的。

13. 一做变速运动的物体，先以 2 m/s 的速度通过 16 m 路程，接着又以 5 m/s 的速度通过 25 m 路程，然后又用 4 s 通过 28 m 路程，则该物体在前 41 m 路程中的平均速度是________m/s；在后 53 m 路程中平均速度是________m/s；在全程中的平均速度是________m/s。

14. 某汽车启动和到达目的地的时刻及对应的里程表（表盘指示为千米数）示数如图专 1-7 所示，则汽车行驶的平均速度是________km/h。

图专 1-7

三、作图题（7 分）

15. 一辆汽车在一平直的公路上以 20 m/s 的速度匀速行驶，请你在图专 1-8 上画出汽车行驶过程中速度随时间变化关系的 v-t 图像。

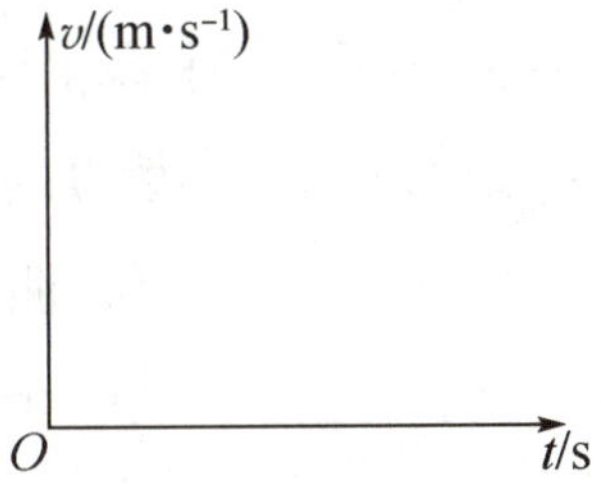

图专 1-8

四、综合题（16 题 6 分，17、18 题各 8 分，共 22 分）

16. 小华同学每天步行上学，他很想知道从自家到学校的距离，进行了如下探究：

（1）小华在学校跑道上以上学步行速度步行 100 m，测得用时 80 s，则他步行速度为________m/s。

（2）小华步行上学需 20 min，则他家到学校的距离是________m。

（3）为了保证测量结果比较准确，除计时准确外，还必须控制步行________不变。

17. 2012 年 2 月，首批“长鼻子”校车在南京投入使用，如图专 1-9 所示。

图专 1-9

（1）校车行驶过程中，以司机为参照物，路边的树是________（填“运动”或“静止”）的。

（2）《校车驾驶员安全管理规定》中明确指出车速不得超过 40 km/h，“40 km/h”是指校车在行驶过程中的________（填“平均速度”或“最大速度”）。

（3）小明早晨 7 点乘校车去上学，7 点 25 分到达学校，设校车行驶的平均速度为 30 km/h，则小明乘车地点到学校的路程是________km。

18. 五一假期，小明同学一家到黄山旅游，在黄衢南高速公路上看到杨家园隧道入口有一块交通指示牌（如图专 1-10 所示）。请根据图中信息回答下列问题。

图专 1-10

（1）“”表示汽车必须开大灯行驶，大灯发光需要的能量来源于汽油的________能。

（2）“

”表示汽车行驶过程中的速度不能超过80 km/h，若汽车匀速驶过隧道用了 2 min，请通过计算判断：该车过隧道时________（填“遵守”或“违反”）了交通规则。

专题二 声现象

分值：100 分　　时间：40 分钟

考查的主要内容：
1. 声音产生的原因；2. 声音的传播条件和声速；3. 声音的特性；4. 噪声及其控制；5. 声在生活和生产中的应用。

一、选择题（每题 5 分，共 40 分）

1. 中国古诗词文化博大精深，唐代诗人张继的《枫桥夜泊》中曾写到“姑苏城外寒山寺，夜半钟声到客船”。下列对钟声的解释正确的是　（　　）
A. 诗人根据音调判断是钟发出的声音
B. 钟声可以在真空中传播
C. 诗人根据响度判断是钟发出的声音
D. 钟声是由钟体振动产生的

2. 关于声现象，下列说法正确的是（　　）
A. 超声波能够在真空中传播
B. 调整二胡两根弦的松紧是为了改变发声的响度
C. 声波能够传递信息和能量
D. 人们能听见地震时产生的次声波

3. 当喇叭里响起“我和你，心连心，共住地球村……”的男声演唱时，小周和小杨齐声说：“是刘欢在演唱！”他们做出判断的依据是：不同演员声音的（　　）
A. 音调不同
B. 响度不同
C. 音色不同
D. 声速不同

4. 下列控制噪声的措施中，属于防止噪声产生的是　（　　）
A. 晚上休息时关闭房间的门窗
B. 公共场所不要高声喧哗
C. 街道上安装噪声监测仪
D. 纺织车间的工作人员使用防噪声耳罩

5. 许多成语对声现象有着生动的描述，下列成语中描写声音响度的是　（　　）
A. 声如洪钟　　B. 曲高和寡
C. 悦耳动听　　D. 余音绕梁

6. 2013 年 6 月 20 日，女航天员王亚平在中国首个目标飞行器“天宫”一号上为青少年授课。下列说法正确的是　（　　）
A. 王亚平讲课的声音是通过声波传回地球的
B. 王亚平讲课的声音很大是因为她的声音频率很高
C. 王亚平讲课发出的声音是由她的声带振动产生的
D. 在太空讲话，声带不振动也能发出声音

7. 为了探究音调与什么因素有关，小明设计了下面几个实验，如图专 2-1 所示，你认为不能够完成探究目的的是（　　）

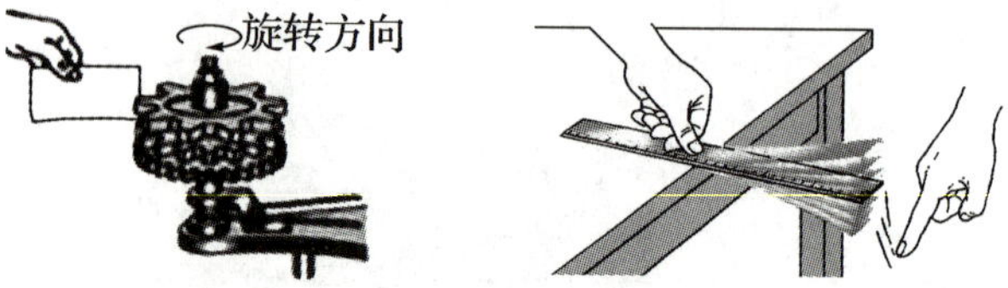

A. 硬纸板接触齿数不同的齿轮　　B. 改变钢尺伸出桌边的长度

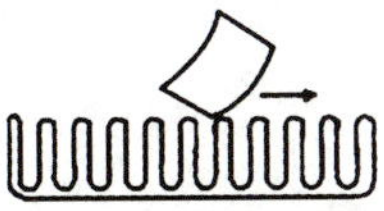

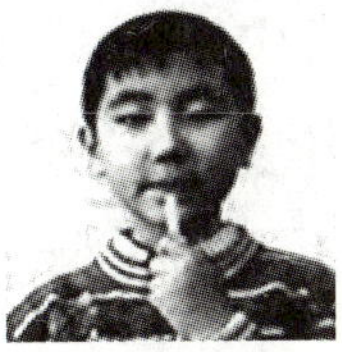

C. 改变薄塑料片滑过梳子的速度　D. 改变吹笔帽的力度

图专 2-1

8. 雅安地震时，解放军及时赶到灾区进行救援，被埋者也要积极采取措施配合，方法之一是不断敲击周围坚硬物体，其目的是　(　　)

A. 将周围物体砸开

B. 利用声传递能量

C. 利用声传递信息

D. 消除寂寞

二、填空题（每空 1.5 分，共 27 分）

9. 如图专 2-2 所示，用硬纸片把一个喇叭糊起来，做成一个“舞台”，台上一个小人在音乐声中翩翩起舞，这说明声音是由物体的________产生的；音乐声越大，小人舞动得越剧烈，说明物体的______越大，产生声音的响度越大。

图专 2-2

图专 2-3

10. 温度一定时，声波在不同介质中的传播速度是________（填“相同”或“不同”）的。图专 2-3 中蒙住双眼的小王能辨别周围同学的声音，这是因为不同人声音的________不同，同时还可以根据声音的________来大致判断周围同学离他的远近（均填“响度”“音调”或“音色”）。

11. “不敢高声语，恐惊天上人”，这里的“高”指的是声音的________（填“音调”“响度”或“音色”）大。月宫里的嫦娥不会听到你说话的声音，因为________不能传播声音。“嫦娥一号”卫星在绕月轨道上向地面传回最后一段语音：“经过一年的太空遨游，我的任务已经结束……”这段语音是通过________传回地球的。

12. 图专 2-4 是几种声音输入到示波器上时显示的波形示意图，其中音调相同的是________；响度相同的是________。

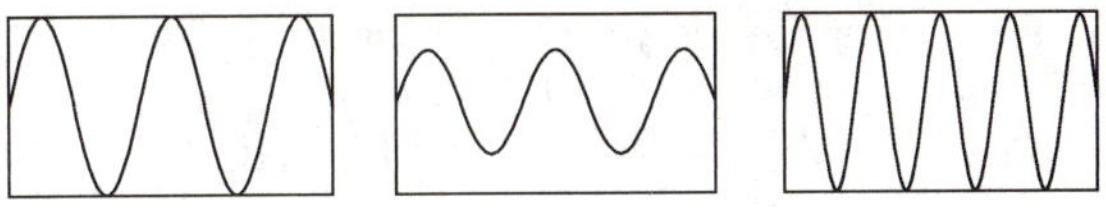

甲　　乙　　丙

图专 2-4

13. 某种昆虫靠翅膀振动发声，如果这种昆虫的翅膀在 10 s 内振动 3 500 次，则它振动的频率是______Hz，人类________（填“能”或“不能”）听到这种声音。

14. 在元旦文艺会演上，小明弹奏电吉他时不断用手指去控制琴弦长度，这样做是为了改变声音的________。

15. 弦乐队在演奏前，演奏员都要调节自己的乐器——拧紧或放松琴弦，这样做主要是改变乐器发出声音的________；在演奏过程中，演奏员要根据需要时而用力，时而轻柔的演奏，这样做主要是改变乐器发出声音的________；坐在后排的观众即使看不清舞台上的情况也能听出进行独奏的是何种乐器，这主要利用了乐器发出声音的________不同。

16. 为了减少噪声污染，很多市区禁止机动车鸣喇叭。从声学上讲，这是从________处减弱噪声。人们以________为单位表示噪声强弱的等级。

三、实验与探究题（17 题 12 分，18 题 4 分，19 题 9 分，共 25 分）

17. 小明将手机悬挂在密闭的玻璃瓶中，用抽气机抽去瓶中的空气，打电话呼叫瓶内的手机，手机________（填“能”或“不能”）接收到呼叫信号，这说明________________________；他________（填“能”或“不能”）听到瓶内手机的声音，这说明________________________。

18. 两人相距较远说话时，听不到对方的声音，但同样情况下，用自制的土电话就可以听到相互的说话声；耳朵贴在铁轨上能听到远处火车开来的声音，而站起来就听不到了。对此，请你提出一个要研究的问题：________________________________。

19. 如图专 2-5 所示，当敲响音叉乙时，观察到与音叉甲接触的乒乓球将会________，这一现象说明发声的物体在________，也能说明声音可在空气中传播，还能说明声波能传递____________。

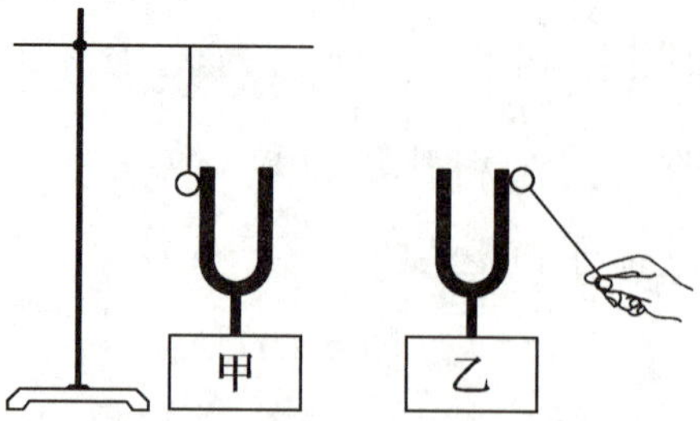

图专 2-5

四、综合题（8 分）

20. 当我们向暖水壶内倒开水时，能听到从壶内发出的声音，天翔同学对此做了专门的探究。

（1）刚开始，壶内传出低沉的轰鸣声，随着水越来越多，声音逐渐变得尖利。请你用专业的物理语言来描述这个现象：随着壶内水的增多，声音的______________________。

（2）天翔想：这个声音是什么物体振动发出来的呢？他猜想，可能是水从高处落下时冲击壶内水引起振动而产生的，也可能是水的振动引起壶内空气柱振动产生的。你认为还有其他的可能吗？请你写出一种你认为可能的原因：________________。

专题三　光现象

分值：100 分　　时间：40 分钟

考查的主要内容：

1. 光的直线传播、光速；2. 光的反射现象、光的反射定律及其探究；3. 平面镜成像规律及其探究和应用；4. 光的折射现象及其规律的探究和应用。

一、选择题（每题 5 分，共 30 分）

1. 在探究树荫下光斑的综合实践活动中，为了研究孔的大小对光斑形状的影响，小华设计了四种有不同形状孔的卡片甲，并用另一张卡片乙覆盖在甲上，如图专 3-1 所示。接着，从图专 3-1 所示位置沿箭头方向水平移动乙，观察光斑形状的变化情况，下列合乎要求的是　（　　）

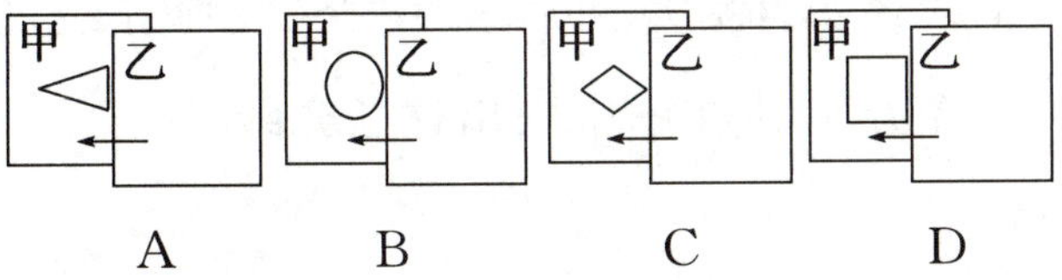

图专 3-1

2. 当光从空气斜射向水面时，同时发生反射和折射，图专 3-2 中，能正确表示其传播方向的是　（　　）

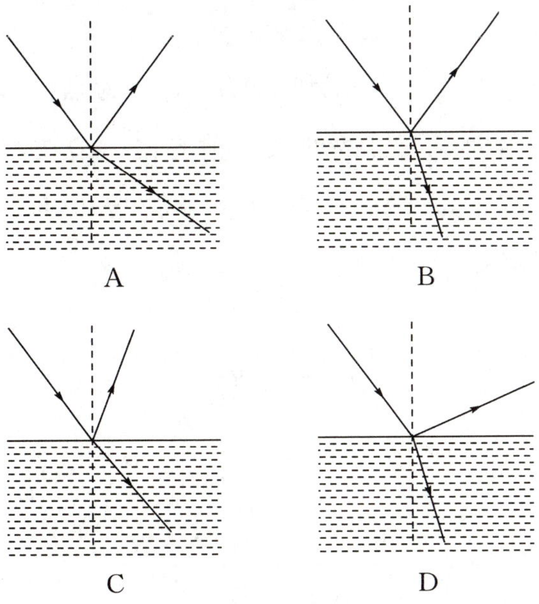

图专 3-2

3. 2012 年 5 月 21 日清晨，我国大部分地区都出现了日环食。能用来解释形成日环食现象的规律是　（　　）
   A. 光的直线传播　　B. 光的折射
   C. 光的反射　　D. 光的色散

4. 下列有关光的说法正确的是　（　　）
   A. 当人靠近平面镜时，“镜中人”变得越来越大
   B. 城市中的光污染是由于光发生了漫反射
   C. 手影和小孔成像都是由光沿直线传播形成的
   D. 清晨，我们看到的地平线下的“太阳”，是由光沿直线传播形成的

5. 宋代范仲淹的《岳阳楼记》中蕴含了丰富的光学知识，文字词句与物理知识相符合的是　（　　）
   A. “锦鳞游泳”，看到水里的鱼是实像
   B. “皓月千里”，皎洁的月亮是光源
   C. “浮光跃金”，湖面波动的光闪着金色是光的折射现象
   D. “静影沉璧”，月亮的倒影如玉璧一样是光的反射现象

6. 下列现象中，属于光的折射的是　（　　）
   A. 透过草叶上的露珠看到了被放大的叶脉
   B. 从不同方向都能看到桌面上的苹果

C. 在台灯下写字时，纸面上出现了手的影子

D. 房间的墙壁上装有大的平面镜，增大了视觉空间

二、填空题（每空 3 分，共 30 分）

7. 光在真空中的传播速度是________m/s。我们能从不同方向看到本身不发光的物体，是由于光在物体表面发生了________（填“镜面”或“漫”）反射。

8. 人站在竖起的穿衣镜前 5 m 处，若人以 0.5 m/s 的速度向镜移动 6 s 后，人与镜中的像距离为________m，此时像的大小________（填“变大”“变小”或“不变”）。

9. 如图专 3-3 所示，平面镜 MN 竖直放置，镜前有一个发光物体 S，现将平面镜绕 M 点从 MN 转到 MN' 位置过程中，物体 S 在平面镜中的像 S' 的轨迹为________（填“直线”或“曲线”）；S' 离 M 点的距离________（填“越来越近”“越来越远”或“保持不变”）。

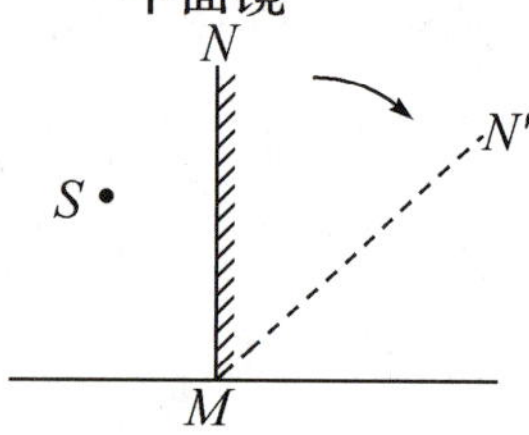

图专 3-3

10. 夏季，当你在河岸边漫步时，有时会看到“鱼在云中游”的美景。你看到的鱼是由于光的________形成的像，水中的云是由于光的________形成的像。

11. 生活中经常提到的“影”与我们学到的光学知识有关，例如，水中倒影和立竿见影中的“影”，前者是由________形成的，后者是由________形成的。

三、作图题（每题 5 分，共 20 分）

12. 如图专 3-4 所示，有一束入射光线 AO 经平面镜反射后沿 OB 的方向射出，请作出平面镜的位置。

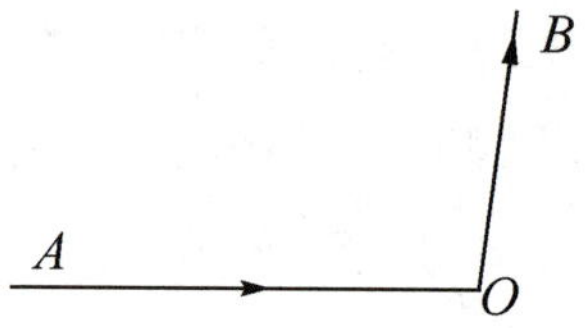

图专 3-4

13. 如图专 3-5 所示，发光点 S 发出的某光线经平面镜反射后，反射光线恰好经过 A 点，请在图中画出这条光线。

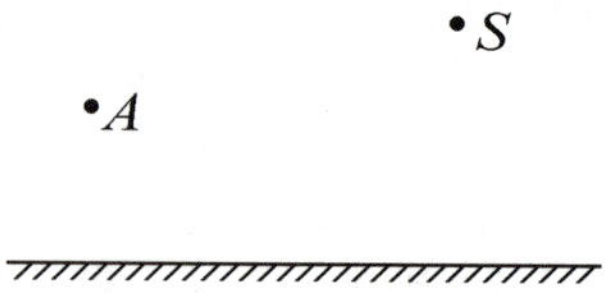

图专 3-5

14. 如图专 3-6 所示，AB、CD 为点光源 S 射向平面镜的两条入射光线，请在图中标出点光源 S 和像 S' 的位置，并完成光路图。

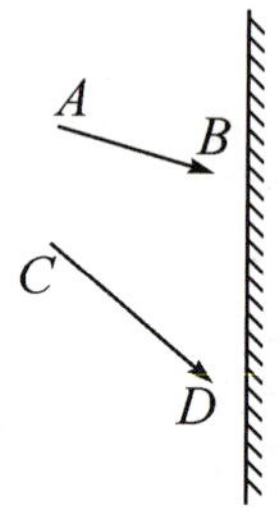

图专 3-6

15. 如图专 3-7 所示，一束光射向左右表面平行的玻璃砖，画出光从玻璃砖左表面射出的光线，并标出该光线与法线的夹角大小。

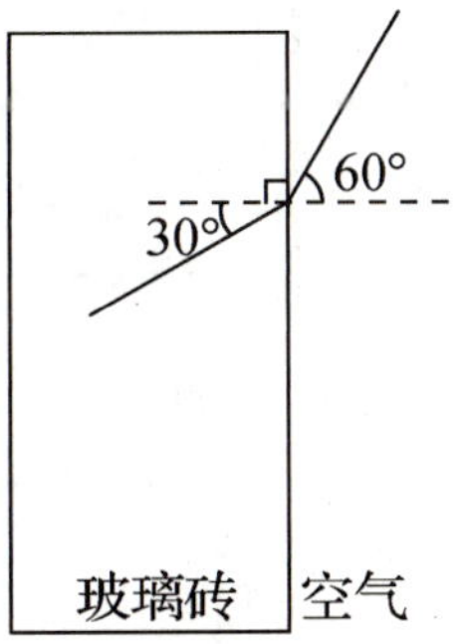

图专 3-7

四、实验与探究题（16 题 6 分，17 题 7 分，共 13 分）

16. 为了探究光的反射定律，小明用如图专 3-8 所示的装置进行实验，平面镜置于水平桌面上，把一可沿 ON 折叠的白色硬纸板竖直置于平面镜 M 上。

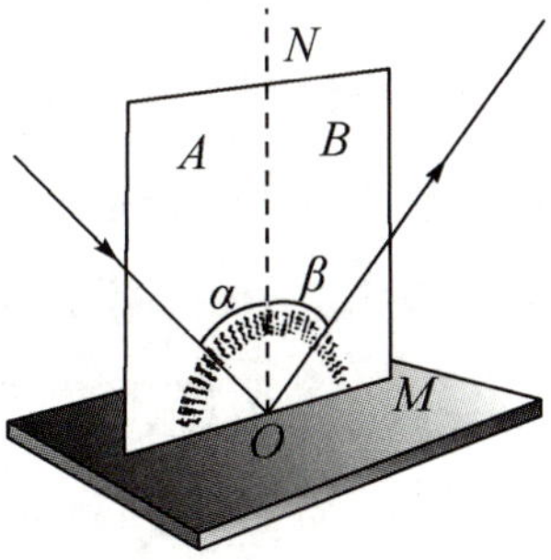

图专 3-8

(1) 在实验中白色硬纸板能显示________________，也能方便地测量________。

(2) 以法线 ON 为轴线，将白色硬纸板的 B 面绕法线 ON 旋转，此时反射光线的位置____________（填“发生”或“不发生”）变化。

17. 图专 3-9 甲是某实验小组同学探究“平面镜成像特点”的实验情景。

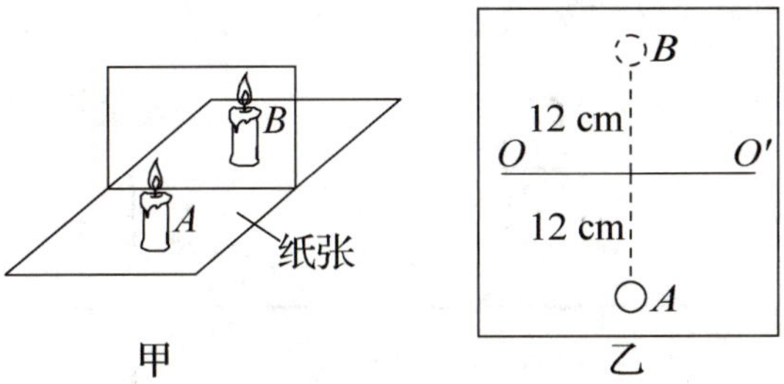

图专 3-9

(1) 该小组同学应该选取两根________（填“相同”或“不相同”）的蜡烛做实验。

(2) 点燃蜡烛 A，在玻璃板后面移动蜡烛 B，直到看上去与蜡烛 A 的像完全重合，此现象说明像与物体大小________。

(3) 图乙是该小组的实验记录，通过分析他们发现像与物到玻璃板的距离________，像与物的连线与玻璃板________。

(4) 该小组实验的不足之处是________________________。

(5) 此实验不能用平面镜进行，是因为平面镜____________，不能确定像的位置。

五、综合题（7 分）

18. 小明在上课时感到玻璃黑板“反光”刺眼而看不清上面的字。请你帮他想办法解决这个问题，并说明这样做的理由。

专题四 透镜及其应用

分值：100 分　　时间：40 分钟

考查的主要内容：
1. 透镜及其对光线的作用；2. 凸透镜成像规律的探究及其应用；3. 眼睛和眼镜；4. 光的色散及物体的颜色；5. 看不见的光。

一、选择题（每题 5 分，共 40 分）

1. 把一个凸透镜对准太阳光，在距凸透镜 10 cm 处得到一个最小、最亮的光斑。若将一物体放在此透镜前15 cm处，经凸透镜所成的像是（　　）

A. 倒立、缩小的实像

B. 倒立、放大的实像

C. 正立、放大的实像

D. 正立、缩小的虚像

2. 如图专 4-1 所示，取一个大烧杯，里面充以烟雾，倒扣在桌上，用手电筒射出一束平行光，要使射入杯中的光束发散，应在杯底放置的器材是（　　）

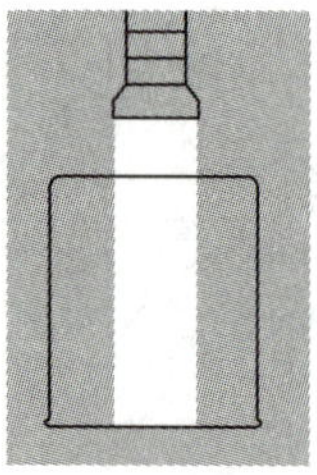

图专 4-1

A. 平板玻璃

B. 平面镜

C. 凹透镜

D. 凸透镜

3. 在探究凸透镜成像规律的实验中，当烛焰、凸透镜、光屏处于如图专 4-2 所示的位置时，恰能在光屏上得到一个清晰的像。下列实物中，应用这一成像原理的是（　　）

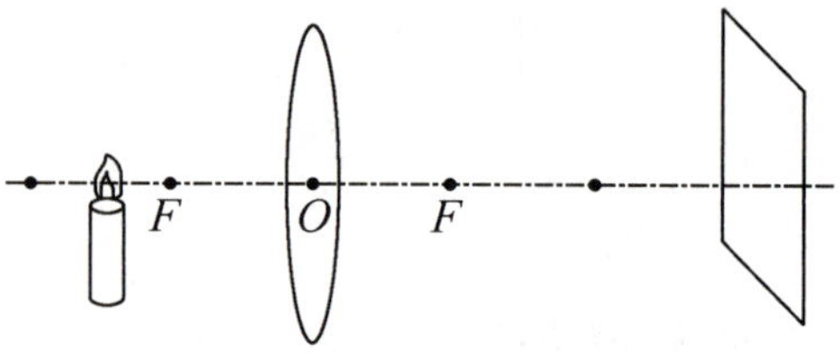

图专 4-2

A. 潜望镜　　B. 放大镜

C. 照相机　　D. 投影仪

4. 物体从距凸透镜 12 cm 处移到距凸透镜 18 cm 处的过程中，调整光屏的位置，总能在光屏上得到倒立、放大的像，由此可知，此凸透镜的焦距可能是（　　）

A. 6 cm　　B. 10 cm

C. 16 cm　　D. 20 cm

5. 图专 4-3 中人手持的是（　　）

图专 4-3

A. 凹透镜，可以矫正近视

B. 凹透镜，可以矫正远视

C. 凸透镜，可以矫正近视

D. 凸透镜，可以矫正远视

6. 将一个凸透镜正对太阳光，在距凸透镜 10 cm 处得到一个最小、最亮的光斑，

若将一个物体放在凸透镜前 30 cm 处，则可在凸透镜的另一侧得到一个（　　）

A. 倒立、缩小的实像

B. 倒立、放大的实像

C. 正立、缩小的实像

D. 正立、放大的虚像

7. 下列诗词中能反映光的色散现象的是（　　）

A. 池水映明月　　B. 彩虹舞山涧

C. 潭清疑水浅　　D. 起舞弄清影

8. 下列实物中，属于紫外线应用的是（　　）

A. 夜视仪

B. 遥控器

C. 验钞机

D. 全自动感应水龙头

二、填空题（每空 2 分，共 28 分）

9. 同学们在讨论“如何在野外生存”的问题时，提出：在野外如果没有打火机，怎么生火取暖呢？一个同学想出了“削冰取火”的办法，你认为“削冰”就是把冰制成________，“取火”应该把要点燃的物体放在________位置。

10. 照相时，被拍摄者应站在距镜头________处；投影仪能使投影片在屏幕上成倒立、________的实像；借助放大镜看地图时，为使看到的像更大，应适当________放大镜与地图间的距离。

11. 图专 4-4 所示为国际空间站上宇航员通过悬浮水珠成像的情景，图中水珠相当于________镜，所成的像为倒立、________的________像。生活中与该水珠这一成像原理相同的光学仪器有________（写出一种即可）。

图专 4-4

100101　第01考室

第一中学考场　语文

图专 4-5

12. 当条形码扫描器照射考生信息的条形码（如图专 4-5 所示）时，黑条纹将光________（填“反射”或“吸收”），白条纹将光________（填“反射”或“吸收”），再通过电脑解码就可以获取考生相关信息。

13. 在探究凸透镜成像规律时，应调节烛焰和光屏中心位于凸透镜的________上。当蜡烛距凸透镜 30.0 cm 时，在光屏上成一个等大的实像，则凸透镜的焦距是________cm；将蜡烛远离透镜移动到适当位置，要在光屏上成清晰的像，就将光屏向________（填“远离”或“靠近”）透镜方向移动。

三、作图题（每题 4 分，共 12 分）

14. 请在图专 4-6 中，画出通过透镜的折射光线。

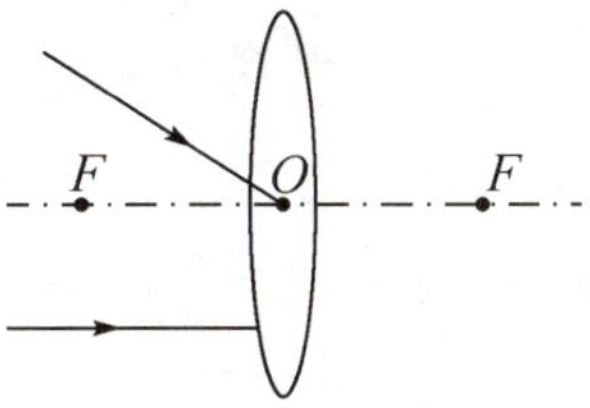

图专 4-6

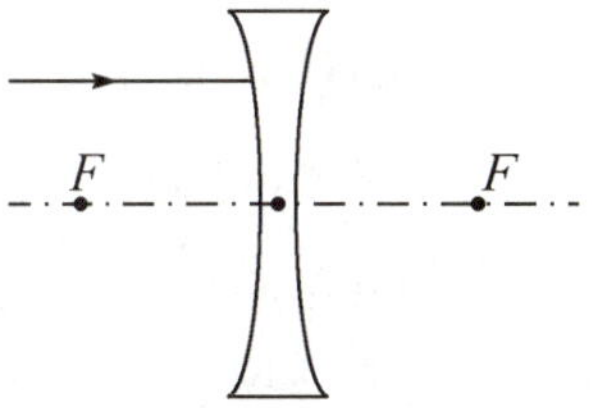

图专 4-7

15. 如图专 4-7 所示，作出光线通过凹透镜的光路。（保留必要的作图痕迹）

16. 如图专 4-8 所示，蜡烛通过凸透镜在光屏上得到了清晰的实像。请画出入射光线经透镜后的折射光线。

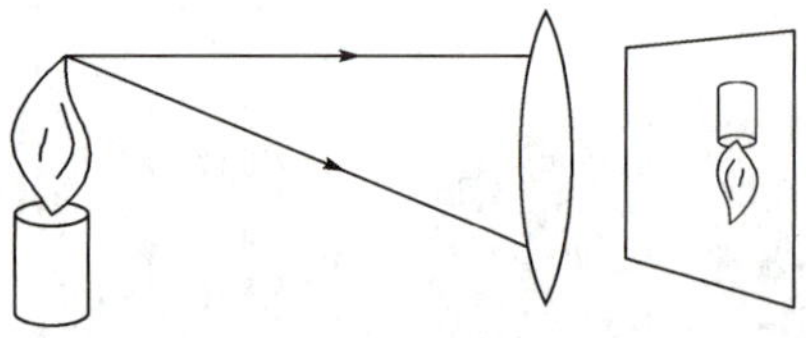

图专 4-8

四、实验与探究题（17 题 6 分，18 题 7 分，19 题 7 分，共 20 分）

17. 小明在探究凸透镜成像规律时，所用凸透镜的焦距是 10 cm。

（1）他将蜡烛、凸透镜、光屏在光具座上依次摆放，点燃蜡烛后，发现无论如何移动光屏总找不到像，其原因可能是________________________。（写出一种即可）

（2）调整好后，当蜡烛与凸透镜的距离为 36 cm 时，可在光屏上得到倒立、________的实像，再将蜡烛向凸透镜靠近一些，要获得清晰的实像，光屏应________（填“靠近”或“远离”）凸透镜。

18. 在利用太阳光测量凸透镜的焦距后，小华将凸透镜正对着太阳，发现把火柴头放在凸透镜焦点处一段时间后，火柴会被点燃。他想进一步探究不同的透镜对火柴的点燃效果有什么不同。和同学们讨论后，他们提出了以下三种猜想：

猜想 1：凹透镜也能点燃火柴；

猜想 2：点燃火柴的快慢与凸透镜焦距大小有关；

猜想 3：点燃火柴的快慢与凸透镜直径大小有关。

（1）根据所学知识，他们经过讨论，判断猜想 1 是错误的。你认为他们判断的依据是________________________。

（2）为了验证猜想 2 是否正确，他们选用直径相同而焦距不等的凸透镜进行多次实验，发现火柴被点燃的时间基本相等。这说明猜想 2 是________的。

（3）请设计一个简单实验，验证猜想 3 是否正确，简述你的实验方案。

简要做法：____________________；

如何判断：____________________。

19. 盛夏来临，人们又为怎样才能晒不黑而犯愁。资料表明：将皮肤晒黑的罪魁祸首是太阳光中的长波紫外线。“好奇实验室”为此检测了若干衣服的防晒效果。

检测方法：先用光纤探头和计算机测算出阳光中长波紫外线的强度；再把衣服挡在光纤探头上，测算出透射到光纤探头上的长波紫外线强度。利用前后两次测得的长波紫外线的强度计算出长波紫外线的透过率。实验数据如下表所示：

实验序号	衣服材质	衣服布料层数	长波紫外线透过率
1	天蚕丝	1	12%
2		2	5%
3	化纤	1	28%
4		2	14%
5	全棉 T 恤（白色）	1	7%
6	全棉 T 恤（黑色）	1	4%

分析表中数据，回答下列问题：

（1）该实验是通过比较________________来分析衣服的防晒效果的。

（2）比较实验 1、2 或 3、4 得到的结论是________________________。

（3）根据测量结果，请向你的家人提出一条夏季户外活动时着装的建议：____。

专题五　物态变化

分值：100 分　　时间：40 分钟

考查的主要内容：

1. 温度的概念及摄氏温度的规定；2. 温度计（体温计）的使用；3. 六种物态变化条件；4. 物态变化过程中的吸热和放热的特点、温度的变化规律等；5. 利用物态变化知识解释自然现象。

一、选择题（每题 5 分，共 45 分）

1. 在 0 ℃的环境中，把一块 0 ℃的冰投入 0 ℃的水中，将会发生的现象是（　　）

A. 冰全部熔化

B. 冰有少部分熔化

C. 水有少部分凝固

D. 冰和水的原有质量不变

2. 下列物态变化中属于汽化现象的是（　　）

A. 夏天，冰棍“冒出”的“白气”

B. 放在衣柜里面的樟脑丸变小了

C. 太阳出来雾散了

D. 深秋，清晨草地上出现霜

3. 下列做法不能使水的蒸发加快的是（　　）

A. 用电热吹风机将湿头发吹干

B. 用扫帚把地面的积水向周围扫开

C. 把粮食拿到向阳的地方晒

D. 把水果用保鲜膜包好放在冷藏柜里

4. 北方秋、冬两季早晨常出现霜，下列有关霜的形成的说法正确的是（　　）

A. 是凝华现象且吸热

B. 是凝华现象且放热

C. 是凝固现象且放热

D. 是凝固现象且吸热

5. 下列所描述的现象中，属于液化的是（　　）

A. 铁块熔成铁水

B. 湿衣服晾干

C. 河水结成冰

D. 沸水上方出现“白气”

6. 在海上想要获得淡水，可采用如图专5-1所示的“充气式太阳能蒸馏器”。它是通过太阳照射充气物内的海水，产生大量水蒸气，水蒸气在透明罩内壁形成水珠，收集即可。在此过程中发生的物态变化是（　　）

图专 5-1

A. 先汽化，后液化

B. 先沸腾，后凝固

C. 先液化，后汽化

D. 先蒸发，后沸腾

7. 天气炎热，小明在吃冷饮时观察到一些现象，下列分析正确的是（　　）

A. 将冷饮从冰箱里拿出时，感觉到“粘”手是凝固造成的

B. 包装盒外面的霜，是液化造成的

C. 打开冷饮包装纸，看到有“白气”生成是升华造成的

D. 吃冷饮时感到凉爽，主要是凝华造成的

8. 下列物态变化过程中，需要吸热的是（　　）

A. 初春，早晨河面结有薄冰

B. 夏天，打开冰棍纸看到“白气”

C. 深秋，屋顶的瓦上结了一层霜

D. 冬天，冰冻的衣服逐渐变干

9. 关于自然界的水循环，下列说法中正确的是（　　）

A. 水蒸气在高空遇冷放热凝华成小水珠

B. 在阳光下露珠吸热升华成水蒸气后慢慢消失

C. 积雪吸热熔化成水归入大海

D. 江河湖海中的水放热蒸发成水蒸气升腾至空中

二、填空题（每空 2 分，共 34 分）

10. 图专 5-2 是人们常用的体温计，这种体温计是根据液体的________规律制成的，图中体温计的示数是______℃。

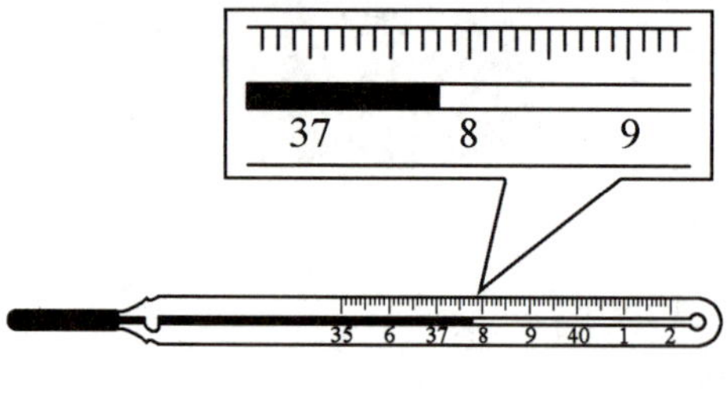

图专 5-2

11. 在标准大气压下冰水混合物的温度是 0 ℃，沸水的温度是______℃，北京一月份的平均气温是 −4.7 ℃，读作________。

12. 超市里出售的海鲜周围要铺一层碎冰块，这是因为冰块______（填物态变化名称）时要______（填“放”或“吸”）热，能起到保鲜的作用。

13. 一辆运输液态氨的罐车在途中侧翻，发生泄漏。短时间内，车周围出现“白雾”，“白雾”是由于液氨________导致空气中的水蒸气______形成的；消防队员赶到后，冒着生命危险，用湿棉纱堵塞漏口，惊奇地发现湿棉纱很快结冰将漏口堵住，分析其原因是____________________；消防队员疏散周边群众，因为氨是有害气体，由于______现象，它很快会对人体产生危害。

14. 把干冰（固态二氧化碳）放入铝罐里一段时间，罐外壁结了一层霜，这层霜是由______经过______这种物态变化形成的。寒冬，坐满人的汽车门窗紧闭，水蒸气液化成小水珠附着在玻璃车窗上，水蒸气变成水珠______（填“会吸热”“会放热”或“不会吸热或放热”），水珠会出现在车窗的______（填“内侧”“外侧”或“内、外侧”）。

15. 做水的沸腾实验时，为防止沸水溅出伤人，通常在容器上加盖，这样会使水的沸点______；若实验时不小心被①沸水烫伤或②水蒸气烫伤，______（填“①”或“②”）情况更严重，其道理是____________________。

三、实验与探究题（16 题 8 分，17 题 13 分，共 21 分）

16. 在探究冰的熔化特点实验中。

（1）如图专 5-3 甲所示，是小明根据实验数据作出的冰加热时温度随时间变化的图像。分析图像可知，冰的

熔点是________℃，其熔化过程的特点是________________。在第 6 min 该物质处于____________（填“固态”“液态”或“固液共存状态”）。

（2）另一个小组为了使物质更快受热，实验装置如图专 5-3 乙所示，你认为该装置存在的不足是________________________。

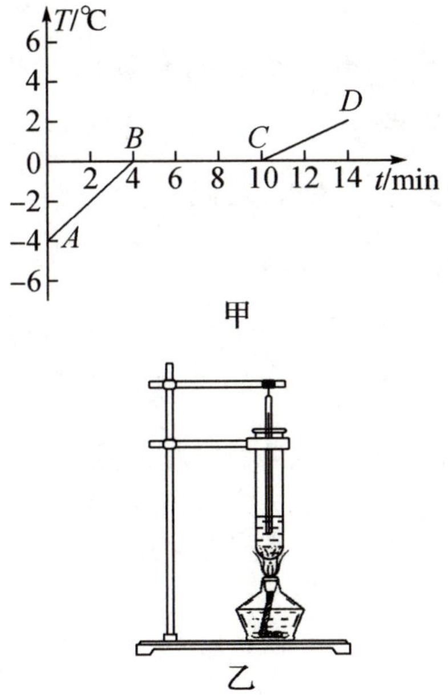

图专 5-3

17．物理实验小组用如图专 5-4（1）所示的装置探究水的沸腾实验。

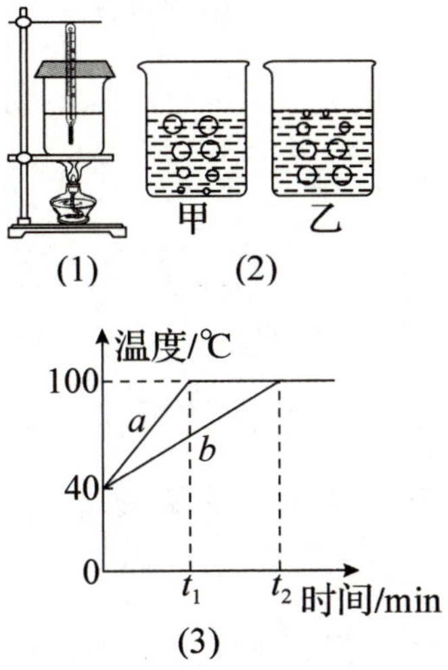

图专 5-4

（1）由表格可知，本次实验应选用测温物质为______的温度计。

测温物质	凝固点/℃	沸点/℃
水银	−39	357
酒精	−117	78

（2）实验小组观察到水沸腾前和水沸腾时水中气泡的情况如图（2）所示，图中________（填“甲”或“乙”）是水在沸腾时的情况。

（3）图（3）中 a、b 是两个实验小组分别绘制的沸腾图线，由图线可知实验中他们所用水的________不同。

（4）实验中为了减少从开始加热到沸腾所用的时间，可以采取的措施是________________。（写出一种即可）

专题六 质量、密度

分值：100 分　　时间：40 分钟

考查的主要内容：

1. 质量及其单位；2. 使用托盘天平测物体质量；3. 密度的概念和单位；4. 利用密度公式进行相关计算；5. 使用天平和量筒测物体的密度；6. 密度知识在生活中的应用。

一、选择题（每题 6 分，共 42 分）

1. 小明妈妈从菜市场买回一只老母鸡，让小明猜猜它的质量。你认为，小明的猜测应接近下列哪一数值才是符合实际的（　　）

A. 20 g　B. 200 g　C. 2 kg　D. 20 kg

2. 天平的每一个砝码都有一定的质量，砝码的质量在下述情况下会发生改变的是（　　）

A. 生锈了

B. 放在月球上

C. 掉在干净的水泥地上碰了一下

D. 气温升高

3. 使用托盘天平时，下列说法错误的是（　　）

A. 加减砝码时，可用手直接轻拿轻放砝码

B. 不允许将化学药品直接放在托盘中

C. 被测物体质量不允许超过天平的最大量程

D. 被测物体质量等于右盘中砝码质量加上游码对应的刻度值

4. 在用托盘天平测物体质量时，某同学用已调节好的天平在测物体质量过程中，增、减砝码后发现指针指在分度盘的中央刻度线左边一点，这时他应该（　　）

A. 把横梁右端螺母向右旋出一些

B. 把横梁右端螺母向左旋进一些

C. 把天平右盘的砝码减少一些

D. 向右移动游码

5. 如图专 6-1 所示的是 A、B 两种物质的质量 m 与体积 V 的关系图像。由图像可知，A、B 两种物质的密度 ρ_A、ρ_B 和水的密度 $\rho_水$ 之间的关系是（　　）

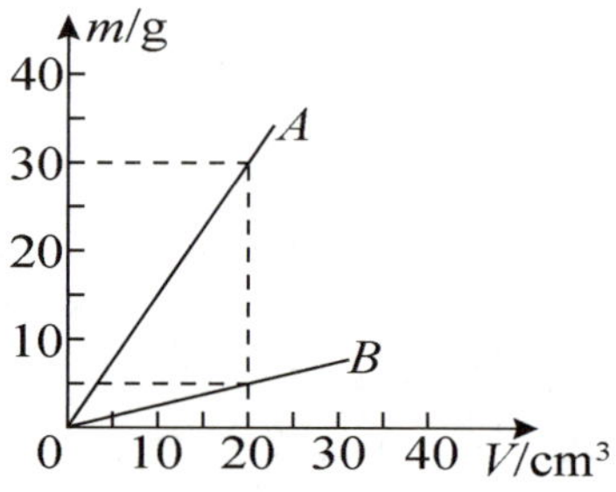

图专 6-1

A. $\rho_B>\rho_水>\rho_A$　　B. $\rho_B>\rho_A>\rho_水$

C. $\rho_A>\rho_水>\rho_B$　　D. $\rho_水>\rho_A>\rho_B$

6. 在生产、生活中，下列情况主要从密度的角度考虑的是（　　）

A. 用塑料做炒锅的手柄

B. 用塑料泡沫作为电影场景中倒塌的“墙壁”

C. 用水给发动机冷却

D. 用铜丝做导线

7. 甲、乙、丙三个正方体，边长之比为 1∶2∶3，质量分别为 3 g、21 g、81 g，已知它们是同一材料制成的，但有一个是空心的，则空心的正方体是（　　）

A. 甲　B. 乙　C. 丙　D. 无法判断

二、填空题（每空 3 分，共 24 分）

8. 装在烧杯中的水被倒出一部分后，烧杯中剩余水的密度________；密封在容器中一定质量的气体被抽出一部分后，容器中剩余气体的密度________。（均填“变大”“变小”或“不变”）

9. 某同学利用天平测物体的质量。测量前，他将天平放在水平桌面上，此时指针和游码位置如图专 6-2 所示。为了调节天平横梁平衡，正确的操作步骤是：

(1) ________________________________；

(2) ________________________________
________________________________。

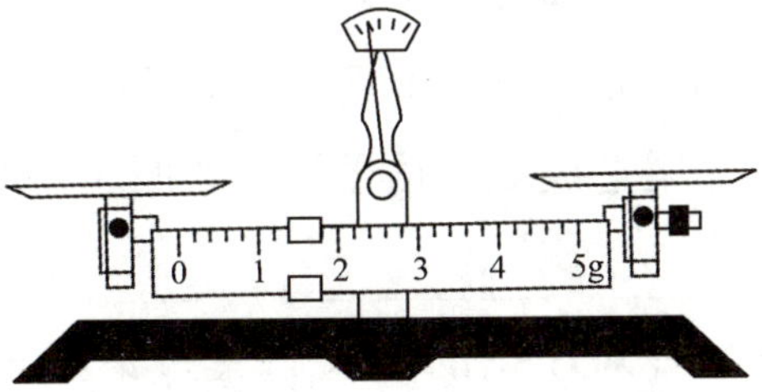

图专 6-2

10. 一个瓶子里的水不多，乌鸦喝不到，聪明的乌鸦就衔了很多的小石块填到瓶子里，水面上升了，乌鸦喝到了水。若瓶子的容积为450 mL，内有 0.2 kg 的水，乌鸦投入其中的石块的总体积最大是________，石块的总质量最多是________。（石块密度为 2.6×10^3 kg/m^3）

11. 国家标准打印纸为每包 500 张，小丽同学家里新买一包打印纸，她想练习刻度尺的使用，测出了打印纸的长和宽分别为 29.7 cm 和 21 cm，总厚度为 5 cm，利用物理课上学过的累积法算出一张纸的厚度为________cm（外包装厚度忽略不计）。在测量过程中，她发现外包装上标着“70 g/m^2”，开始她以为这就是纸的密度，但后来经询问才知道，这是每张打印纸每平方米的质量是 70 g 的意思。利用以上信息你帮小丽算出打印纸的密度为________g/cm^3。

三、计算题（12 分）

12. 今年小明家种植的柑橘获得了丰收。小明想：柑橘的密度是多少呢？于是，他将柑橘带到学校实验室，用天平、溢水杯来测量柑橘的密度。他用天平测出一个柑橘的质量是 114 g，测得装满水的溢水杯的总质量是 360 g；然后借助牙签使这个柑橘浸没在溢水杯中，当溢水杯停止排水后再取出柑橘，接着测得溢水杯和水的总质量是 240 g。

请根据上述实验过程解答下列问题：

(1) 溢水杯中排出水的质量是多少？

(2) 这个柑橘的体积和密度各是多大？

(3) 小明用这种方法测出的这个柑橘的密度与它的实际密度比较，是偏大还是偏小？

四、实验与探究题（13 题 12 分，14 题 10 分，共 22 分）

13. 小刚为了测量不规则矿石的密度，做了如下实验。

（1）将天平放在________桌面上，移动游码至标尺左端零刻度后，发现指针位置如图专 6-3 甲所示，此时应将横梁平衡螺母向________侧调节，横梁平衡后进行测量，结果如图专 6-3 乙所示，矿石的质量为________g。

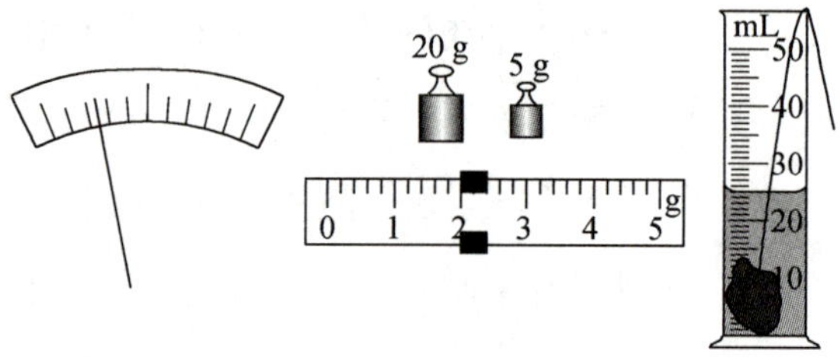

图专 6-3

（2）在量筒中注入 15 mL 水，系上细线后将矿石放入量筒，水面位置如图专 6-3 丙所示，矿石的体积为________cm^3。

（3）根据以上数据算得矿石的密度为________g/cm^3。

（4）假如细线的体积不能忽略，所测矿石的密度比真实值________（填“大”或“小”）。

14. 东营地区石油储量丰富，为了测量某油井所产石油的密度，小刚收集了该井所产石油样品进行了如下测量（常温下石油为黏稠的液态）。

（1）将天平放在水平台上，调节好天平平衡。先用天平称出空烧杯的质量为 31.2 g。然后将石油样品倒入烧杯，放在调节好的天平左盘上称量，当天平重新平衡时，右盘中的砝码和游码的位置如图专 6-4 甲所示，则烧杯和石油样品的质量为________g。

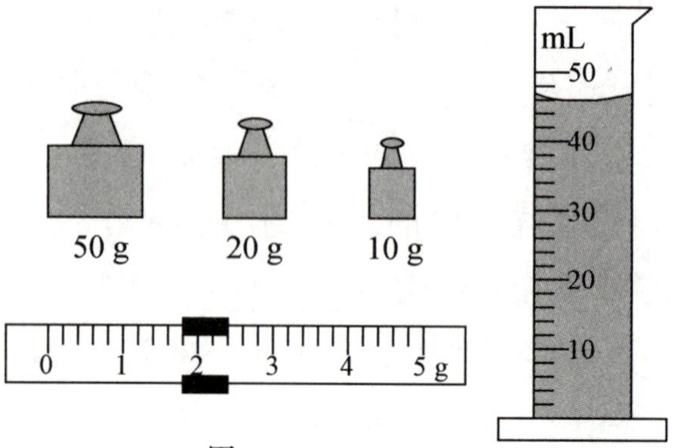

图专 6-4

（2）将烧杯中的石油倒入量筒，其示数如图乙所示，则石油的体积为________mL。

（3）根据测量的数据，求得所测石油密度为________g/cm^3。

（4）联想到某起石油泄漏事故中石油漂浮在海面上的情景，小刚发现自己测量的石油密度值偏大，你认为该实验方案造成测量结果偏大的原因是________________。

（5）针对小刚的实验方案，请提出改进办法：________________________。

专题七　力

分值：100 分　　时间：40 分钟

考查的主要内容：
1. 力的概念及作用效果；2. 力的相互作用原理；3. 力的三要素与力的图示；4. 弹力、摩擦力和重力；5. 弹簧测力计的原理及使用。

一、选择题（每题 5 分，共 40 分）

1. 端午节赛龙舟是我国民间传统习俗。小丽和她的同学一起在公园人工湖上举行龙舟比赛，使龙舟向前行驶的力的施力物体是（　　）
A. 船桨　B. 湖水　C. 同学　D. 龙舟

2. 下列情况中，物体的运动状态没有发生改变的是（　　）
A. 在平直公路上加速前进的汽车
B. 在平直轨道上匀速行驶的火车
C. 正在绕地球匀速飞行的人造卫星
D. 百米赛跑中冲刺的运动员

3. 如图专 7-1 所示，用手指压圆珠笔芯使它弯曲，同时手指感到疼痛，这个实验不能说明（　　）

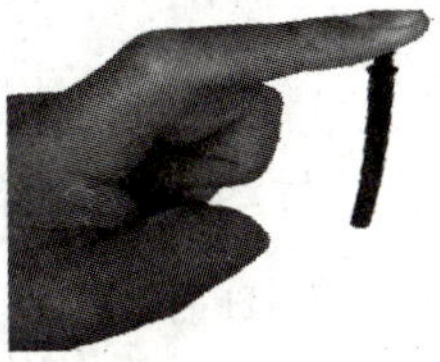
图专 7-1

A. 力的作用是相互的
B. 力是物体对物体的作用
C. 力可以改变物体的形状
D. 重力的方向竖直向下

4. 关于力的知识，下列说法中错误的是（　　）
A. 力是物体对物体的作用
B. 力能使物体发生形变或改变物体的运动状态
C. 物体间力的作用是相互的
D. 只有相互接触的物体才会产生力的作用

5. 关于弹簧测力计，下列说法错误的是（　　）
A. 弹簧测力计只能在竖直方向上使用
B. 在弹性限度内，弹簧伸长量与弹簧受到的拉力成正比
C. 测量前一定要校零
D. 用弹簧测力计测力时，被测力的大小应在测量范围之内

6. 如图专 7-2 所示，一根羽毛放置在长木片上，并保持静止状态。下列对羽毛受到重力的分析中错误的是（　　）

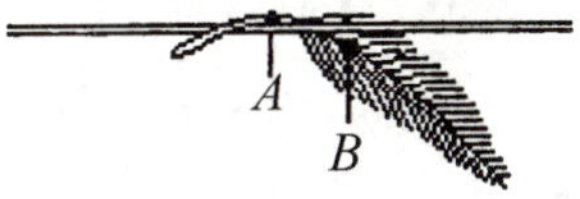

图专 7-2

A. 重力大小等于木片对它的支持力
B. 重力方向是竖直向下的
C. 重心位置在羽毛上的 A 点
D. 重心位置在羽毛上的 B 点

7. 乒乓球运动中蕴含着许多力学知识，下列说法中正确的是（　　）
A. 球拍对乒乓球的作用力大于乒乓球对球拍的作用力
B. 乒乓球在空中运动时，仍受球拍的作用力
C. 球拍击球时，只改变了乒乓球的运动方向
D. 乒乓球惯性小，所以容易来回抽杀

8. 自行车是生活中最常见的交通工具，下列认识中错误的是 （　　）

A. 脚踏上印制花纹是为了增大摩擦

B. 车轮做成圆形是为了减小摩擦

C. 车把手紧套在钢管上是为了减小摩擦

D. 用力捏刹车把是为了增大摩擦

二、填空题（每空 2 分，共 26 分）

9. 如图专 7-3 所示，运动员借助撑竿跳高时，撑竿弯曲说明力可以使物体发生________，同时撑竿帮助运动员向上跳起，说明物体间力的作用是________的，运动员跃过栏杆下落过程中，因受重力作用速度不断变大，说明力可以改变物体的________。

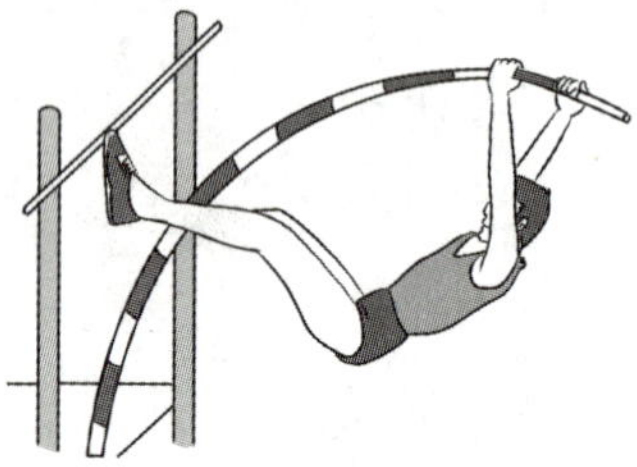

图专 7-3

10. 图专 7-4 甲、乙中的情景表示了力的作用效果，其中图________主要表示力能使物体的运动状态发生改变；图________主要表示力能使物体发生形变。（均填“甲”或“乙”）

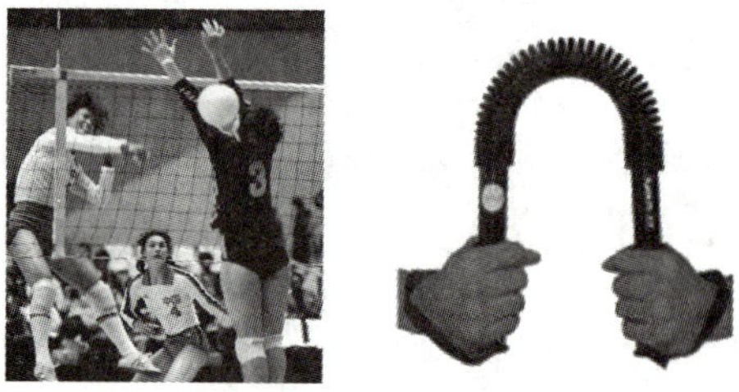

甲　　乙

图专 7-4

11. 如图专 7-5 所示，该弹簧测力计分度值是________N，量程是________N，拉力大小是________N。

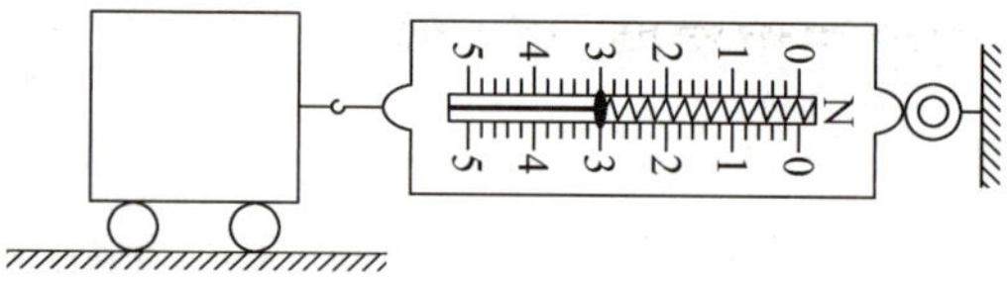

图专 7-5

12. 重力的方向总是竖直向下的。通常我们把与重力方向一致的线叫作________线。它在生活和生产上有着广泛的应用，如图专 7-6 所示，利用它可以检查墙砌得是否________，也可以测桌面是否________。

图专 7-6

13. 有一种转盘桌，在大桌面与活动桌面之间装有转盘。转盘的主要结构就是一滚珠轴承，从物理学的角度看，装滚珠轴承的目的是________________；随着压力的增加，活动桌面转动的灵敏度减小，其原因是________________。

三、作图题（每题 6 分，共 12 分）

14. 在图专 7-7 中，小球从水平桌面上滚下，画出小球在 A 位置时所受的重力的示意图。

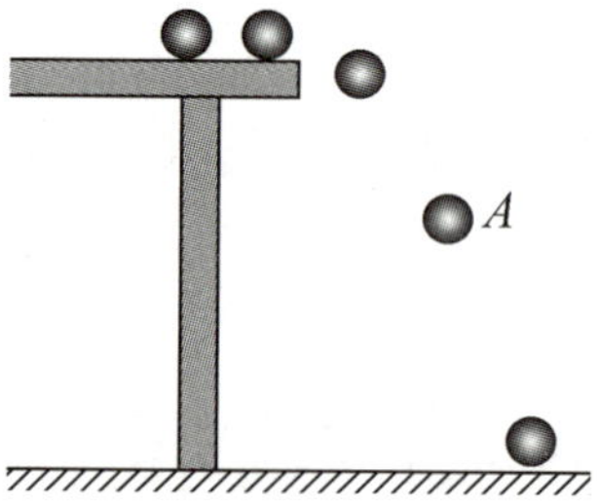

图专 7-7

图专 7-8

15. 图专 7-8 为小丽同学站在某商场匀速斜向上运动的电动扶梯上的示意图，请在图中作出小丽所受力的示意图（O 点为小丽的重心）。

四、实验与探究题（16 题 6 分，17 题和 18 题各 8 分，共 22 分）

16. 如图专 7-9 所示，在同一点用扳手拧螺母，如果用10 N的力不能拧开螺母，可以通过增大力的大小来拧开，这说明力的作用效果与________有关；按通常经验，沿________方向能将螺母拧紧，沿__________方向可将螺母拧松，这表明力的作用效果与力的________有关；若用同样大的力拧螺母，则人手处于图______所示的位置更容易将螺帽拧紧或拧松，这表明力的作用效果与力的________有关。

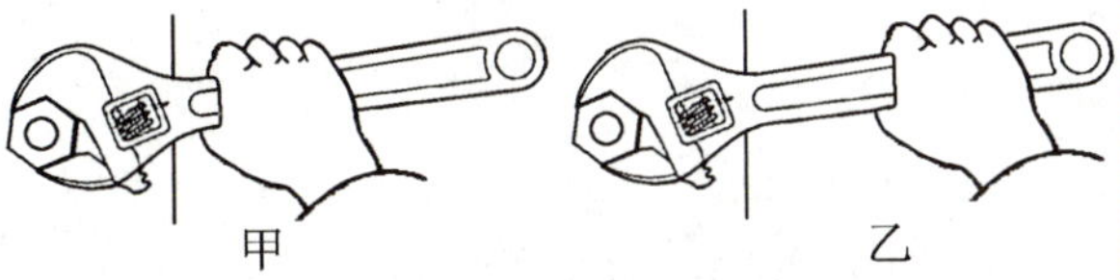

图专 7-9

17. 某物理实验小组的同学在探究物体所受重力大小与物体质量关系的实验中的记录如下表。

实测物体	物体质量 m/kg	重力 G/N
物体 1	0.5	4.9
物体 2	1	9.9
物体 3	2	19.4

(1) 在实验过程中，需要的测量工具有____________________。

(2) 根据实验测得的数据可知：物体所受重力 G 与物体质量 m 的比值为__________N/kg。

(3) 分析表中实验数据，得出的结论是______________________________。

18. 在探究滑动摩擦力的大小与哪些因素有关的实验中：

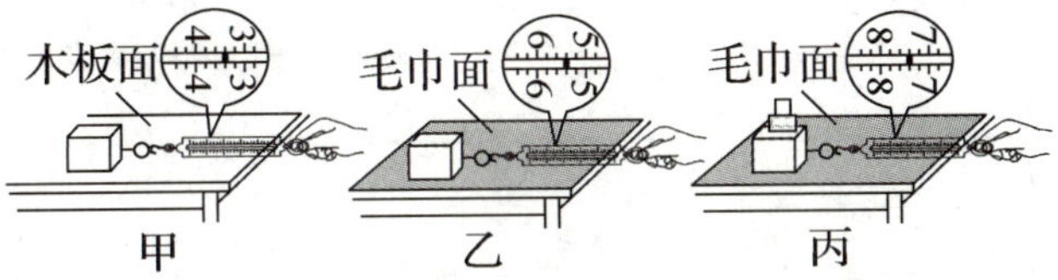

图专 7-10

(1) 小华的三次实验情况如图专 7-10 甲、乙、丙所示。实验时，用弹簧测力计拉木块在水平木板（或毛巾）上做________运动，这时滑动摩擦力的大小等于弹簧测力计的示数。

(2) 比较甲和乙两组数据可知，压力一定时，________________，滑动摩擦力越大。

(3) 小华比较甲和丙两组数据得出结论：压力越大，滑动摩擦力就越大。老师指出这样得出的结论是不对的，理由是____。

专题八 力和运动

分值：100 分　　时间：40 分钟

考查的主要内容：
1. 力的合成；2. 牛顿第一定律；3. 惯性及其应用；4. 二力平衡的条件及其探究过程；5. 二力平衡的应用；6. 力和运动的关系。

一、选择题（每题 5 分，共 45 分）

1. 在汶川抗震救灾时，用飞机空投物品，物品下落过程中，如果它所受的力全部消失，那么它将做（　　）
A. 匀速运动　　B. 减速运动
C. 加速运动　　D. 曲线运动

2. 物理知识渗透于我们生活的方方面面。以下的安全警示语中涉及惯性知识的是（　　）
A. 景区水池边立有“水深危险”
B. 商场走廊过道标有“小心碰头”
C. 汽车的尾部标有“保持车距”
D. 输电铁塔下挂有“严禁攀爬”

3. 下列运动的物体中，受力平衡的是（　　）
A. 自由下落的苹果
B. 加速上升的火箭
C. 沿斜面匀速下滑的木块
D. 减速行驶的机车

4. 茶杯静止在水平桌面上，以下属于一对平衡力的是（　　）
A. 茶杯受到的重力与茶杯对桌面的压力
B. 茶杯受到的重力与桌面对茶杯的支持力
C. 茶杯对桌面的压力与桌面对茶杯的支持力
D. 茶杯受到的重力与桌子受到的重力

5. 如图专 8-1 所示，放手后纸片不能保持静止，这样的操作是为了探究物体在平衡状态下所受的两个力（　　）

图专 8-1

A. 大小是否相等
B. 是否作用在同一物体上
C. 方向是否相反
D. 是否作用在同一直线上

6. 图专 8-2 是足球运动员踢足球时的情景，下列说法正确的是（　　）

图专 8-2

A. 球被脚踢出去，说明只有球才受到力的作用
B. 脚踢球使球飞出去，说明力是物体运动的原因
C. 足球在空中飞行的过程中，运动状态一定发生改变
D. 空中飞行的足球，若它所受的力全部消失，它一定沿水平方向做匀速直线运动

7. 忽略一切阻力，原静止在水平面上的大石头被另一块小石头水平撞击，大石头的运动情况是（　　）

A. 始终静止不动

B. 动了一点点，很快停下来

C. 撞击时开始运动，然后慢慢停下来

D. 撞击时开始运动，然后做匀速直线运动

8. 2014 年 5 月，一架太原飞往厦门的飞机在高空疑遭遇“鸟击”，机头被撞凹受损。下列关于小鸟和飞机相撞时的说法正确的是（　　）

A. 小鸟只是施力物体

B. 小鸟撞飞机的力大于飞机撞小鸟的力

C. 机头被撞凹受损，说明力可以改变物体的形状

D. 小鸟撞飞机的力和飞机撞小鸟的力是一对平衡力

9. 下列关于力与运动的关系说法正确的是（　　）

A. 自行车从斜坡冲下来时不容易停下来，说明速度越大惯性越大

B. 物体在不受力的情况下也能运动

C. 做曲线运动的物体，受到的力也可能是平衡力

D. 只受一对平衡力匀速运动的物体，若去掉其中一个力，则物体的运动速度一定增大

二、填空题（每空 2 分，共 24 分）

10. 小明用 20 N 的水平推力推着重为50 N 的木箱，在水平地面上做匀速直线运动，则地面对木箱的摩擦力大小为________N。若小明将推力增大到 30 N，木箱受到的合力大小为______N。

11. 一辆卡车空载时行驶速度为 25 m/s，满载货物时行驶速度为 20 m/s，满载货物时车的惯性比空载时________（填“大”或“小”）。

12. “阿波罗”登月飞船脱离地球引力后关闭所有发动机，在不受力的情况下，由于________仍可继续飞行，奔向月球，说明了力____________________________；在接近月球时，向前喷气使飞船受到________（填“向前”或“向后”）的力而减速，这说明了力的作用是________。

13. 如图专 8-3 所示，有一条平直的轨道 ABC，其中 AB 段表面粗糙，BC 段表面光滑，一辆电动小车在 A 位置由静止向右运动。小车静止时受到的支持力和________是一对平衡力。小车经过 B 点后将做________________运动。（不计空气阻力）

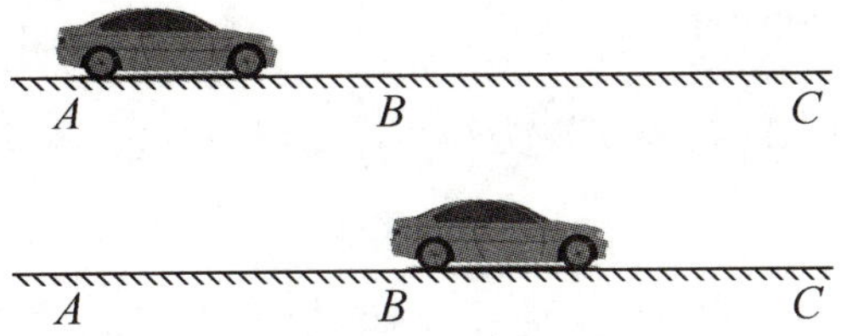

图专 8-3

14. 如图专 8-4 甲所示，木块与小车一起向右做匀速直线运动，某时刻观察到如图专 8-4 乙所示的现象。由此可判断小车可能正在做________运动。

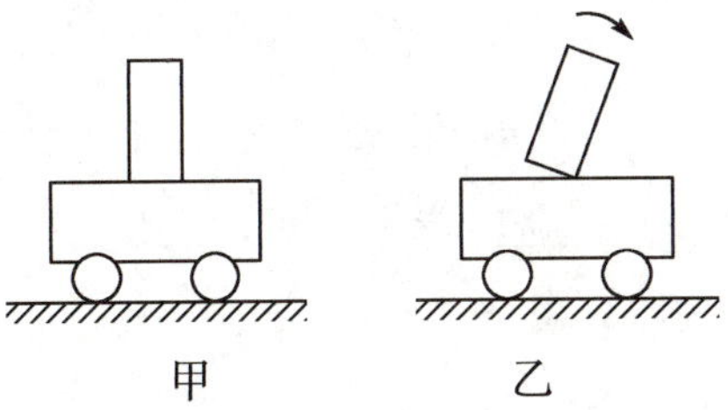

图专 8-4

15. 交通法规定，乘坐汽车时，乘客必须系好安全带。这是为了防止汽车突然减速，乘客由于________，身体向前倾倒而造成伤害。假如正在行驶的汽车所受

的力全部消失，汽车将会处于______（填“静止”“匀速运动”“加速运动”或“减速运动”）状态。

三、作图题（每题 5 分，共 10 分）

16. 如图专 8-5 所示，物体 M 是静止在水平匀速行驶的车厢里的木箱，作出 M 所受力的示意图。

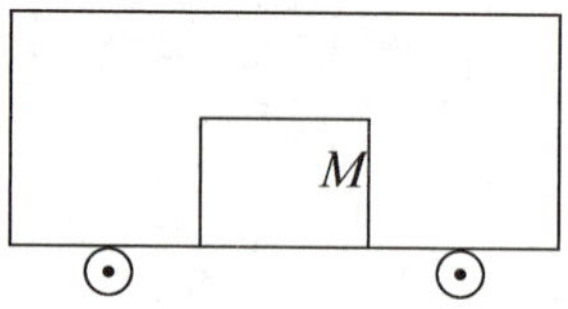

图专 8-5

图专 8-6

17. 如图专 8-6 所示是长在枝条上的苹果，请在图中画出苹果的受力示意图。

四、实验与探究题（每题 7 分，共 21 分）

18. 如图专 8-7 所示，小芳在做探究影响滑动摩擦力大小的因素的实验，她操作的错误是__________。纠正错误后，应拉动弹簧测力计使木块做________运动，若在木块上再放一个砝码，则木块运动时受到的滑动摩擦力将______（填“变大”“变小”或“不变”）。

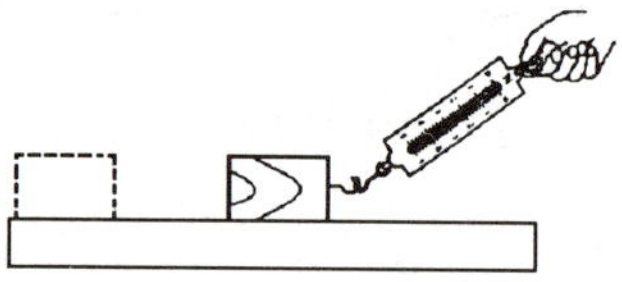

图专 8-7

19. 图专 8-8 是探究摩擦力对物体运动的影响的实验装置示意图，其实验过程用到了许多科学方法。

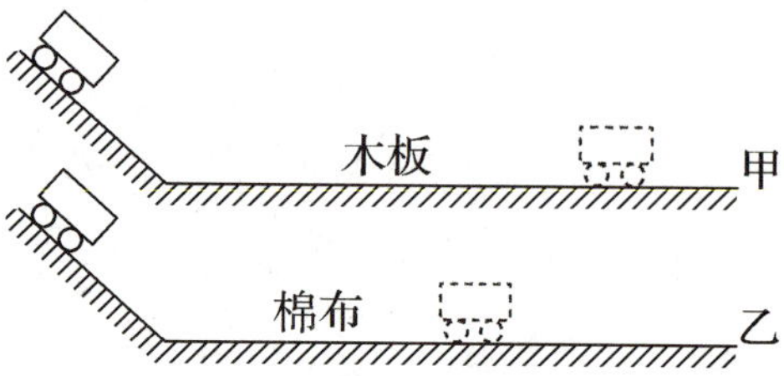

图专 8-8

（1）怎样控制小车在水平面上开始滑行时的速度相等呢？

方法是：把小车放在同一斜面的________，由静止开始下滑。

（2）怎样反映“摩擦力”对“物体运动的影响”呢？

方法是：比较小车在不同表面上运动的距离或__________。

（3）怎样得到小车不受力作用时的运动状态呢？必须要用推理的方法，即如果小车运动时不受摩擦力的作用，那么小车将__________。

20. 在探究二力平衡条件的实验中：

（1）设计组装的实验装置如图专 8-9 所示，老师指出实验桌面越光滑越好，其原因是____________________。

（2）实验中保持 F_1 和 F_2 相等，用手使小车扭转一个角度，松手后，小车将无法在此位置平衡。实验中设计这一步骤的目的是探究二力平衡时，两个力必须满足的条件之一是____________________。

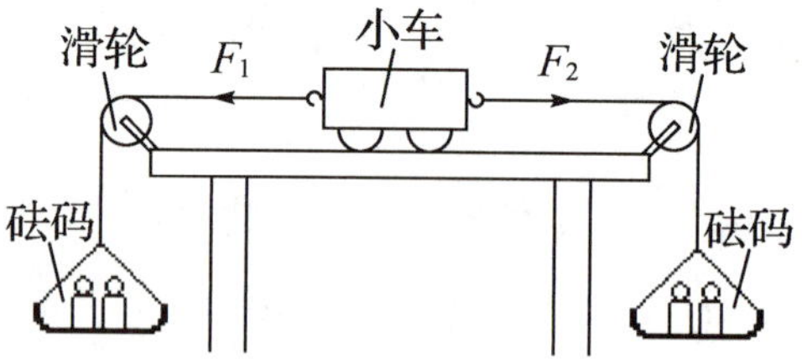

图专 8-9

专题九 压 强

分值：100 分 时间：60 分钟

考查的主要内容：

1. 压力及其作用效果的探究；2. 固体压强的计算公式及应用；3. 液体压强特点的探究；4. 液体压强的计算；5. 对大气压强的理解；6. 综合运用压强知识解决实际问题。

一、选择题（每题 3 分，共 30 分）

1. 下列现象中，属于增大压强的是 （ ）
①载重量大的汽车装有许多车轮 ②压路机上碾子的质量很大 ③短道速滑运动员的冰鞋上装有冰刀 ④房屋建在承受面积很大的地基上
A. ①② B. ②③ C. ③④ D. ①④

2. 通常一个静止站在水平地面上的同学，对地面的压强最接近于 （ ）
A. 10 Pa B. 10^2 Pa
C. 10^4 Pa D. 10^6 Pa

3. 下列实例中，不是利用大气压强的是 （ ）
A. 用胶头滴管吸取药液
B. 用力压打气筒的活塞，把气充进轮胎
C. 用吸管喝饮料
D. 活塞式抽水机

4. 关于托里拆利实验，下面说法中正确的是 （ ）
A. 玻璃管内径越大，管内和管外水银面高度差越小
B. 往水银槽内倒些水银，管内和管外水银面高度差增大
C. 玻璃管倾斜，管内和管外水银面高度差不变
D. 玻璃管内水银柱上方进入一些空气，管内和管外水银面高度差不变

5. 如图专 9-1 所示，用塑料管可以把瓶子中的水吸到嘴里，这是由于 （ ）

图专 9-1

A. 人对水产生吸引力的作用
B. 吸管本身有吸水的作用
C. 大气压作用在水面上
D. 水压的作用

6. 图专 9-2 是某同学在探究甲、乙两种物质质量和体积关系时得到的图像。若用这两种物质分别做成 A、B 两个质量相等的实心正方体。把它们平放在水平地面上，则两物体对水平地面的压强之比 $p_A:p_B$ 为 （ ）

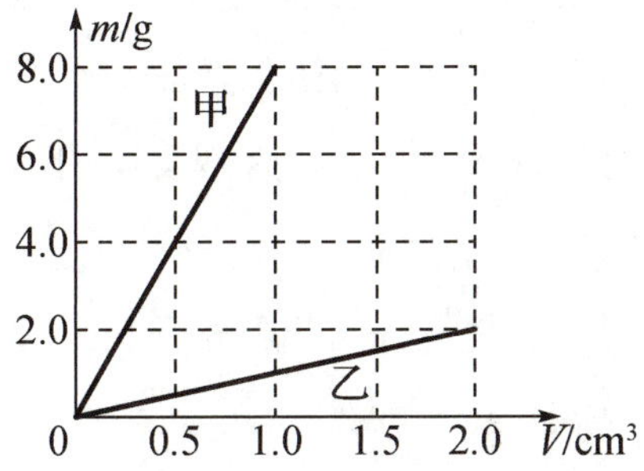

图专 9-2

A. 1∶1 B. 2∶1 C. 4∶1 D. 8∶1

7. 如图专 9-3 所示，水平桌面上有一长为 L、质量分布均匀的木板 M，右端与桌边相齐，在水平力 F 的作用下，沿直线向右匀速离开桌边，在此过程中，下列说法正确的是（　　）

A. M 对桌面的压强变小，压力不变

B. M 对桌面的压强不变，压力不变

C. M 对桌面的压强变大，摩擦力不变

D. M 对桌面的压强变大，摩擦力变小

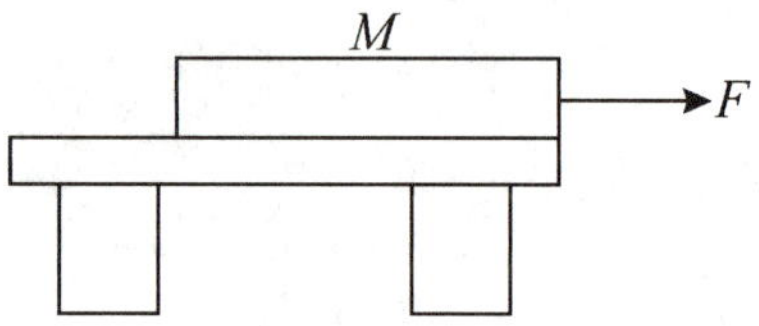

图专 9-3

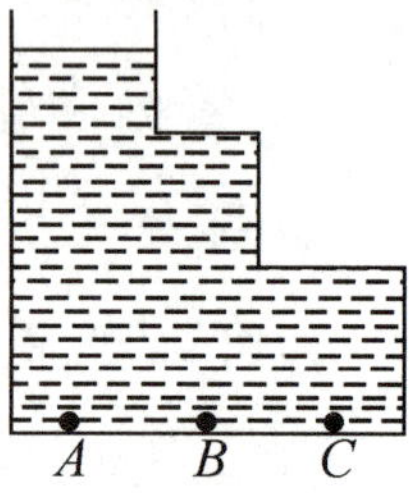

图专 9-4

8. 如图专 9-4 所示，容器中装有水，其底部 A、B、C 三处受到水的压强分别为 p_A、p_B、p_C，则以下判断正确的是（　　）

A. $p_A>p_B>p_C$　　B. $p_A<p_B<p_C$

C. $p_A=p_B=p_C$　　D. $p_A>p_B=p_C$

9. 甲同学做托里拆利实验，测得管内外水银面高度差约 76 cm，乙同学采取下面哪个措施可以改变这个高度差（　　）

A. 往水银槽内加少量水银

B. 用粗一些的玻璃管做实验

C. 把玻璃管往上提一提，但不出水银面

D. 把实验移到高山上去做

10. 与大气压有关的生活现象，下列解释符合物理规律的是（　　）

A. 没有大气压水泵同样可以把水抽到高处

B. 氦气球上升的过程中大气压减小会使气球膨胀

C. 高原地区大气压比沿海地区大

D. 被压紧的橡皮吸盘与光滑玻璃分子间只产生引力

二、填空题（每空 1 分，共 21 分）

11. 小明将旅行包背在肩上，肩膀受到压力的施力物体是________，包的背带做得很宽是为了减小对肩膀的________。

12. 正方体物块重 0.2 N，静止在水平桌面上，则物块对水平桌面的压力为______N，用刻度尺测量物块的边长如图专 9-5 所示，读数为______cm，物块对水平桌面的压强大小为______Pa。如果把正方体物块沿竖直方向切去一半，则剩下的一半对水平桌面的压强大小为________Pa。

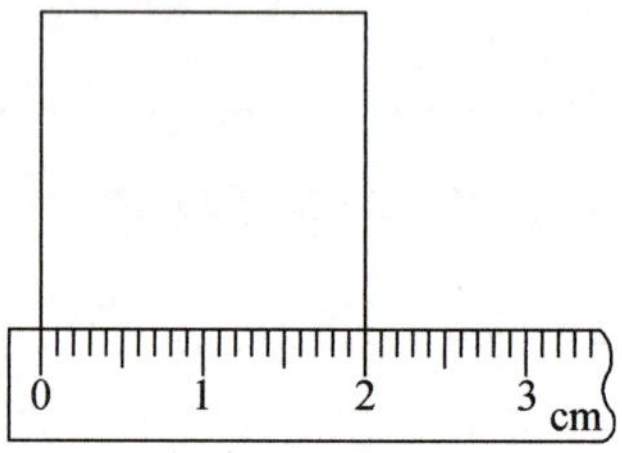

图专 9-5

13. 小华质量为 50 kg，每只脚与地面的接触面积为 200 cm^2，他双脚站立时对水平地面的压强为________Pa，他走路时对水平地面的压强会________（填“变大”“变小”或“不变”）。（g 取 10 N/kg）

14. 2011 年 7 月 28 日，我国研制的“蛟龙号”载人潜水器下潜深度达到了 5 188 m，在下潜过程中，“蛟龙号”受到海水对它的压强不断________（填“变大”“变小”或“不变”），因此，应该选择硬度较________的材料制作舱壁。

15. 地球的表面积约 5.1×10^{14} m^2，地球表面的大气压约 1.0×10^5 Pa，则大气对地球表面的压力约为______N。

16. “奥运火炬登珠峰”开创了奥运火炬传递的历史先河。火炬进发珠峰，“高原反应”是队员们必须面对的诸多困难之

一。“高原反应”与气压有关，高度越高，气压________（填“越大”或“越小”）；高原上用普通锅煮不熟饭，是因为用普通锅烧水时，水的沸点________100 ℃。

17. 如图专 9-6 所示，圆柱形容器甲和乙放在水平桌面上，它们的底面积分别为 200 cm^2 和 100 cm^2。容器甲中盛有 0.2 m 高的水，容器乙中盛有 0.3 m 高的酒精。则容器甲底部受到的压强为________Pa，受到的压力为________N，容器乙底部受到的压强为______Pa，受到的压力为________N。（$\rho_{酒精}=0.8\times10^3\ kg/m^3$，$g$ 取 10 N/kg）

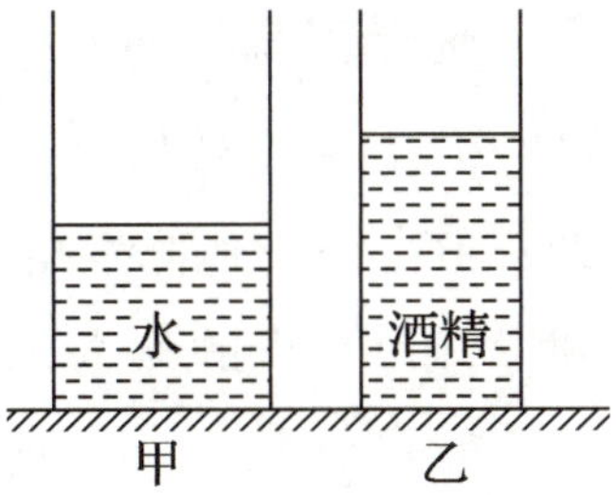

图专 9-6

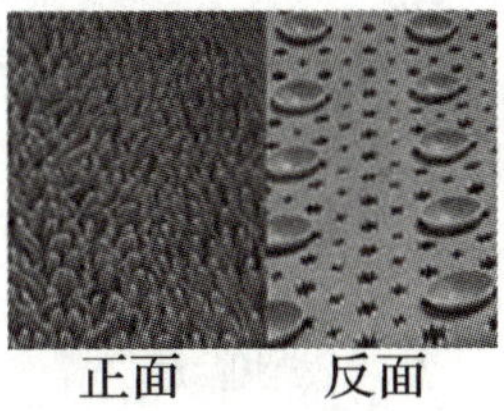

图专 9-7

18. 草坪式浴室防滑垫的正反面如图专9-7所示，其正面做成仿草坪式，目的是为了____________________；反面的许多小吸盘在________的作用下，使垫紧贴在地面上，从而达到防滑效果。

19. 2006 年 5 月 20 日，我国举世瞩目的三峡大坝全线建成。拦河大坝之所以修成“上窄下宽”的形状，是因为________________________。三峡大坝的船闸是________在实际中的具体运用，它能让大型轮船在上下游之间顺利往返航行。

三、计算题（每题 8 分，共 16 分）

20. （2017·云南）我国研制的“蛟龙号”潜水器曾经载人深潜 7 062 米，创造了世界同类作业型潜水器最大下潜深度记录，取 $\rho_{海水}=1.0\times10^3\ kg/m^3$，$g$ 取 10 N/kg。

（1）在 7 000 m 的深度，潜水器受到的海水压强为多少？

（2）若“蛟龙号”上有一个 50 cm^2 的观察窗，在 7 000 m 深度时观察窗受到的海水压力为多大？

（3）若“蛟龙号”从 7 000 m 深度上浮至水面用时 6 小时 56 分 40 秒，求它上浮的平均速度的大小。

21. 小明放学回家，看见水平茶几的中央放着一个盛有水的平底玻璃杯，如图专 9-8 所示。于是他利用家中的皮尺测得水深 12 cm，粗略测出玻璃杯的底面积为 $2\times10^{-3}\ m^2$；又估测出水和杯子的总质量约为0.4 kg，并提出了下列问题。请你同他一起解答这些问题。（g 取 10 N/kg，$\rho_{水}=1.0\times10^3\ kg/m^3$）

（1）求水和杯子的总重力。

（2）求水对杯底的压强。

（3）求杯子对水平茶几的压强。

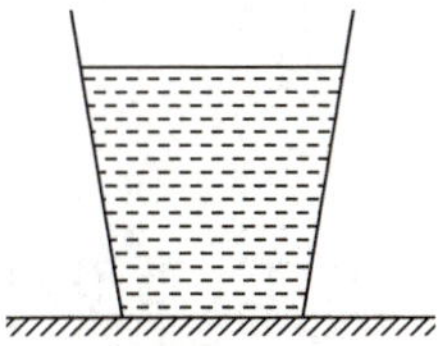
图专 9-8

四、实验与探究题（22 题 10 分，23 题 12 分，24 题 11 分，共 33 分）

22. 小云用矿泉水瓶做实验，如图专 9-9 所示。

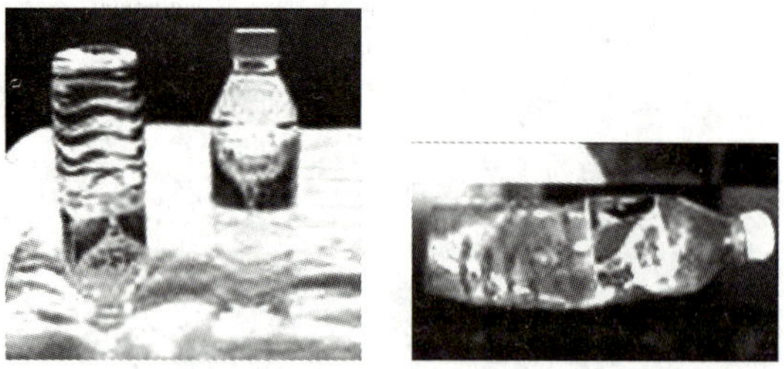

甲　　乙

图专 9-9

(1) 将两瓶相同的矿泉水如图甲放置，验证的是压力的作用效果与________________的关系。

(2) 如图乙，他在空矿泉水瓶中装入少量热水，然后迅速倒出，再马上盖上瓶盖，看到矿泉水瓶瘪了，验证的是____________的存在。

23. 科学实验小组在探究压力的作用效果跟什么因素有关时，将早餐奶（如图专 9-10 甲所示）按图乙、丙、丁三种情况放在海绵上，分别进行探究实验。

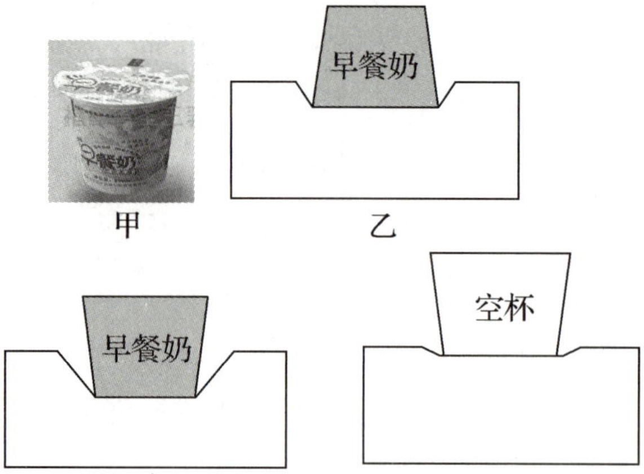

甲　　乙　　丙　　丁

图专 9-10

(1) 通过对乙、丙、丁三次实验结果进行比较，得出压力作用效果跟____________有关。

(2) 这种探究方法在物理学中叫____________。

(3) 如果在实验中没有海绵，可选择现实生活中的____________来代替。

24. 如图专 9-11 所示，是用压强计探究液体内部压强的情境。

(1) 把探头放入水中，通过观察 U 形管两边液面的高度差来判断探头处水的压强的大小，高度差越大，水的压强________（填“越大”或“越小”）。

(2) 比较图甲、乙和丙，可以得到：在同一深度，液体内部向各个方向的压强________。

(3) 在图乙中把探头慢慢下移，可以观察到 U 形管两边液体的高度差增大，从而得到：在同一种液体里，液体的压强随________的增加而增大。

(4) 在图乙中，若只将烧杯中的水换成盐水，其他条件不变，则可以观察到 U 形管两边液体的________。

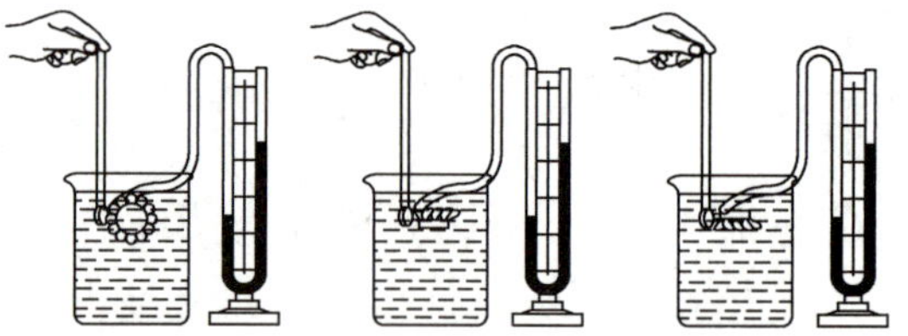

甲　　乙　　丙

图专 9-11

专题十　浮力及其应用（一）

分值：100 分　　时间：40 分钟

> 考查的主要内容：
> 1. 流体压强与流速的关系及其应用；2. 浮力及其产生的原因；3. 阿基米德原理的探究；4. 浮力的计算。

一、选择题（每题 5 分，共 40 分）

1. 图专 10-1 所示实验中，不能说明流速大小对流体压强有影响的是（　　）

A. 吹气时纸条向上飘

B. 用吸管从瓶中吸饮料

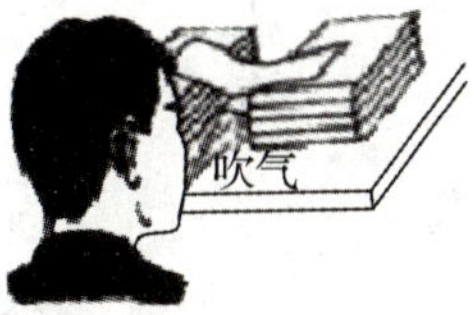

C. 吹气时纸片向下凹陷

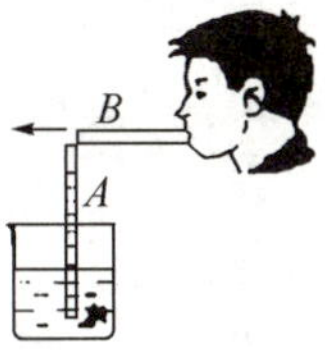

D. 吹气时 A 管中水面上升

图专 10-1

2. 学习了流体压强与流速的关系后，为了解决“H”形地下通道中过道的通风问题，同学们设计了如下几种方案。如图专 10-2 所示，黑色部分为墙面凸出部分，“Ⓜ”为安装在过道顶的换气扇，其中既有效又节能的是（　　）

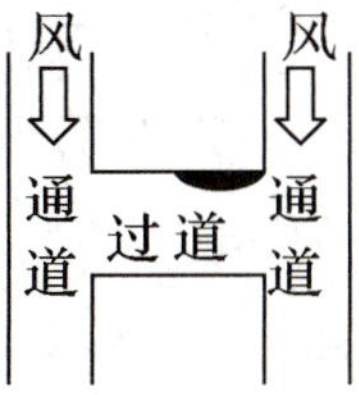

A

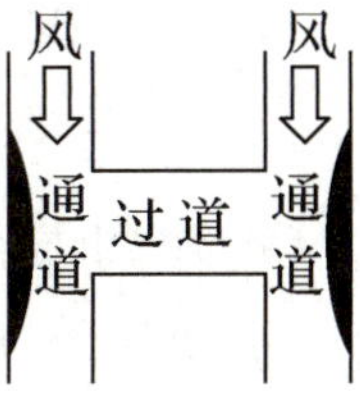

B

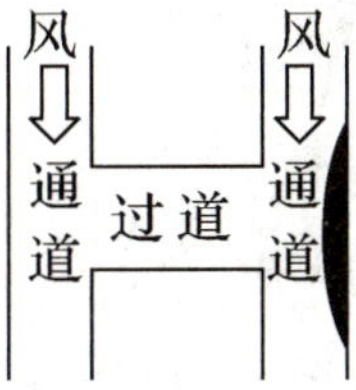

C

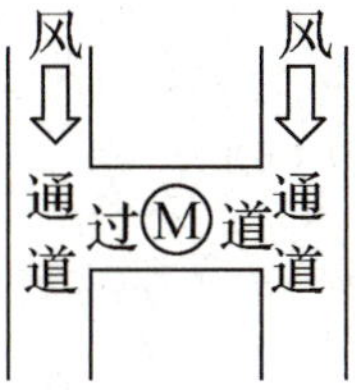

D

图专 10-2

3.（多选）下列关于压强和浮力的说法中正确的是（　　）

A. 深海中的鱼受到海水的压强大，受到海水的浮力也大

B. 飞机水平飞行时，机翼上方的空气流速大，压强小

C. 将装有水的试管由竖直位置逐渐倾斜（水未溢出），水对试管底的压强变小

D. 用吸盘挂钩挂衣服，是利用了大气压强

4. 物体在液体中受到的浮力大小（　　）

A. 和物体本身的重力大小有关

B. 和物体的体积有关

C. 和物体的密度有关

D. 和物体排开液体的体积有关

5. 2012 年 3 月 25 日，卡梅隆乘坐“深海挑战者”号深潜器潜入马里亚纳海沟 11 000 m 深处。下潜过程中，卡梅隆发现深潜器发生越来越明显的收缩，则深潜器受到的海水的压强和浮力的变化情况是（设海水密度不变）（　　）

A. 压强越来越大，浮力越来越小

B. 压强越来越大，浮力越来越大

C. 压强越来越小，浮力越来越小

D. 压强越来越小，浮力越来越大

6. 将浸没在水中的鸡蛋释放，鸡蛋下沉，下列说法中正确的是　　　（　　）

A. 鸡蛋受到的浮力方向始终竖直向上

B. 在水中越深，鸡蛋受到的浮力越大

C. 下沉的鸡蛋不受浮力作用

D. 鸡蛋受到的浮力大于重力

7. 两手分别拿着一个小木块和一个大石块浸没在水中，同时松手，小木块上浮，大石块下沉。比较松手时两者所受的浮力，下列说法正确的是　　　（　　）

A. 木块受的浮力大

B. 石块受的浮力大

C. 两者受的浮力一样大

D. 条件不足，无法比较

8. 如图专 10-3 所示的四个场景中，主要依靠空气浮力而“飞天”的是　　　（　　）

A. 宇航员太空“行走”

B. 李宁点燃奥运火炬

C. 热气球冉冉升起

D. 飞机翱翔蓝天

图专 10-3

二、填空题（每题 6 分，共 30 分）

9. 体积为 100 cm^3 的实心铁球浸没在水中，铁球受到的浮力是________N，浮力的方向是________。（g 取10 N/kg）

10. 为庆祝人民海军建军 60 周年，某潜艇部队参加了在青岛举行的海军检阅活动。某潜水艇的总体积为1.5×10^3 m^3，最大下潜深度 350 m，此潜艇位于海面以下 10 m 处时受到的浮力大小是________N，此潜艇位于海面以下 50 m 处时受到的浮力大小是________N，受到海水的压强是________Pa。（海水的密度为 1.03×10^3 kg/m^3，g 取 10 N/kg）

11. 将一冰块用细线拴住慢慢地浸入到酒精中，并保持悬置状态（如图专 10-4），在冰块浸入的过程中，台秤的读数将________（填“增大”“减小”或“不变”）；在冰块熔化过程中，容器内液面将________（填“上升”“下降”或“不变”），台秤的读数将________（填“增大”“减小”或“不变”）。（冰的密度为 0.9×10^3 kg/m^3，酒精的密度为 0.8×10^3 kg/m^3；整个过程中无液体溢出）

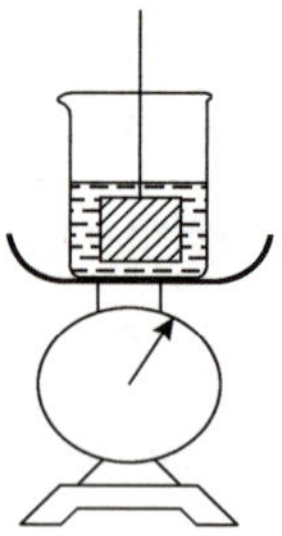

图专 10-4

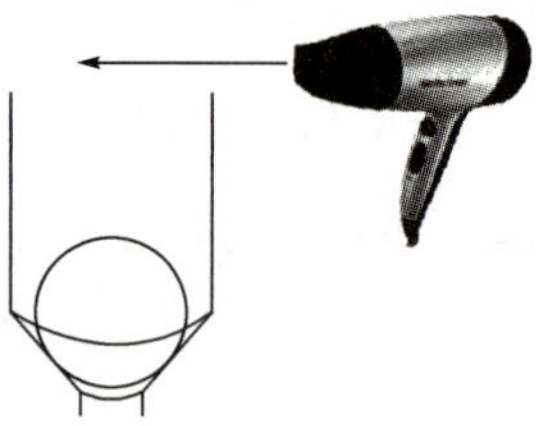

图专 10-5

12. 将无盖的饮料瓶底部剪掉，做成一个大“漏斗”。把乒乓球放入“漏斗”中，用电吹风在“漏斗”上方沿水平方向吹风，如图专 10-5 所示。发现乒乓球向上运动。这是由于“漏斗”上方的空气流速________（填“大于”“等于”或

“小于”）“漏斗”下方的空气流速，致使乒乓球上方受到的压强________（填“大于”“等于”或“小于”）乒乓球下方受到的压强，从而产生了向________的压力差。

13. 一同学在岸上最多只能搬得起质量是 30 kg 的鹅卵石。如果鹅卵石的密度是 2.5×10^3 kg/m³，则该同学在水中最多能搬起______kg 的鹅卵石（鹅卵石不露出水面），这时鹅卵石受到的浮力是______N。(取 $\rho_{水}=1.0\times10^3$ kg/m³，$g=$ 10 N/kg)

三、计算题（14 题 8 分，15 题 12 分，共 20 分）

14. 边长为 10 cm 的正方体实心铝块，密度为 2.7×10^3 kg/m³。先按如图专 10-6 甲所示放在水平地面上，然后按图乙所示用弹簧测力计吊着浸没在盛水的容器中，g 取 10 N/kg。根据以上提供的数据和物理情景，可以求出哪些物理量？(求出四个物理量即可，要求写出详细求解过程)

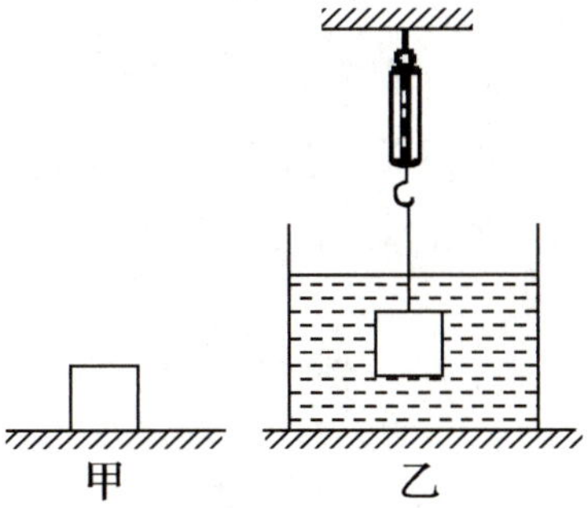

图专 10-6

15. 把一块重为 $G=3.4$ N 的矿石，挂在弹簧测力计上，并把它浸没在水中。静止时弹簧测力计的示数为 $F=2.9$ N，g 取 10 N/kg。求：
(1) 矿石浸没在水中时受到的浮力；
(2) 矿石的体积；
(3) 矿石的密度。

四、实验与探究题（10 分）

16. 在探究浮力大小与哪些因素有关的实验中，小明同学做了如图专 10-7 所示的实验。(已知 $\rho_{水}<\rho_{盐水}$)
(1) 比较图 a 和 b 可知，____________________________________有关。
(2) 比较图 b 和 c 可知，____________________________________无关。

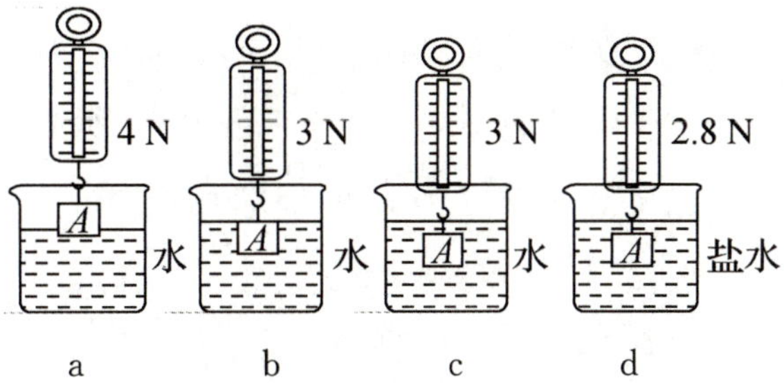

图专 10-7

(3) 比较图________（填字母编号）可知，该同学是在探究深度一定的条件下，物体受到的浮力是否还与液体的密度有关的问题。

专题十一 浮力及其应用（二）

分值：100 分　　时间：40 分钟

考查的主要内容：
1. 物体的沉浮条件及其应用；2. 浮力在生活中的应用；3. 浮力、压强的综合计算。

一、选择题（每题 5 分，共 40 分）

1. 下列情形中，浮力增大的是（　　）
   A. 游泳者从海水中走上沙滩
   B. 航空母舰从太平洋进入印度洋
   C. 海面下的潜艇在下潜
   D. “微山湖”号补给舰在码头装载货物

2. 液体沸腾时，液体内部会产生大量气泡，在液体中不断上升、变大。对于气泡所受压强和浮力的变化情况（气泡未露出液面时），以下说法中正确的是（　　）
   A. 压强变小，浮力变小
   B. 压强不变，浮力不变
   C. 压强变大，浮力不变
   D. 压强变小，浮力变大

3. 把密度为 $0.6\times10^3\ kg/m^3$、重力为 12 N 的木块放入水中，当它静止时所处的状态及受到的浮力大小分别是（　　）
   A. 漂浮，$F_{浮}>12\ N$
   B. 漂浮，$F_{浮}=12\ N$
   C. 沉底，$F_{浮}<12\ N$
   D. 沉底，$F_{浮}=12\ N$

4. 把质量相等的实心木球和实心铝球浸没于某种液体中，放手后，木球悬浮而铝球下沉，静止后它们所受浮力的大小关系是（　　）
   A. $F_{木}=F_{铝}$　　B. $F_{木}<F_{铝}$
   C. $F_{木}>F_{铝}$　　D. 无法确定

5. 小明在一支铅笔的下端粘上一块橡皮泥，将它分别置于甲、乙两种液体中，观察到铅笔静止时的情形如图专 11-1 所示。下列说法正确的是（　　）

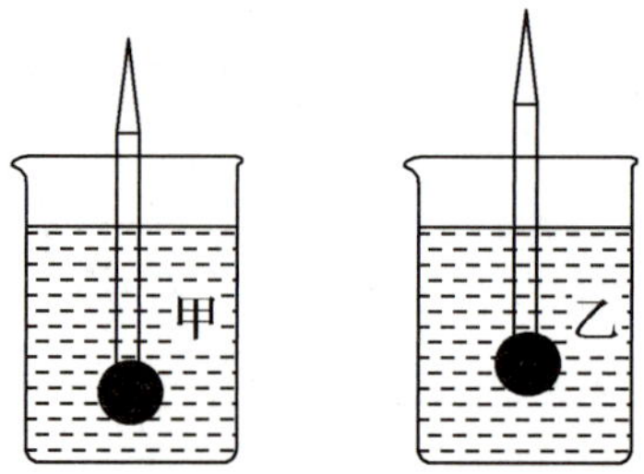

图专 11-1

   A. 甲液体的密度较大
   B. 乙液体的密度较大
   C. 铅笔在甲液体中受到的浮力较大
   D. 铅笔在乙液体中受到的浮力较大

6. 甲溢水杯盛满密度为 ρ_1 的液体，乙溢水杯盛满密度为 ρ_2 的液体。将密度为 ρ_A 的小球 A 轻轻放入甲溢水杯，小球漂浮且有 $\frac{1}{5}$ 体积露出液面，甲溢水杯溢出液体的质量是 36 g。将密度为 ρ_B 的小球 B 轻轻放入乙溢水杯，小球浸没在液体中，并下沉，乙溢水杯溢出液体的质量是 30 g。已知小球 A 与小球 B 体积之比是 1∶2（g 取 10 N/kg）。则下列选项中正确的是（　　）
   A. 小球 A 的质量为 7.2 g
   B. 小球 B 的质量为 30 g

C. ρ_1 与 ρ_2 之比为 3∶1

D. ρ_A 与 ρ_B 之比为 12∶5

7. 若一艘满载货物的货轮从海上进入长江，则轮船所受的浮力 ( )

A. 不变　　B. 变大

C. 变小　　D. 无法确定

8. 如图专 11-2 所示，在一只未点燃的蜡烛的下端插入一根小铁钉，使蜡烛能直立漂浮在水面上，露出水面的长度为 L，当把蜡烛水面以上部分截掉后，剩余部分 ( )

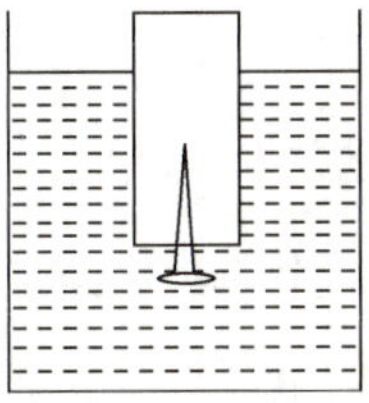

图专 11-2

A. 还会重新露出水面

B. 不会重新露出水面

C. 以上两种可能都有

D. 无法判断是否会重新露出水面

二、填空题（每题 6 分，共 30 分）

9. 刘星将一块重力为 2 N 的橡皮泥放入水中后橡皮泥立即沉入水底；他取出橡皮泥将其捏成船形再放入水中，“泥船”却漂浮在水面上，他是利用了_______________________的方法来增大浮力的，此时“泥船”所受的浮力为________N。

10. 将密度为 0.6×10^3 kg/m³、体积为 125 cm³ 的木块放入盐水中，木块有一半的体积露出盐水面，则木块受到的浮力为________N,盐水的密度为_______kg/m³。(g 取 10 N/kg)

11. 用手将一重力为 5 N 的物体全部压入水中，物体排开水的重力为 8 N，此时物体受到的浮力为________N，放手后物体将________（填“上浮”“下沉”或“悬浮”），待物体静止时所受浮力为______N,排开水的体积是________m³。

12. 图专 11-3 是中国第一艘航母——“辽宁号”，舰长 304 m、舰宽 70.5 m，满载时排水量达 67 500 t。它满载时所受的浮力为________N。“辽宁号”航行的过程中，两侧的护卫舰不能靠它太近是因为____________________________，外部的水会把两舰挤在一起。(g 取 10 N/kg)

图专 11-3

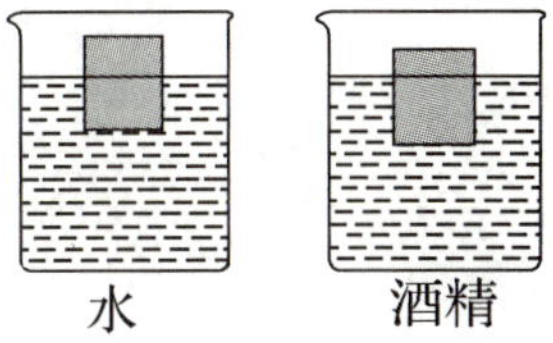

图专 11-4

13. 如图专 11-4 所示，把一木块放入水中，静止时木块有 $\frac{3}{5}$ 的体积浸入水中，木块的密度为______kg/m³；如果把该木块放入密度为 0.8×10^3 kg/m³ 的酒精中，静止时，如图所示。那么该木块下表面受到水的压强 $p_{水}$ 与受到酒精的压强 $p_{酒精}$ 的关系为 $p_{水}$______$p_{酒精}$（填“>”“=”或“<”）。

三、计算题（14 题 10 分，15 题 12 分，共 22 分）

14. 圆柱形容器底面面积是 500 cm²，高为 40 cm，盛满水后放在水平放置的接水盘中，现将一质量为 7.9 kg 的实心正方体金属块轻轻地放入圆柱形容器中，静止时如图专 11-5 所示，此时测得溢出的水的体积为1 dm³，求：(g 取 9.8 N/kg)

（1）金属块受到的水的浮力。

（2）金属块对容器底的压强。

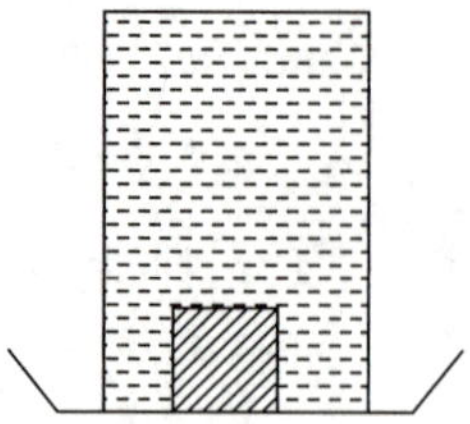

图专 11-5

15. 某型号潜水艇的艇壳是用高强度的特种钢板制造的，最大下潜深度可达 350 m，潜水艇的总体积为1.5×10^{3} m^{3}，艇内两侧有水舱，潜水艇截面如图专 11-6 所示。通过向水舱中充水或从水舱中向外排水来改变潜水艇的自重，从而使其下沉或上浮。（海水密度为 1.03×10^{3} kg/m^{3}，g 取 10 N/kg）

（1）水舱未充海水时，潜水艇总重力为 9.27×10^{6} N，此时，漂浮在海面上的潜水艇排开海水的体积是多少？

（2）为使潜水艇完全潜入海水中，至少应向水舱充入海水的重力是多少？

（3）潜水艇的艇壳用高强度的特种钢板制造的原因是什么？

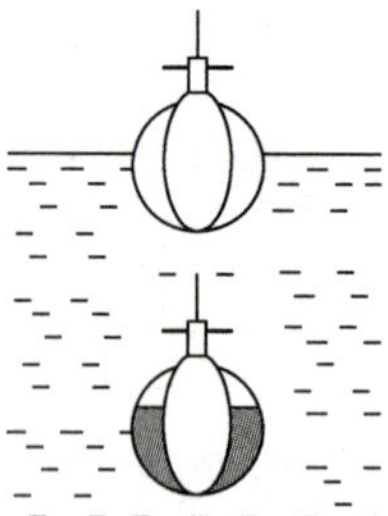

图专 11-6

四、实验探究题（8 分）

16. 资料显示：牛奶中掺水量越多，牛奶密度越小。小丽想通过比较密度来比较两种牛奶品质的优劣，她自制了一个可比较液体密度的“浮标”——在竹筷子下面缠绕一些铁丝，如图专 11-7 甲所示。

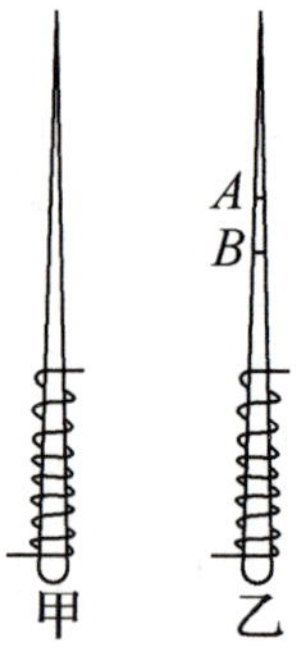

图专 11-7

（1）纯牛奶是________（填“纯净物”或“混合物”）。

（2）分别将“浮标”浸入 A、B 两种牛奶中，待静止后，筷子上与液面相平的位置分别标记为 A 和 B，如图专 11-7 乙所示。比较标线 A 和 B 的上下位置，可知 A、B 牛奶的密度关系为 ρ_A________ρ_B，由此可比较 A、B 牛奶品质的优劣。

（3）在实际测量过程中，发现“浮标”杆上的两条标线靠得很近，为了更易区分，请你提出一条改进“浮标”的建议：____________。

专题十二　功和机械

分值：100 分　　时间：60 分钟

> 考查的主要内容：
> 1. 做功的两个必要因素；2. 功和功率的计算公式及应用；3. 杠杆的五要素；4. 杠杆的平衡条件的探究及应用；5. 滑轮和滑轮组；6. 功的原理及应用；7. 机械效率的理解与运用。

一、选择题（每题 3 分，共 45 分）

1. 下列关于简单机械在实际应用中的说法正确的是（　　）
   A. 指甲剪是省力省功的机械
   B. 定滑轮不省力，但能改变力的方向
   C. 滑轮组既省力，又省距离，还省功
   D. 斜面的机械效率可以达到 100%

2. 某剪刀剪纸的机械效率为 80%，这表示（　　）
   A. 若作用在剪刀上的动力是 1 N，则阻力是 0.8 N
   B. 若作用在剪刀上的阻力是 1 N，则动力是 0.8 N
   C. 若作用在剪刀上的动力做功 1 J，则有 0.2 J 的功用于剪纸
   D. 若作用在剪刀上的动力做功 1 J，则有 0.8 J 的功用于剪纸

3. 下列属于费力杠杆的是（　　）
   A. 天平　　B. 镊子
   C. 扳手　　D. 钢丝钳

4. 园艺师傅使用如图专 12-1 所示的剪刀修剪树枝时，常把树枝尽量往剪刀轴 O 靠近，这样做是为了（　　）

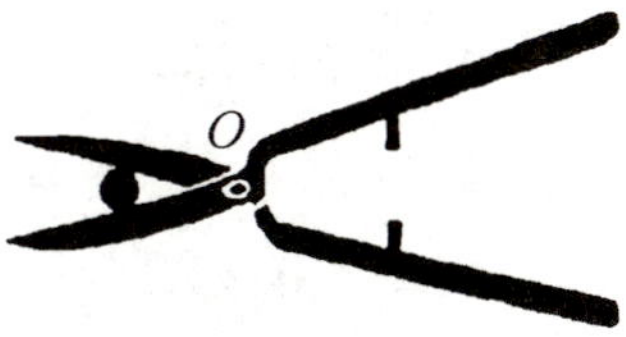

图专 12-1

   A. 增大阻力臂，减小动力移动的距离
   B. 减小动力臂，减小动力移动的距离
   C. 增大动力臂，省力
   D. 减小阻力臂，省力

5. 小明爸爸的质量为 70 kg、小明的质量为 50 kg，当父子俩一起从居住楼的一楼同时走上二楼，在此过程中以下判断正确的是（　　）
   A. 两个人做功的功率相等
   B. 爸爸做功的功率比小明的大
   C. 小明做功的功率比爸爸的大
   D. 无法比较做功的快慢

6. 中考体育测试跳绳的项目中，某同学在 1 min 内跳了 180 次，每次跳的高度大约为 5 cm。他跳绳时的功率大约为（　　）
   A. 1 000 W　　B. 100 W
   C. 10 W　　D. 1 W

7. 体重是 400 N 的同学用重 10 N 的水桶，提起重为 100 N 的水沿楼梯拿到 5 m 高的宿舍里使用，完成这一次提水，做的有用功和额外功分别是（　　）
   A. 500 J　50 J　　B. 500 J　2 050 J
   C. 550 J　2 000 J　　D. 2 500 J　50 J

8. 图专 12-2 是一个两面光滑的斜面，$\beta>\alpha$，同一个物体分别在 AC 和 BC 斜面受拉力匀速运动到 C 点，所需拉力分别为 F_A、F_B，所做功分别为 W_A、W_B，则（　　）

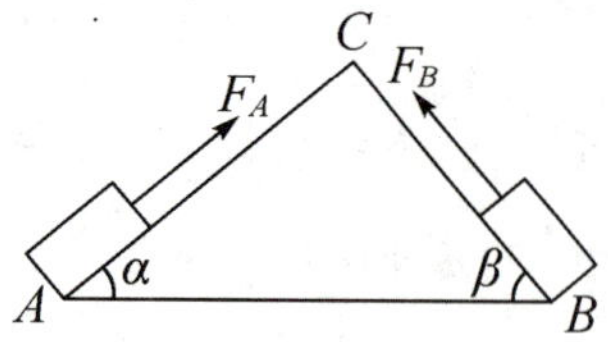

图专 12-2

A. $F_A=F_B$，$W_A=W_B$

B. $F_A<F_B$，$W_A=W_B$

C. $F_A<F_B$，$W_A<W_B$

D. $F_A>F_B$，$W_A>W_B$

9. 做值日时，小阳将一桶水从一楼提到二楼，一楼到二楼的高度是 h，水的重力是 $3G$，桶的重力是 G，小阳的重力是 $6G$，在此上楼的整个过程中，关于做功的说法，正确的是（　　）

A. 做的有用功是 $4Gh$

B. 做的额外功是 $6Gh$

C. 做的总功是 $6Gh$

D. 机械效率是 30%

10. 将一定滑轮改为动滑轮使用，则它的机械效率在不计绳重和摩擦时（　　）

A. 一定提高　　B. 一定降低

C. 一定不变　　D. 无法判断

11. 如图专 12-3 所示，在调节平衡后的杠杆两侧，分别挂上相同规格的钩码，杠杆处于平衡状态，如果两侧各去掉一个钩码，下列说法正确的是（　　）

A. 左端下沉

B. 右端下沉

C. 仍然平衡

D. 无法判断

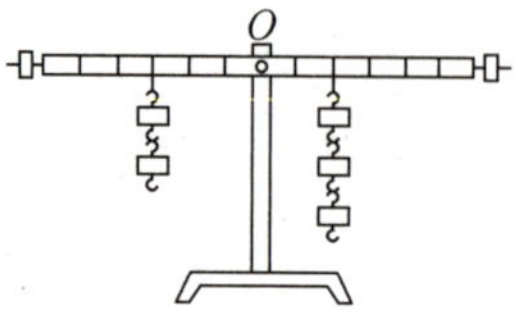

图专 12-3

12. 骑自行车上一个陡坡时，有经验的同学会沿 S 形路线骑行，他这样做是为了（　　）

A. 缩短上坡过程中所走的路程

B. 减少上坡过程中所做的功

C. 减小上坡过程中所施加的力

D. 缩短上坡过程中所用的时间

13. 如图专 12-4 所示，小丽用滑轮组匀速提升一个重为 600 N 的物体，物体上升的速度为 0.1 m/s，人拉绳的力 F 为 250 N，不计绳重和摩擦，下列说法不正确的是（　　）

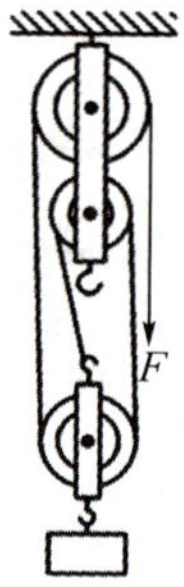

图专 12-4

A. 人拉绳做功的功率为 75 W

B. 滑轮组的机械效率为 80%

C. 绳子自由端移动的速度为 0.3 m/s

D. 动滑轮重为 100 N

14. 学校旗杆顶端装有一个定滑轮，在升旗仪式中（　　）

A. 该滑轮可以省力

B. 该滑轮可以省功

C. 该滑轮可以改变力的方向

D. 做的功都是有用功

15. 重力为 G 的均匀木棒竖直悬于 O 点，在其下端施一水平拉力 F，让棒缓慢转到图专 12-5 中虚线所示位置。在转动的过程中（　　）

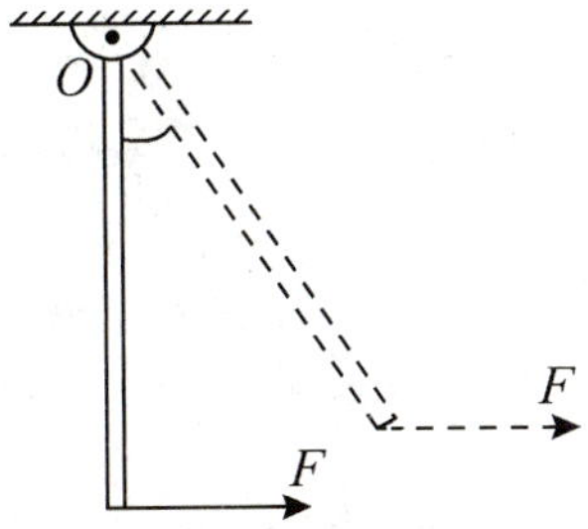

图专 12-5

A. 动力臂逐渐变大

B. 阻力臂逐渐变小

C. 拉力 F 逐渐变大

D. 拉力 F 逐渐减小

二、填空题（每空 1 分，共 18 分）

16. 在体育考试中，小明投出的实心球在空中的运动轨迹如图专 12-6 所示。若实心球重20 N，从最高点到落地点的过程中，球下降的高度为 2.7 m，用时约 0.75 s。则球下降过程中重力做功为________J，功率为________W。

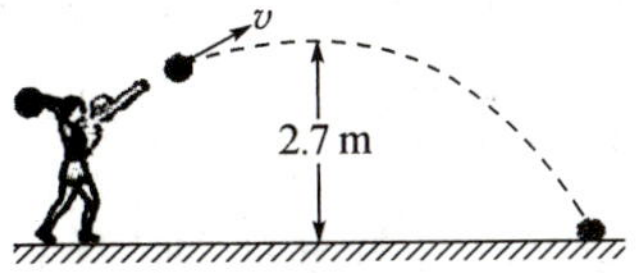

图专 12-6

图专 12-7

17. 如图专 12-7 所示，一位母亲推着婴儿车行走，当前轮遇到障碍物时，母亲向下按扶把，若把婴儿车视为杠杆，这时杠杆的支点是________；当后轮遇到障碍物时，母亲向上抬起扶把，这时婴儿车可视为______（填“省力”或“费力”）杠杆。

18. 小明通过仔细观察，发现简单机械在生活中有很多实际应用，如：指甲钳、剪刀、钥匙等。将图专 12-8 所示的钥匙插入锁孔转动开锁时，钥匙就相当于一个________（填“杠杆”“滑轮”或“轮轴”），属于______（填“省力”或“费力”）机械。

图专 12-8

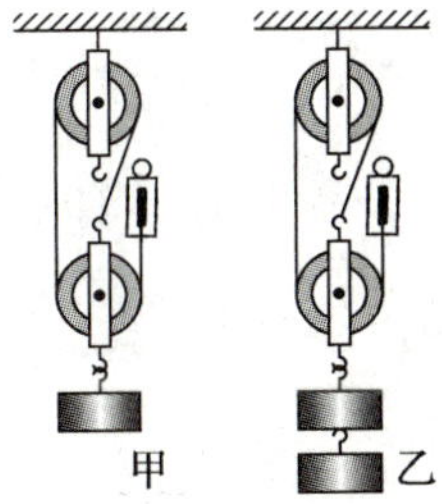

图专 12-9

19. 小明用同一滑轮组分别将甲、乙两组钩码提升相同的高度，如图专 12-9 所示。他两次提升钩码所用的拉力分别为 $F_{甲}$ 和 $F_{乙}$，则 $F_{甲}$________$F_{乙}$；所做的有用功分别为 $W_{甲}$ 和 $W_{乙}$，机械效率分别为 $\eta_{甲}$ 和 $\eta_{乙}$，则 $W_{甲}$________$W_{乙}$，$\eta_{甲}$________$\eta_{乙}$。（均填“>”“=”或“<”）

20. 一辆小汽车在平直公路上匀速行驶，发动机的牵引力为 2 000 N，速度为 108 km/h，小汽车匀速行驶时受到的阻力是________N，牵引力在 10 min 内所做的功为________J，牵引力的功率为________W。

21. 如图专 12-10 所示，斜面长 1 m，高 0.4 m，用大小为5 N沿斜面向上的拉力 F，将重10 N的铁块从底端匀速拉到顶端，斜面的机械效率为________；若仅使倾角 θ 逐渐增大，沿斜面向上的拉力将逐渐________（填“增大”“不变”或“减小”），此斜面的机械效率将逐渐________（填“增大”“不变”或“减小”）。

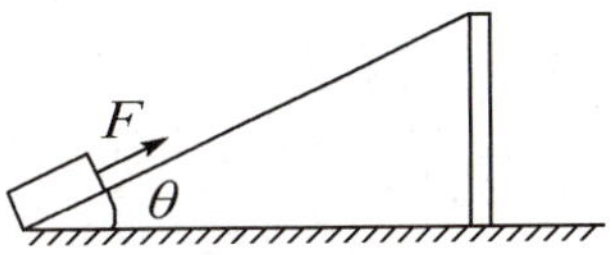

图专 12-10

22. 图专 12-11 是一种起重机的简图，用它把重为4×10^{3} N的货物匀速提起，若 O 为支点，且 $OA=12$ m，$OB=4$ m，起重机本身重力不计，吊起货物时为使起重机不翻倒，其右边至少要配重为______N 的物体。

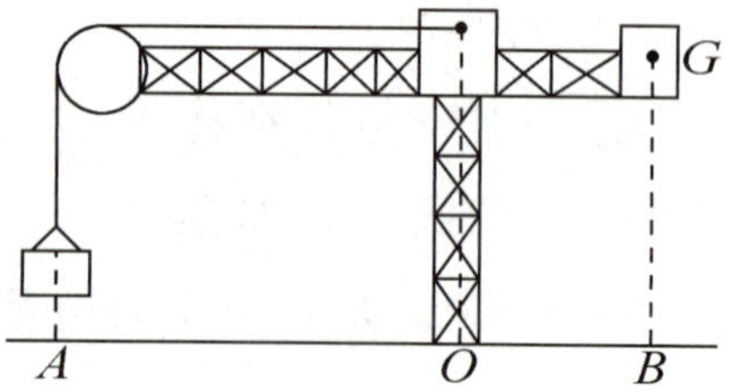

图专 12-11

23. 某同学利用身边的塑料直尺和若干硬币来验证杠杆平衡的条件，如图专 12-12 所示。当杠杆在水平位置平衡时，他测出从支点 O 到硬币边缘的距离作为力臂 L_1 和 L_2 的大小，他测力臂的方法是________（填“正确”或“错误”）的。如果将两边的硬币以相同大小的速度同时做远离支点的匀速移动，则杠杆________（填“仍平衡”“向左倾斜”或“向右倾斜”）。

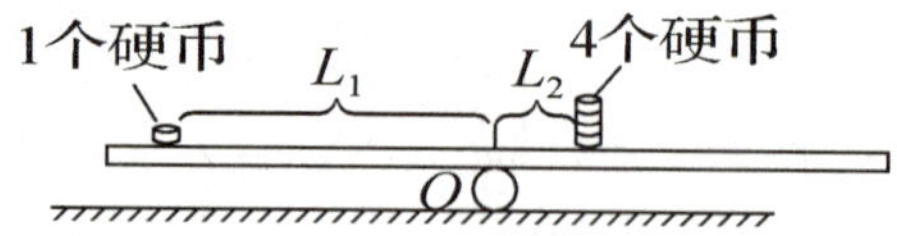

图专 12-12

三、作图与计算题（24 题、25 题各 3 分，26 题 7 分，27 题 8 分，共 21 分）

24. 图专 12-13 是利用杠杆撬起一质地均匀的球形石头的情景，O 是支点。请在图中画出石头的重力示意图以及重力和力 F 的力臂并分别用字母 L_1 和 L_2 表示。

图专 12-13

25. 在图专 12-14 中用线代表绳子，将两个滑轮连成省力的滑轮组，要求人用力往下拉绳使重物升起。

图专 12-14

26. 图专 12-15 是搬运工人用滑轮组将仓库中的货物沿水平轨道拉出的示意图。已知货物的质量为600 kg，所受地面的摩擦力为其重力的$\frac{1}{10}$，滑轮组的机械效率为 75%。若人以 0.5 m/s 的速度匀速前行，经 100 s 将货物拉出仓库，g 取 10 N/kg。则在此过程中：

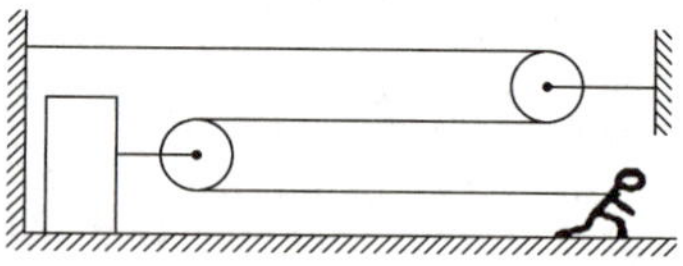
图专 12-15

（1）人做的有用功为多大？

（2）人的拉力为多大？

（3）人拉力的功率为多大？

27. 如图专 12-16 所示（滑轮组的绕绳未画出），人以 600 N 的力向下拉动绕在滑轮组上的绳子一端 10 s，使绳端向下移动了 1.5 m，重物匀速上升了0.5 m，已知滑轮组的机械效率为 70%。（g 取 10 N/kg）

(1) 按题意画出滑轮组的绕绳。

(2) 人所做功的功率多大？

(3) 被吊起的重物质量多大？

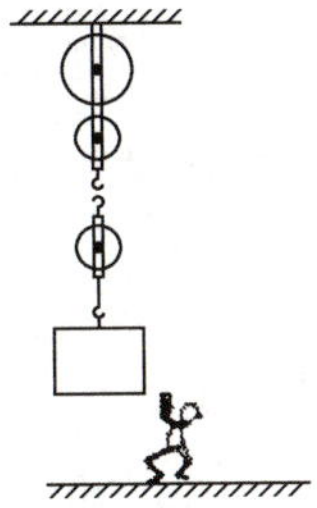

图专 12-16

四、实验与探究题（每题 8 分，共 16 分）

28. 小明在探究杠杆的平衡条件实验中：

(1) 实验前他应先调节杠杆在水平位置平衡，其目的是____________。

(2) 杠杆平衡后，小明在图专 12-17 甲所示的 A 位置挂上两个钩码，可在 B 位置挂上______个钩码，使杠杆在水平位置平衡。

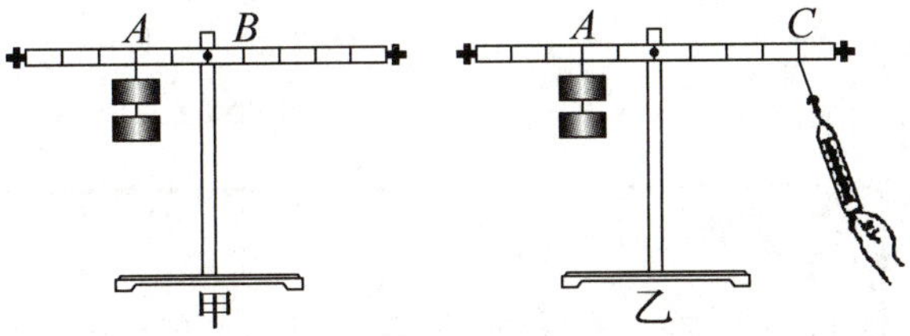

图专 12-17

(3) 他改用弹簧测力计在图专 12-17 乙所示的 C 位置斜向下拉，若每个钩码重 1 N，当杠杆在水平位置平衡时，测力计的示数将______（填“大于”“等于”或“小于”）1 N。

29. 图专 12-18 为测量滑轮组机械效率的实验装置，钩码总重 6 N。

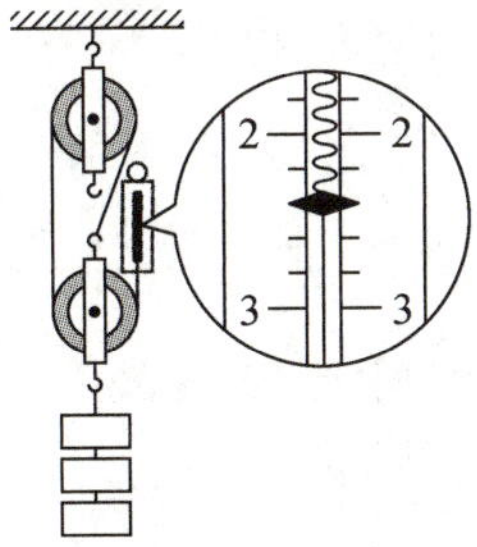

图专 12-18

(1) 实验时要竖直向上______拉动弹簧测力计，由图可知拉力大小为______N，将弹簧测力计向上移动15 cm，则钩码上升的高度为______cm，该滑轮组的机械效率为______。

(2) 取下 2 个钩码，再做实验，此时滑轮组的机械效率将______（填“增大”“减小”或“不变”）。

专题十三　机械能及其转化

分值：100 分　　时间：40 分钟

考查的主要内容：

1. 动能及影响动能大小的因素；2. 重力势能及影响重力势能大小的因素；3. 弹性势能及影响弹性势能大小的因素；4. 动能和势能的相互转化；5. 机械能守恒；6. 机械能和其他形式的能的转化。

一、选择题（每题 5 分，共 50 分）

1. 关于动能的概念，下列说法中正确的是　（　　）

A. 运动的物体具有的能叫动能

B. 物体由于运动而具有的能叫动能

C. 运动的物体不一定具有动能

D. 具有动能的物体不一定在运动

2. 老鹰与麻雀在空中飞翔，如果它们具有的动能相等，那么　（　　）

A. 老鹰比麻雀飞得高

B. 麻雀比老鹰飞得高

C. 老鹰比麻雀飞得快

D. 麻雀比老鹰飞得快

3. 如图专 13-1 所示，苹果树上结有甲、乙、丙三个质量相等的苹果，哪一个苹果的重力势能最大　（　　）

图专 13-1

A. 甲　B. 乙　C. 丙　D. 一样大

4. 顾客站在商场自动扶梯的水平台阶上随自动扶梯匀速上升。顾客在上升过程中　（　　）

A. 机械能保持不变

B. 运动状态在不断变化

C. 相对于其站立的台阶是静止的

D. 受到重力、支持力和摩擦力的作用

5. 入春以来，某市部分松林发生虫灾。为了灭虫，市政府多次调动直升机在重灾区上空喷洒农药。当飞机在某一高度水平匀速飞行喷洒农药的过程中，飞机的　（　　）

A. 动能减小，重力势能减小

B. 动能不变，重力势能不变

C. 动能减小，重力势能增大

D. 动能增大，重力势能减小

6. 跳远是一项常见的体育运动，跳远运动员在比赛中都是先助跑一段距离后才起跳，这样做　（　　）

A. 增大了跳远运动员的惯性

B. 减小了跳远运动员的惯性

C. 增大了跳远运动员的动能

D. 减小了跳远运动员的动能

7. 如图专 13-2 所示，铅球从出手到将要落地的过程中，下列说法正确的是（不计空气阻力）　（　　）

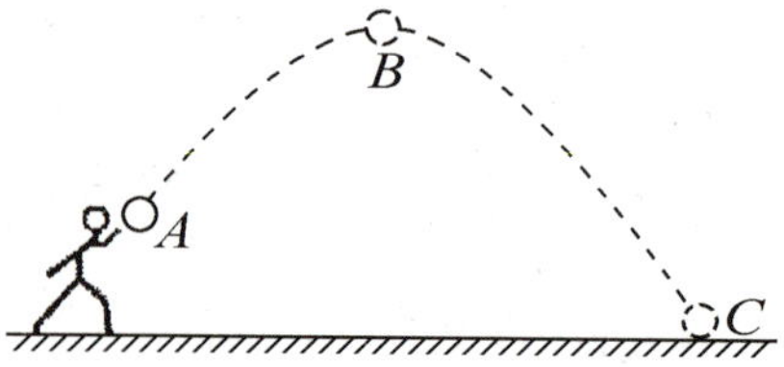

图专 13-2

A. 铅球由 $A \to B$ 时，动能逐渐增大

B. 铅球在 B 点的机械能大于在 A 点的机械能

C. 铅球由 $B \to C$ 时，机械能逐渐减小

D. 铅球在 C 点时动能最大

8. 下列各个过程中，物体的重力势能转化为动能的有 （　　）

A. 乒乓球触地后向上弹起的过程中

B. 车沿斜面向上匀速行驶的过程中

C. 斜向上抛出的小石子上升的过程中

D. 水坝上水流下来的过程中

9. 从静止在高空的直升机上释放一个物体，不计空气阻力，释放时物体的机械能为 500 J，那么 （　　）

A. 释放瞬间物体的重力势能小于 500 J

B. 下落过程中物体的机械能减小

C. 物体落地时的动能是 500 J

D. 物体落地时的机械能大于 500 J

10. 如图专 13-3 所示的四个实例中，机械能正在减小的是 （　　）

A. 蓄势待发的火箭

B. 水平匀速飞行的飞机

C. 匀速下降的热气球

D. 加速上升的飞艇

图专 13-3

二、填空题（每空 2 分，共 24 分）

11. 图专 13-4 是玩弹弓的情景。经验表明，橡皮筋拉得越长，同样的“子弹”射得越远，这说明橡皮筋的弹性势能与________有关；若橡皮筋被拉的长度相同，而所用“子弹”的质量不同，则质量大的“子弹”射出的距离较小，原因是质量大的“子弹”射出时的________小。

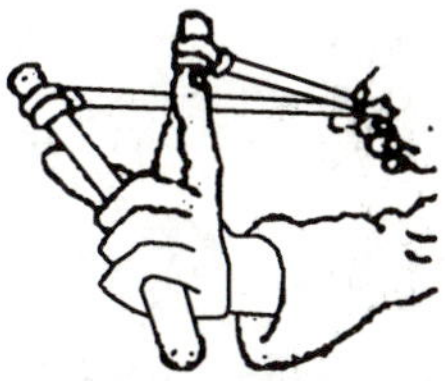

图专 13-4

12. 随着我国经济的发展，城市的建筑越建越高。但如果不注意建筑上的物体（例如放在阳台上的花盆），就会有“高空抛物砸伤人”的危险。在物体下落的过程中，它具有的________能转化成________能，而且高度越高，物体下落时重力做的功越________（填“多”或“少”），危险性也越大。

13. 图专 13-5 是皮球落地后弹起过程中每隔相等时间曝光一次所拍摄的照片，由图可知，下落过程中，皮球的速度________，离开地面上升的过程中，皮球的重力势能________，动能________，皮球运动过程中的机械能________。（均填“增大”“减小”或“不变”）

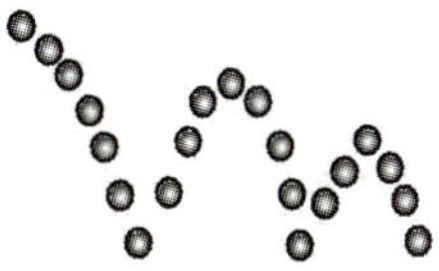

图专 13-5

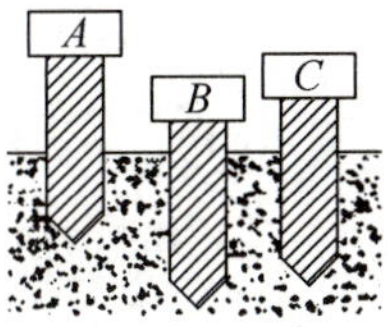

图专 13-6

14. 建高楼时首先要打好地基，原相同高度的同种地桩，经打击后某一瞬间三个地桩所处的位置如图专 13-6 所示。由此可知，打桩时，三个重锤中________锤

的做功本领最大。如果 A、B 两锤的质量相同，则刚开始下落时，________锤的高度要低一些。如果 B、C 两锤刚下落时的高度相同，则________锤的质量要大一些。

三、实验与探究题（15 题 10 分，16 题 8 分，共 18 分）

15. 如图专 13-7 所示，是探究动能的大小与哪些因素有关的实验：

（1）用质量不同的 A、B 两个小球（$m_A > m_B$）碰撞静止在同一水平面上的纸盒，实验中控制小球的高度相同，是为了控制两球到达底端时________相同；实验中通过观察纸盒被推动距离的大小，可以比较 A、B 两个小球________的大小。

（2）将甲与乙两实验比较可知，小球动能的大小与小球的________有关；比较甲与丙两实验可知，小球动能的大小与小球的________有关。

（3）本次实验采用的是物理学中最常用的一种实验方法——________________。

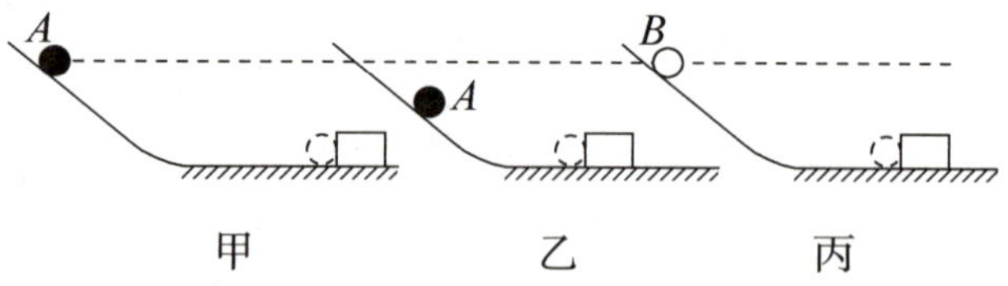

图专 13-7

16. 如图专 13-8 所示，用装有细沙的容器、三脚小桌和质量不同的木块做探究重力势能大小与哪些因素有关的实验。

图专 13-8

（1）该实验是通过观察比较__________来间接判断物体重力势能大小的。

（2）实验中采用质量不同的木块，是为了探究物体重力势能大小与物体________的关系，操作时应该让木块从________（填“相同”或“不同”）的高度自由下落。

（3）若要探究物体重力势能大小与物体高度的关系，请简要说明具体做法。

四、综合题（8 分）

17. 如何有效地提高能量利用率是人类所面临的一项重要任务。图专 13-9 是某轻轨车站的设计方案示意图，该图表明与站台前后连接的轨道都有一个小坡度。请你说明这种设计可以节能的理由。

图专 13-9

专题十四　内能和热机

分值：100 分　　时间：40 分钟

考查的主要内容：

1. 分子动理论；2. 内能的概念及其影响因素；3. 改变内能的方式；4. 热值及相关计算；5. 比热容的定义和单位及应用；6. 热量的相关计算；7. 热机及其应用；8. 内燃机的工作过程；9. 热机效率及其计算。

一、选择题（每题 4 分，共 36 分）

1. 下列事例中，属于扩散现象的是（　　）
   A. 一杯清水中滴入几滴红墨水，水变红
   B. 扫地时，在阳光下能看到灰尘在空中飞舞
   C. 冷空气下沉，热空气上升
   D. 放在空气中的铁器过一段时间生锈了

2. 将 50 mL 的水与 50 mL 的酒精混合，所得液体体积小于 100 mL，下列对此现象的解释合理的是（　　）
   A. 分子间是有空隙的
   B. 分子是由原子构成的
   C. 分子的质量和体积都很小
   D. 分子总是在不停地运动

3. 下面说法中，正确的是（　　）
   A. 温度高的物体含有的热量一定多
   B. 冰在熔化过程中温度保持不变，其内能也不变
   C. 物体吸收热量，其温度不一定升高
   D. 一个物体的温度升高，它一定吸收了热量

4. 甲物质的比热容大于乙物质的比热容，若（　　）
   A. 甲、乙质量相等，则甲吸收的热量一定多
   B. 甲、乙吸收的热量相等，则乙升高的温度一定多
   C. 甲、乙质量相等，它们升高的温度相同，则甲吸收的热量一定多
   D. 甲、乙质量相等，它们放出的热量也相等，则甲降低的温度一定多

5. 图专 14-1 是四冲程汽油机的哪个冲程（　　）
   A. 吸气冲程
   B. 压缩冲程
   C. 做功冲程
   D. 排气冲程

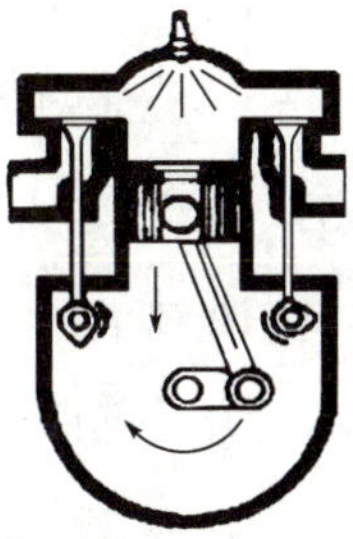

图专 14-1

6. 下列关于热和能的说法，正确的是（　　）
   A. 海绵很容易被压缩，主要是由于分子间存在引力
   B. 给冷水加热，水的温度升高是利用做功改变水的内能
   C. 端午米粽飘香，能闻到米粽的香味是由于分子做无规则运动
   D. 冬天搓手，手变暖和是利用热传递改变手的内能

7. 为节约能源，提高热机的效率，下列措施中不可行的是（　　）
   A. 尽量使燃料充分燃烧
   B. 尽量增加热机的工作时间
   C. 尽量减少废气带走的热量
   D. 尽量减少热机转动部件间的摩擦

8. 将肉片直接放入热油锅里爆炒，会将肉炒焦或炒煳，大大失去鲜味。厨师预先将适量的淀粉拌入肉片中，再放到热油锅里爆炒，炒出的肉片既鲜嫩味美又营养丰富，对此现象下列说法不正确的是（　　）

A. 在炒肉片的过程中，肉片的温度升高，内能增加

B. 附着在肉片外的淀粉糊有效防止了肉片里水分的蒸发

C. 在炒肉片过程中，肉片内能增加主要是通过做功实现的

D. 附近的人能闻到肉香说明分子在不停地做无规则的运动

9. 夏天，人们喜欢到海边度假，白天，海风拂面，带来丝丝凉意，夜间却不会很凉，而沙漠的夏天昼夜温差可达 50 ℃，下面对这种现象的解释，正确的是（　　）

A. 太阳照射沙漠地区的时间较长

B. 海边有风而沙漠地区可能没有

C. 海水的比热容比沙石的比热容大

D. 太阳直射沙漠地区，斜射海边

二、填空题（每空 2 分，共 22 分）

10. 桂林出产的柿饼是有名的地方特产。图专 14-2 是将柿子晾晒成柿饼的场景。晾晒过程可以通过______（填“做功”或“热传递”）的方式使柿子内能______，温度升高，加快水分的蒸发。

图专 14-2

11. 进入刚装修完的房屋，我们常常会闻到一种刺鼻的气味，这气味主要来自装修材料中的甲醛，它是一种对人体有害的化学物质。这说明甲醛分子在做______运动，这种运动会随气温的升高而______（填“加剧”或“减缓”）。

12. 法国工程师发明了以压缩空气为动力的“迷你猫”环保车。汽车使用前需要压缩储存气体，这一过程中通过______的方式使气体内能增加；开动时，释放的气体推动发动机，将气体的内能转化为______能，汽车的速度可达 144 km/h，合______m/s。

13. 中国南海海底探明有大量的“可燃冰”，同等条件下，“可燃冰”完全燃烧放出的热量达到煤气的数十倍，说明“可燃冰”的______很大；以 10 倍的关系粗略计算，1 kg“可燃冰”完全燃烧放出的热量可以将______kg 的水从 20 ℃加热至60 ℃。[$q_{煤气}=4.2\times10^7$ J/kg，水的比热容 $c=4.2\times10^3$ J/(kg·℃)]

14. 被誉为“气都”的达州，天然气储量丰富，天然气是______（填“可再生”或“不可再生”）能源。小明同学需要在标准大气压下烧开初温为20 ℃、质量为 3 kg 的一壶水，如天然气完全燃烧放出的热量的 80%被水吸收，则要完全燃烧______m^3 的天然气。[天然气的热值取 3.0×10^7 J/m^3，$c_水=4.2\times10^3$ J/(kg·℃)]

三、计算题（每题 9 分，共 18 分）

15. 北方的冬天大都以煤炉、暖气等设备取暖。设某家的一间房一昼夜需 1.008×10^8 J 的热量才能保持室内温度不降低。

（1）若以完全燃烧烟煤（热值为 3.0×10^7 J/kg）来获得这些热量，需要多少千克的烟煤？

(2) 若以热水流进流出暖气片降温 10 ℃放出这些热量，则流过暖气片的热水质量是多少千克？[水的比热容为 4.2×10^3 J/(kg·℃)]

16. 小明家新安装了一台容积为 0.5 m^3 的太阳能热水器，加满水后，经过 4 h 的阳光照射，水温由原来的20 ℃升高到了 40 ℃。问：在这 4 h 内水吸收了多少热量？若这些热量由效率为 20%的火炉燃烧焦炭来提供，则需要燃烧多少千克焦炭？[水的比热容 $c_{水}=4.2\times10^3$ J/(kg·℃)，焦炭的热值 $q=3.0\times10^7$ J/kg]

四、实验与探究题（每题 12 分，共 24 分）

17. 如图专 14-3 所示，在两个相同的烧杯中分别装有质量、初温都相同的水和沙子，用两个相同的酒精灯对其加热。

(1) 加热相同时间后，分别测量二者的温度，发现沙子的温度明显高于水，这是因为____________；加热时搅拌沙子，目的是________。

(2) 在两烧杯上方分别盖上玻璃片，过一会儿发现装水烧杯上方的玻璃片内侧有小水珠，用手摸两个玻璃片，发现装______（填“沙子”或“水”）烧杯上方的玻璃片温度比较高，原因是________________。

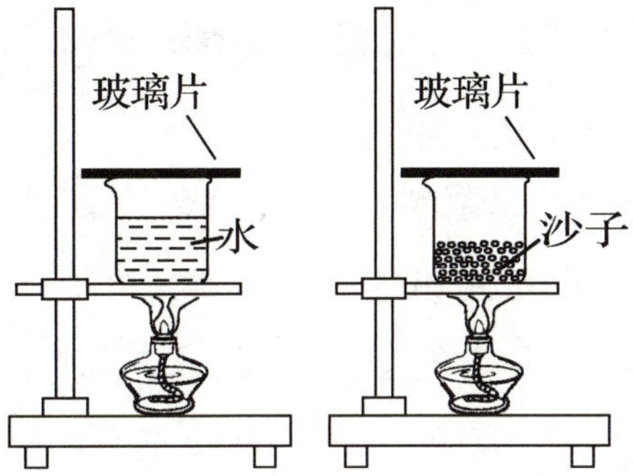

图专 14-3

18. 为了比较酒精和碎纸片的热值，如图专 14-4 所示，两个相同规格的烧杯中装有质量相等的水，取质量______（填“相等”或“不相等”）的酒精和碎纸片分别放入两个燃烧皿中，点燃它们分别给烧杯加热，直到酒精和碎纸片完全燃烧，通过比较____________，确定酒精和碎纸片的热值大小关系。

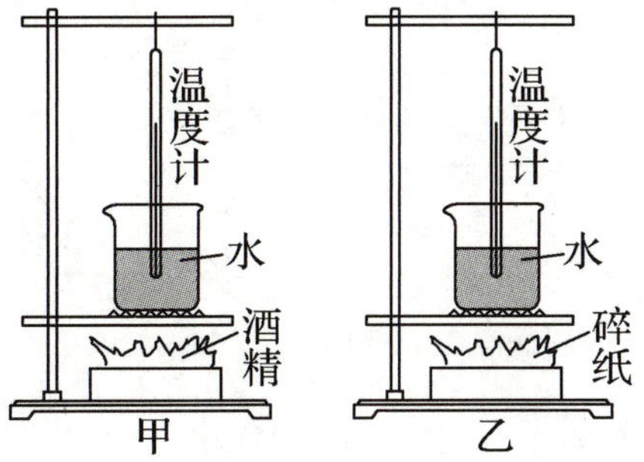

图专 14-4

专题十五 电路的组成和连接

分值：100 分　　时间：40 分钟

考查的主要内容：

1. 简单电现象；2. 电路的组成和各部分的作用；3. 电路的三种状态；4. 串联电路和并联电路；5. 画电路图和连接实物电路。

一、选择题（每题 6 分，共 42 分）

1. 把一个轻质的小球靠近用毛皮摩擦过的橡胶棒时，它们相互吸引，则这个小球（　　）

A. 一定不带电　　B. 一定带负电

C. 一定带正电　　D. 可能不带电

2. 电视机的荧光屏表面经常有很多灰尘，其主要原因是（　　）

A. 荧光屏有吸附灰尘的能力

B. 屋子里灰尘的自然堆积

C. 电视机工作时，荧光屏表面温度较高

D. 电视机工作时，荧光屏表面有静电

3. 图专 15-1 是某取暖器的工作电路图。为了安全起见，取暖器一般都要安装一个“跌倒开关” S，使取暖器倾倒时整个电路断开。则“跌倒开关” S 应安装在（　　）

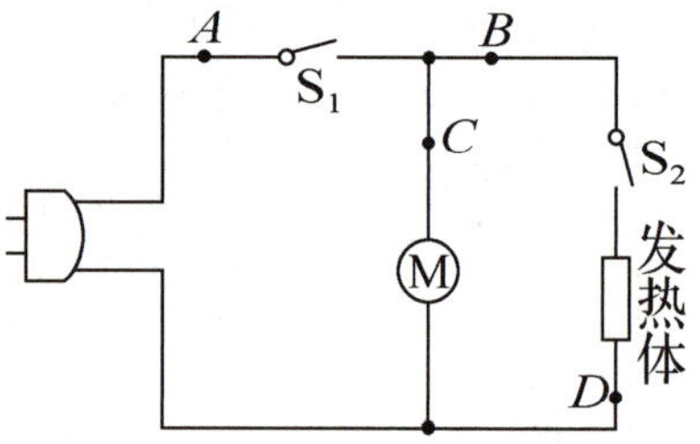

图专 15-1

A. A 处　　B. B 处

C. C 处　　D. D 处

4. 如果电路中出现如图专15-2所示的情形，物理学中称之为短路，这样的后果很严重，这时灯泡会（　　）

A. 变暗

B. 变得更亮

C. 正常发光

D. 不能发光

图专 15-2

5. 如图专 15-3 所示，将一节干电池和三只均标有“1.5 V　0.5 W”的小灯泡接入电路，当开关 S_1 闭合、S_2 断开时，三只灯泡均能发光。若将开关 S_1、S_2 均闭合，则（　　）

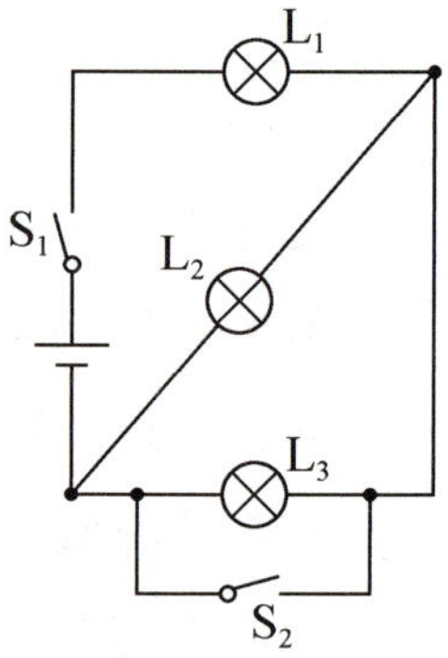

图专 15-3

A. 只有灯泡 L_1 熄灭

B. 三只灯泡均熄灭

C. 灯泡 L_2、L_3 熄灭，L_1 更明亮

D. 灯泡 L_3 熄灭，L_1、L_2 均更明亮

6. 一种声光报警器的电路如图专 15-4 所示，闭合开关 S_1 和 S_2 后，会出现的现象是（　　）

A. 灯亮，铃不响

B. 灯不亮，铃不响

C. 灯亮，铃响

D. 灯不亮，铃响

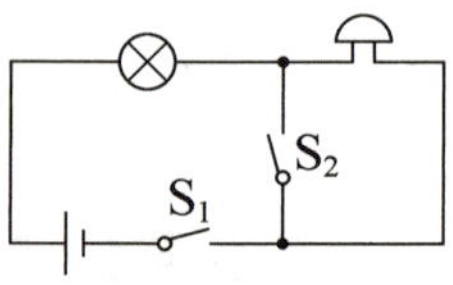

图专 15-4

7. 如图专 15-5 所示，为保障司乘人员的安全，轿车上设有安全带未系提示系统。当乘客坐在座椅上时，座椅下的开关 S_1 闭合。若未系安全带，则开关 S_2 断开，

仪表盘上的指示灯亮起；若系上安全带，则开关 S_2 闭合，指示灯熄灭。下列设计比较合理的电路图是 （ ）

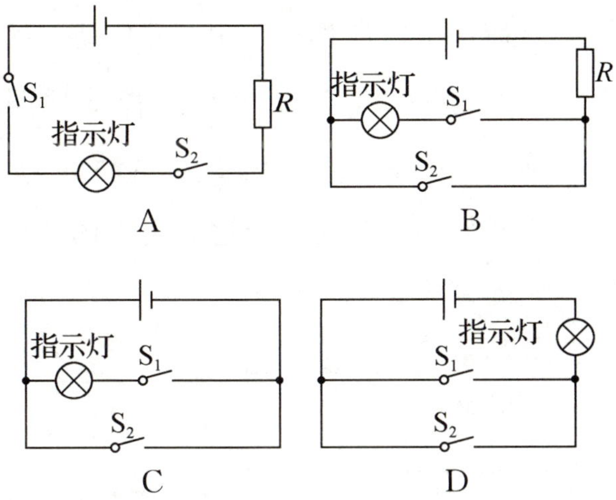

图专 15-5

二、填空题（每空 3 分，共 27 分）

8. 某科研队伍成功研制出 PM2.5 净化器，其原理如图专 15-6 所示。闭合开关 S_1、S_2 后，风扇旋转吸入含有颗粒物的空气，当颗粒物接近带有负电荷的光洁金属网 *C* 时会被快速吸引过来，这是因为带电体具有吸引__________的性质；当颗粒物快速通过光洁金属网 *C* 后，会带上负电荷，然后被带有正电荷的棉芯 *D* 吸附住，这是因为________________。

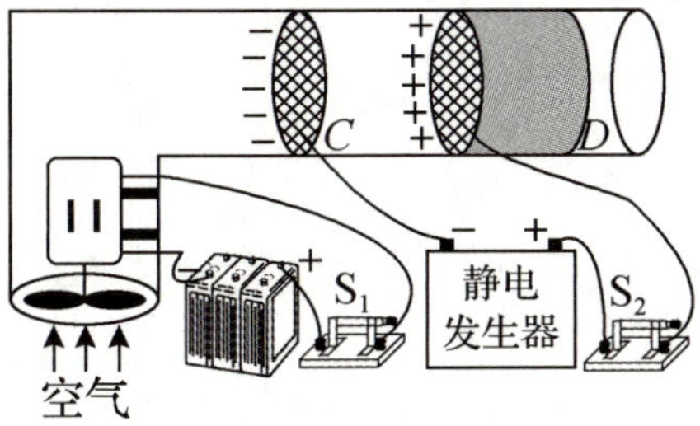

图专 15-6

9. 如图专 15-7 所示的仪器叫________。用带电体接触它的金属球，就会发生电荷转移使两金属箔片带电，两箔片就张开，则两箔片上带的是________（填“同种”或“异种”）电荷。

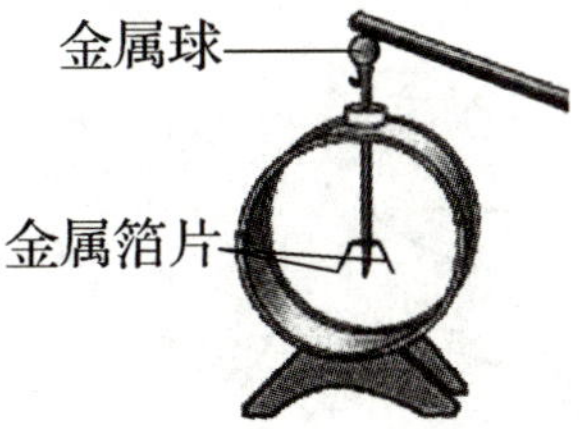

图专 15-7

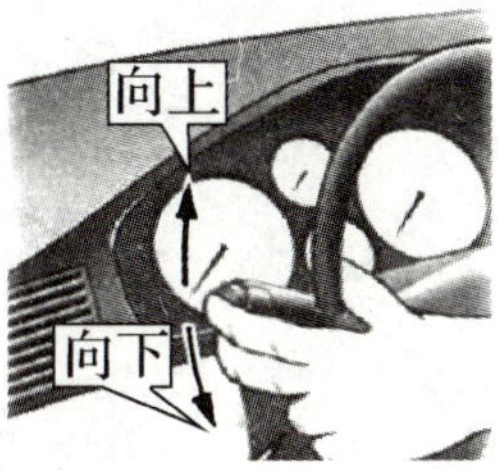

图专 15-8

10. 如图专 15-8 所示，在汽车转向前，司机会拨动方向盘旁边的横杆，汽车同侧的前后两个转向灯就会同时闪亮、同时熄灭，这两个转向灯在电路中的连接方式为________；司机所拨动的这根横杆就相当于电路中的________。

11. 在图专 15-9 所示的电路中，只闭合 S_2 时，L_1 和 L_2______联；闭合 S_1、S_3，断开 S_2 时，L_1 和 L_2________联；同时闭合 S_1、S_2、S_3，将会发生________现象。

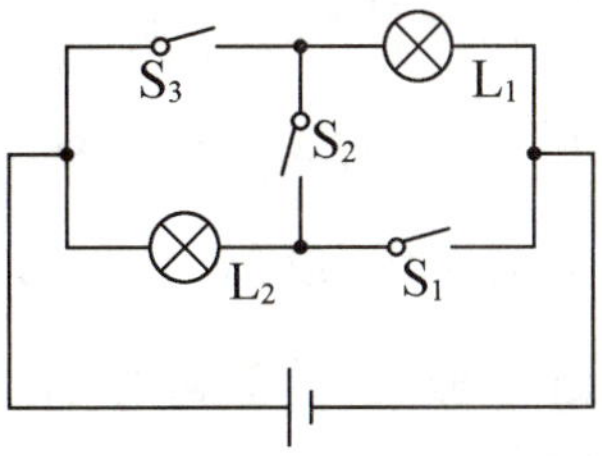

图专 15-9

三、作图与设计题（每题 5 分，共 20 分）

12. 请按照图专 15-10 甲所示的电路图把图乙中的实物电路元件连接起来。

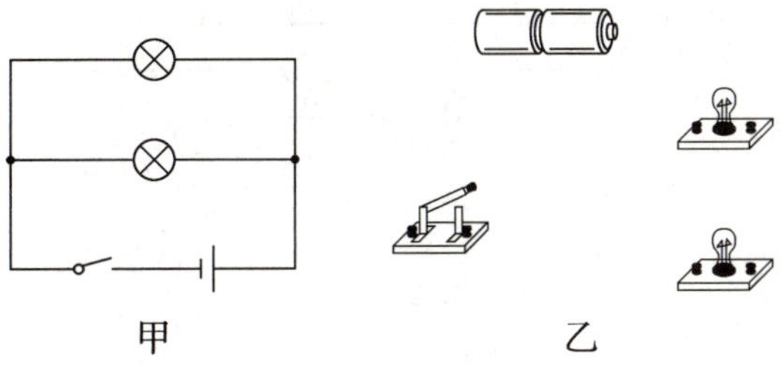

图专 15-10

13. 根据如图专 15-11 所示的实物连线图，画出对应的电路图。（要求连线要横平

竖直，尽量使电路图简洁美观）

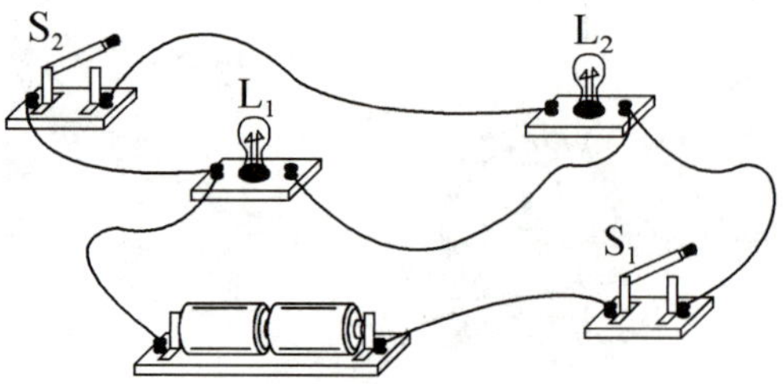

图专 15-11

14. 现有电源、三盏灯、开关和若干根导线。要求：①将如图专 15-12 所示的实物连接成三盏灯并联，开关 S 同时控制三盏灯的电路，导线不许交叉；②根据实物连接图，画出电路图。

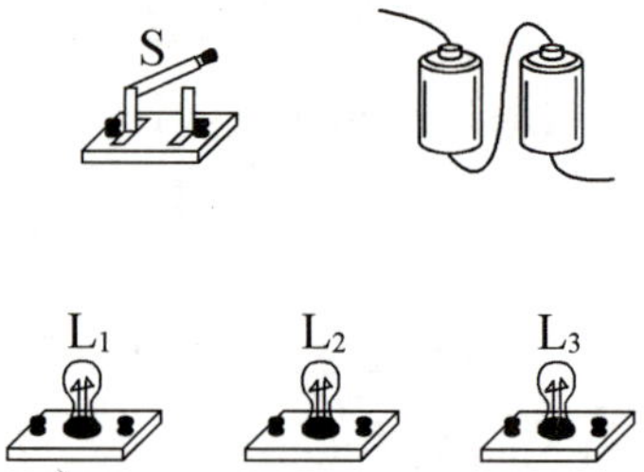

图专 15-12

15. 小明用两个单刀双掷开关、一个 LED 灯和若干导线，设计一个楼梯灯电路，无论是楼上或楼下都可以任意开灯、灭灯，既可以在楼下开灯到楼上灭灯，又可以在楼上开灯到楼下灭灯，请你根据小明设计的意图，用笔画线代替导线完成如图专 15-13 的电路。

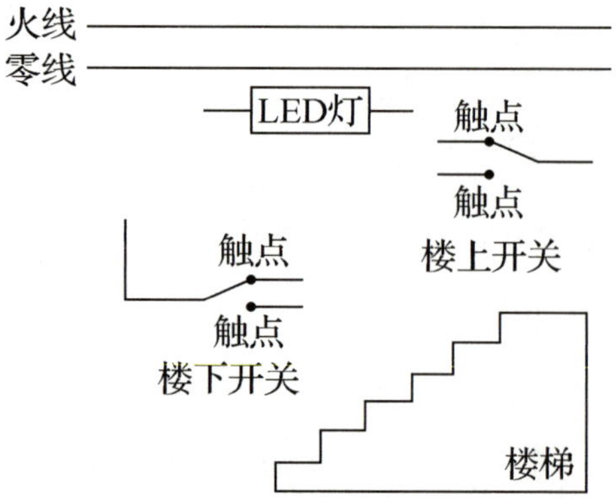

图专 15-13

四、综合题（16 题 6 分，17 题 5 分，共 11 分）

16. 图专 15-14 是一个简化的电冰箱电路图，学习了串联和并联电路知识，你能看懂这个电路图吗？其中Ⓜ是压缩机用的电动机，L 是电冰箱内的照明灯泡。电路图中的灯泡 L 与电动机Ⓜ是串联的还是并联的？请写出你的猜想和判断方法。

你的猜想：____________________。

判断的依据：____________________。

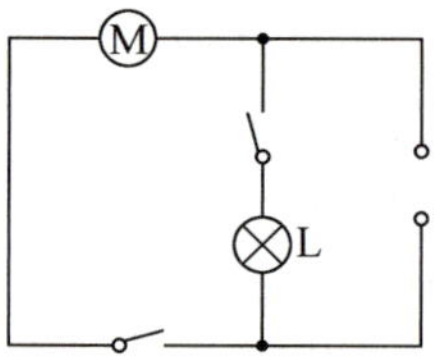

图专 15-14

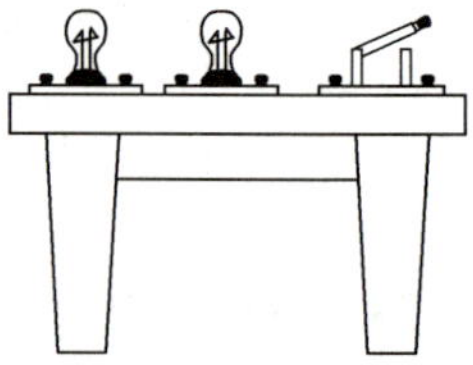

图专 15-15

17. 如图专 15-15 所示，开关闭合时，两只灯泡同时亮，开关断开时，两只灯泡同时熄灭，这两只灯泡的连接方式可能有哪些？你能通过实验判断出它们到底是怎样连接的吗？说出你的办法。

专题十六　电流、电压和电阻

分值：100 分　　时间：40 分钟

> 考查的主要内容：
> 1. 电流、电压、电阻的概念和单位；2. 电流表、电压表及其正确的使用方法；3. 串、并联电路中电流、电压的规律及应用；4. 关于串、并联电路中电流和电压规律的探究实验；5. 变阻器的原理和使用。

一、选择题（每题 6 分，共 42 分）

1. 如图专 16-1 所示的电路中，闭合开关时，下列说法正确的是（　　）

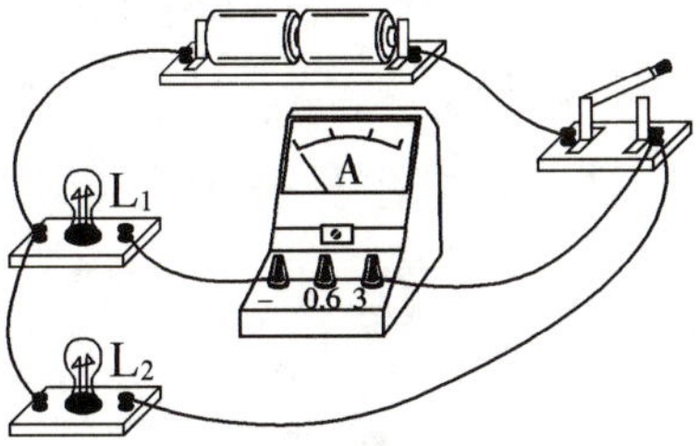

图专 16-1

A. 两灯泡串联

B. 电流表测的是总电流

C. 电流表测的是通过 L_1 的电流

D. 电流表测的是通过 L_2 的电流

2. 在如图专 16-2 甲所示的电路中，当闭合开关后，两个电流表指针偏转均如图乙所示，则通过电阻 R_1 和 R_2 中的电流分别为（　　）

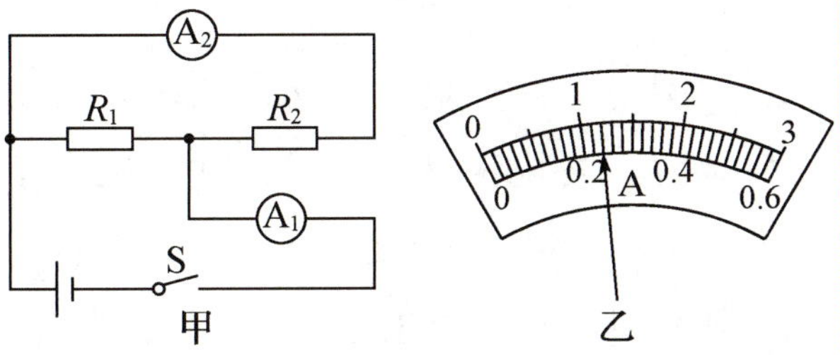

图专 16-2

A. 1.2 A　0.22 A　　B. 0.98 A　0.22 A

C. 0.96 A　0.24 A　　D. 0.24 A　1.2 A

3. 如图专 16-3 所示电路中，当开关 S 闭合时，电压表测的是哪部分的电压（　　）

A. L_1　　B. L_2

C. L_1、L_2 总电压　　D. 电源和 L_1

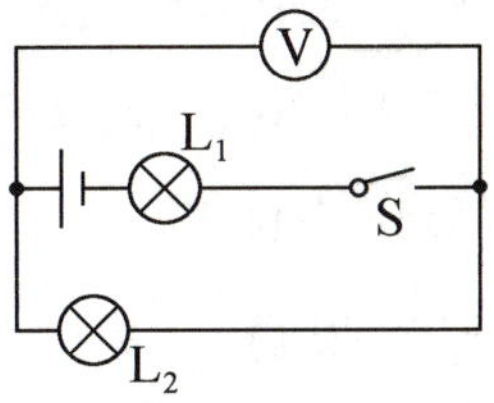

图专 16-3

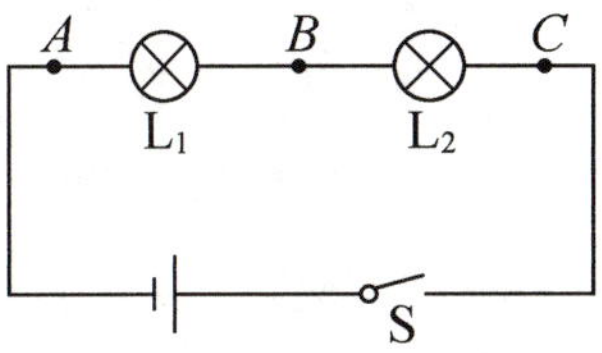

图专 16-4

4. 如图专 16-4 所示，在探究串联电路中电压的规律时，小雨同学用电压表测出 AB、BC、AC 两端的电压分别为 $U_{AB}=3$ V，$U_{BC}=3$ V，$U_{AC}=6$ V，在表格中记录数据后，下一步应该做的是（　　）

A. 整理器材，分析数据，得出结论

B. 对换 L_1 和 L_2 的位置，再测出一组电压值

C. 改变电源电压，再测出几组电压值

D. 换用不同规格的小灯泡，再测出几组电压值

5. 在探究串联电路电压关系实验中，物理实验小组按如图专 16-5 所示的电路测得电压表 V 的示数是 3.8 V，电压表 V_1 的示数是 2.3 V，电压表 V_2 的示数应为（　　）

A. 1.5 V　　B. 3.8 V

C. 2.3 V　　D. 6.1 V

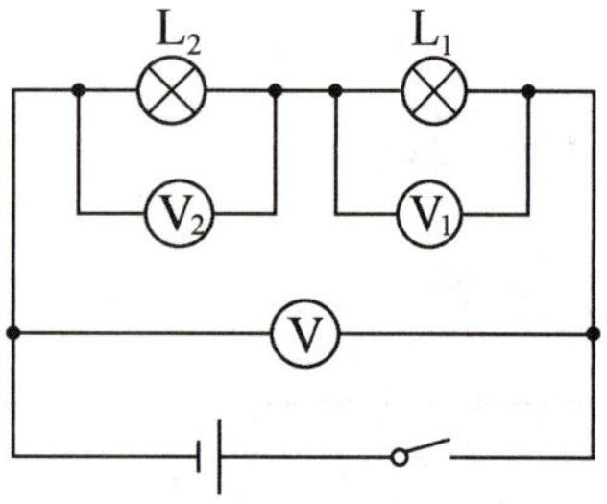

图专 16-5

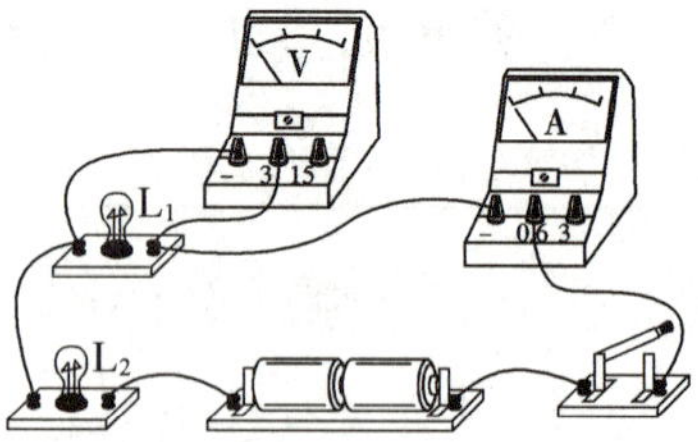

图专 16-6

6. 如图专 16-6 所示电路，开关闭合时观察到：L_1 和 L_2 两灯均不亮，电流表无示数，电压表有示数。其原因可能是（　　）

A. L_1 断路　　B. L_2 断路

C. 电流表断路　　D. 电流表短路

7. 如图专 16-7 所示的电路中，闭合开关 S_1 和 S_2，则（　　）

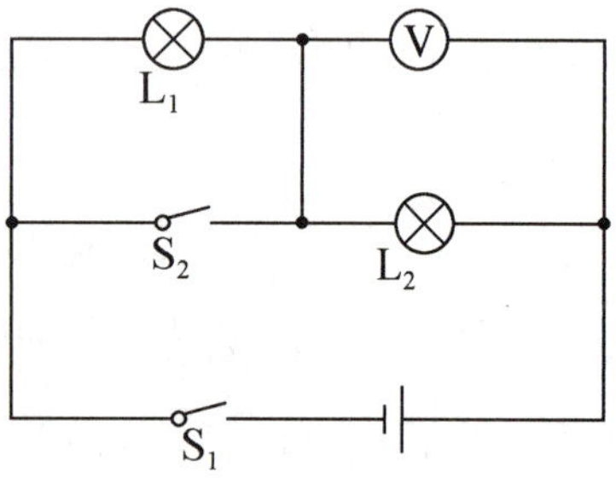

图专 16-7

A. 灯泡 L_1 亮，L_2 不亮

B. 灯泡 L_2亮，L_1不亮

C. 灯泡 L_1、L_2都不亮

D. 灯泡 L_1、L_2都亮

二、填空题（每空 2 分，共 30 分）

8. 对于同一灯泡，接入电路中，灯泡的亮度越大，说明通过灯丝中的电流越________（填“大”“小”或“相同”）；对于两个不同型号的灯泡，串联接入电路中，两灯的亮度不相同，通过两个灯泡灯丝中的电流________；两个同型号的灯泡，并联接入同一电路中，通过灯丝中的电流________；两个不同型号的灯泡并联接入同一电路的两端，通过灯泡灯丝中的电流________。（后三空均填“相等”或“不相等”）

9. 如图专 16-8 所示电路，导线 a 的一端固定连接在铅笔芯上，当导线 b 的一端在铅笔芯上左右移动时，灯泡亮暗会发生变化，这个实验说明铅笔芯是________（填“导体”或“绝缘体”），还能说明导体的电阻与____________有关。受此启发，人们制造了一种可以改变电阻的元件，叫作________________________。

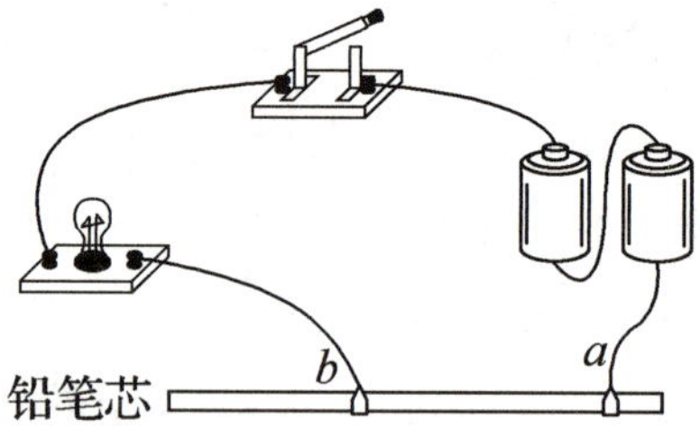

图专 16-8

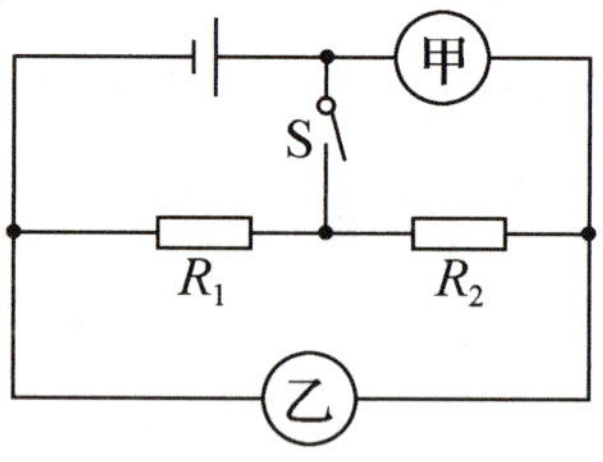

图专 16-9

10. 如图专 16-9 所示的电路，在开关 S 闭合后，若电阻 R_1、R_2 并联，则甲表是________表，乙表是________表。

11. 某新型手电筒由电池、开关和三粒相同的 LED 灯珠连接而成，工作时每粒灯珠都正常发光且电压都为 U。为探究三粒灯珠的连接方式，小明从正在发光的手电筒中取下其中一粒灯珠，发现另外两粒灯珠不亮，则手电筒中三粒灯珠是________联的，手电筒正常工作时通过三粒灯珠的电流________（填“相等”或“不相等”），手电筒电池的电压为________。

12. 用电流表测电流时，某同学接入电路的是 0～0.6 A 的量程，却在 0～3 A 的量程中读数，读出的电流为 2.4 A，则实际测得的电流应是________A。

13. 在如图专 16-10 所示的电路中，用滑动变阻器控制灯的亮度，若要求滑片 P 向左端滑动时灯逐渐变亮，则 M 接________，N 接________。（M 接滑动变阻器下排接线柱）

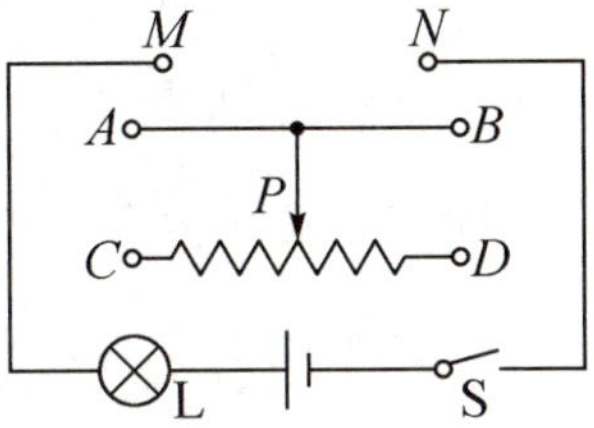

图专 16-10

三、作图题（6 分）

14. 如图专 16-11 所示电路，只需改变一根导线的连接，就能使电流表同时测出通过两个灯泡的电流，在要改接的那根导线上打个“×”，再画出改接的导线。

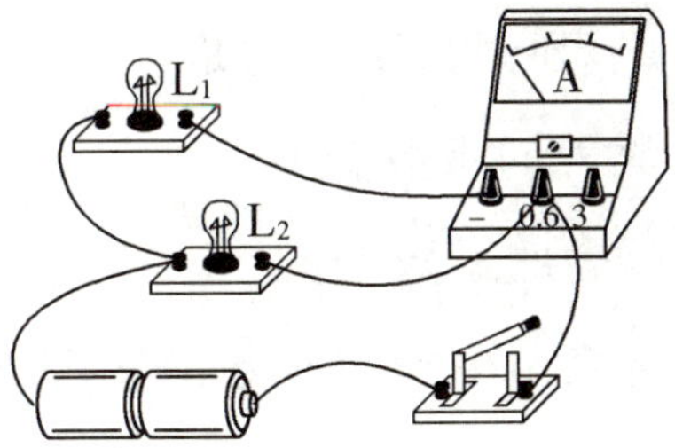

图专 16-11

四、实验与探究题（每题 11 分，共 22 分）

15. 小华通过调查发现，人们选择电线时都尽可能选择铜线，并且要较粗的，都是从电阻的角度来考虑的。于是他想，导体的电阻是否与导体的________和________有关呢？他设计并完成了实验，并将数据填写到下表中，观察下表并回答：

导线情况			灯泡亮度
材料	长度/m	横截面面积/mm^2	
铜	1	1	亮
铁	1	1	较亮
镍铬丝	1	1	较暗

（1）通过对该表的分析只能得出导体的电阻与________有关；

（2）如果要知道导体的电阻与横截面面积的关系，在导线选择上应选取______、长度相同，而______不同的导线。

16. 如图专 16-12 所示，某同学按图中所示的电路进行实验时，R_1 保持不变，三次改变滑动变阻器滑片 P 的位置，得到的实验数据如下表所示。

实验次数	A_1 示数 I_1/A	A_2 示数 I_2/A	V_1 示数 U_1/V	V_2 示数 U_2/V	V 示数 U/V
1	0.4	0.4	4	8	12
2	0.6	0.6	6	6	12
3	0.8	0.9	8	4	12

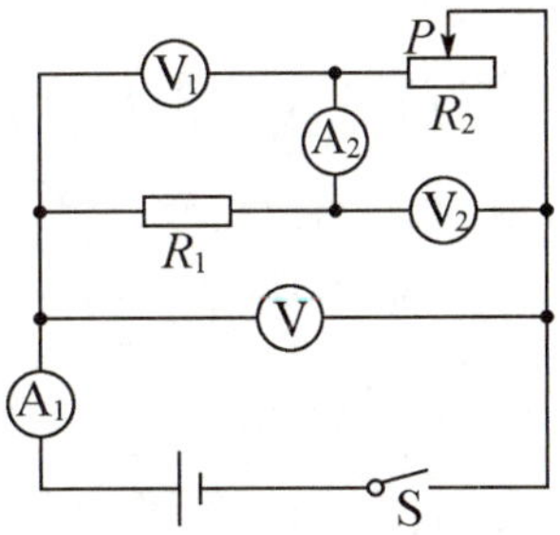

图专 16-12

（1）该电路是________联电路。

（2）试分析表中的实验数据，发现在某次实验中，一个数据记录有错，这个数据是________，正确的记录是________。

（3）分析表中实验数据，可初步归纳出哪些实验结论？（写出两条）

专题十七 欧姆定律

分值：100 分 时间：60 分钟

考查的主要内容：

1. 探究电流与电压、电阻的关系；2. 运用欧姆定律进行简单的计算；3. 伏安法测电阻；4. 电阻的串联和并联；5. 动态电路的分析和计算。

一、选择题（每题 4 分，共 40 分）

1. 小军采用如图专 17-1 所示的电路，研究通过某导体的电流与它的电阻的关系，他分别用5 Ω和10 Ω的电阻做两次实验，当完成第一次实验后，小军将 A、B 两点间的电阻 R 由 5 Ω 更换为 10 Ω，闭合开关后，滑动变阻器应该（　　）

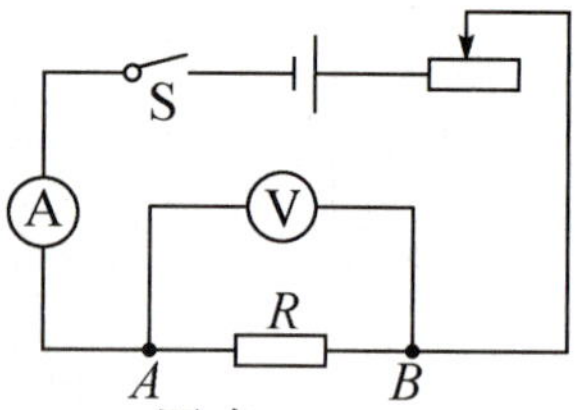

图专 17-1

A. 保持滑动变阻器滑片不动

B. 将滑动变阻器滑片向右移动

C. 将滑动变阻器滑片向左移动

D. 更换阻值更大的滑动变阻器

2. 在探究电流与电压关系的实验中，分别用 R_1、R_2两个电阻进行探究，并根据各自的实验数据绘制了如图专 17-2 所示的 U-I 关系图像，由图可以看出 R_1与 R_2的大小关系是（　　）

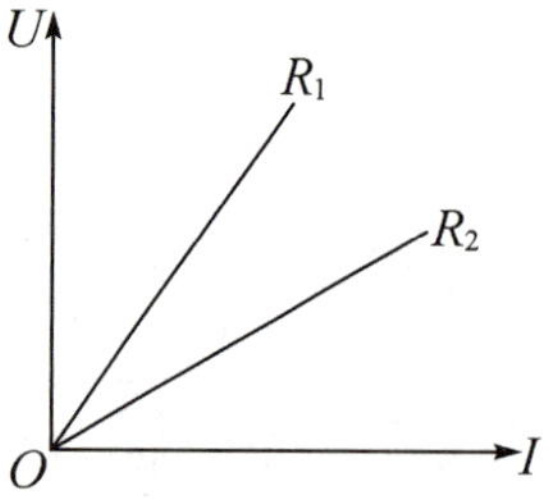

图专 17-2

A. $R_1>R_2$

B. $R_1=R_2$

C. $R_1<R_2$

D. 无法确定

3. 由欧姆定律公式 $I=\frac{U}{R}$变形得 $R=\frac{U}{I}$，对此，下列说法中正确的是（　　）

A. 加在导体两端的电压越大，则导体的电阻越大

B. 通过导体的电流越大，则导体的电阻越小

C. 当导体两端的电压为零时，导体的电阻也为零

D. 导体的电阻跟导体两端的电压和通过导体的电流无关

4. 如图专 17-3 所示的电路，电源电压保持不变，闭合开关 S，将滑动变阻器的滑片 P 向左移动过程中，下列说法正确的是（　　）

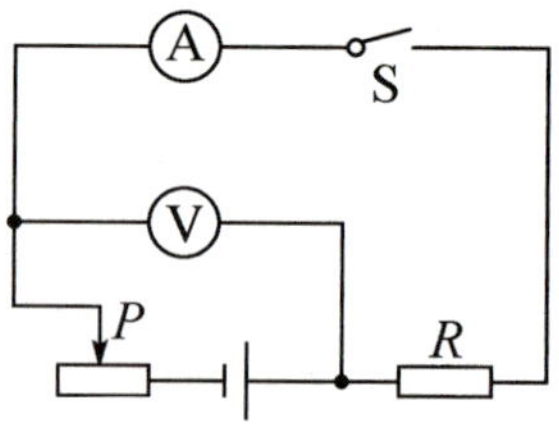

图专 17-3

A. 电流表的示数变大

B. 电压表的示数变大

C. 电压表与电流表示数的比值不变

D. 电压表示数变大，电流表示数变小

5. 如图专 17-4 所示，$R_1=5$ Ω，$R_2=10$ Ω，则电压表 V_1和 V_2示数之比是（　　）

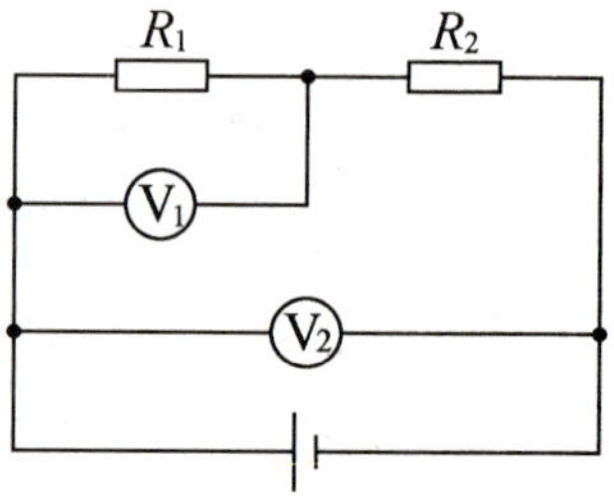

图专 17-4

A. 1∶2　　B. 2∶1

C. 1∶3　　D. 3∶1

6. 如图专 17-5 所示，是探究“电流与电阻的关系”实验电路图，电源电压保持 3 V 不变，滑动变阻器的规格是“10 Ω 1 A”。实验中，先在 a、b 两点间接入 5 Ω 的电阻，闭合开关 S，移动滑动变阻器的滑片 P，使电压表的示数为 2 V，读出并记录下此时电流表的示数。接着需要更换 a、b 间的电阻再进行两次实验，为了保证实验的进行，应选择下列的哪两个电阻 ( )

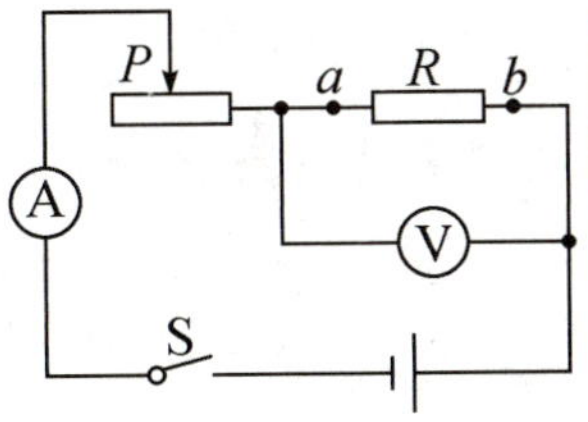

图专 17-5

A. 10 Ω 和 40 Ω B. 20 Ω 和 30 Ω

C. 10 Ω 和 20 Ω D. 30 Ω 和 40 Ω

7. 如图专 17-6 所示电路中，电源电压保持不变，闭合开关 S 后，将滑动变阻器 R 的滑片 P 向左移动，在此过程中 ( )

A. 电压表 V_1 示数变小，电压表 V_2 示数变大

B. 电流表 A 示数变小，电压表 V_1 示数不变

C. 电流表 A 示数不变，灯泡 L 亮度变亮

D. 电压表 V_1 示数不变，灯泡 L 亮度变暗

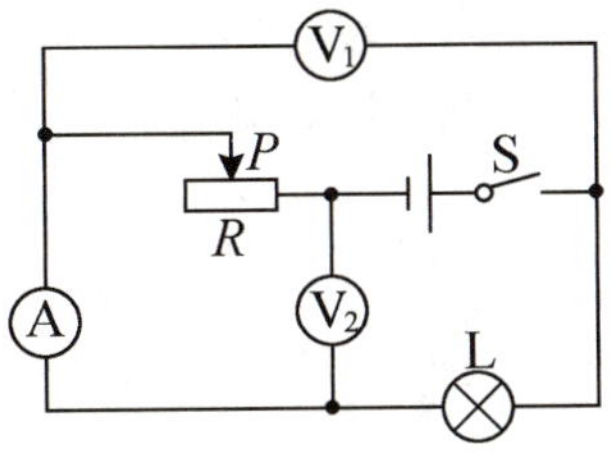

图专 17-6

8. 如图专 17-7 所示，电源电压不变，开关 S_2 由断开到闭合，则下列说法正确的是 ( )

A. 灯 L 亮度不变

B. 两表位置可以互换

C. 电流表示数变小

D. 电压表示数变大

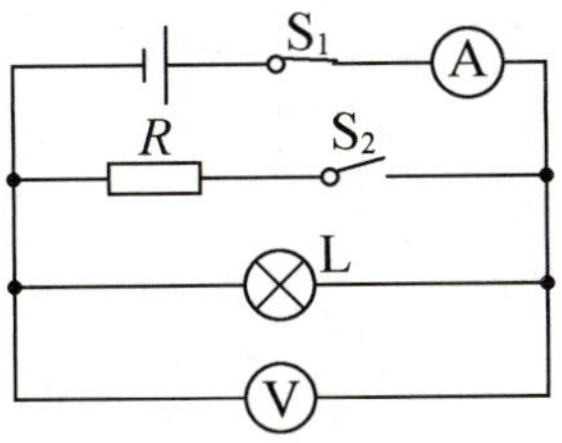

图专 17-7

9. 某同学设计了一个电子身高测量仪。图专 17-8 四个电路中，R 是定值电阻，R' 是滑动变阻器，电源电压不变，滑片会随身高上下平移。能够实现身高越高，电压表示数越大的电路是 ( )

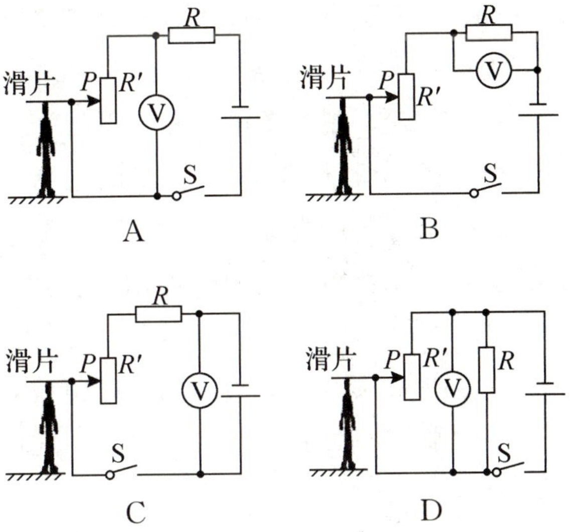

图专 17-8

10. 电控调光玻璃能根据光照强度自动调节玻璃的透明度。其原理是：光照增强，光敏电阻 R_X 阻值变小，施加于玻璃两端的电压降低，玻璃透明度下降，反之则玻璃透明度上升。若电源电压不变，R_0 是定值电阻，如图专 17-9 所示电路图中符合要求的是 ( )

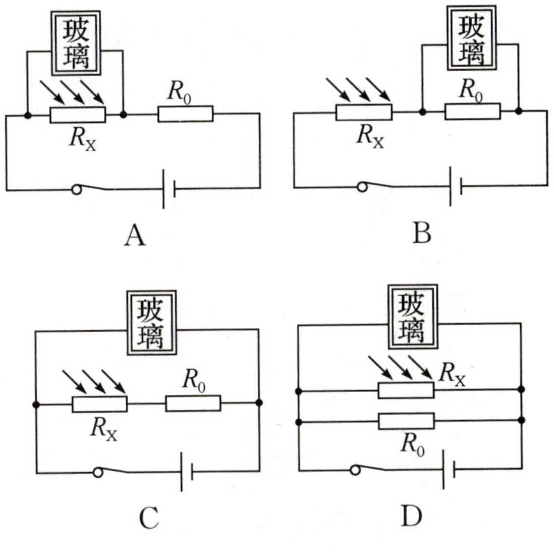

图专 17-9

二、填空题（每空 2 分，共 34 分）

11. 一导体两端电压为 3 V，通过它的电流为 0.3 A，则此导体的电阻为________Ω；当该导体两端电压为 0 时，导体的电阻为________Ω。

12. 定值电阻 $R_1=10\ \Omega$，$R_2=5\ \Omega$，串联在电源电压不变的电路中时，通过 R_1 的电流 $I_1=0.2$ A，则电源电压 $U=$________V；若将两电阻并联后再接在此电源两端时，干路中的电流 $I=$________A。

13. 引入“总电阻”概念时运用的科学方法是________（填“等效替代”或“控制变量”）法。阻值为 10 Ω 和 40 Ω 的两个电阻串联在电路中，其总电阻为________Ω。

14. 将电阻 R_1、R_2 串联后接入电路时，电压之比 $U_1:U_2=3:5$；现将它们并联后接入电路，则电流之比 $I_1:I_2=$________。

15. 在如图专 17-10 所示的电路中，电源电压保持不变，闭合开关 S 后，当滑片 P 向右移动时，电压表示数将________（填“变大”“变小”或“不变”）。当滑片 P 分别在滑动变阻器的两个端点 A 和 D、中点 C 和图中 B 位置时，电压表的示数从小到大的顺序分别为 0 V、2 V、3 V 和 4 V，则在图示 B 位置时电压表示数应为________V。

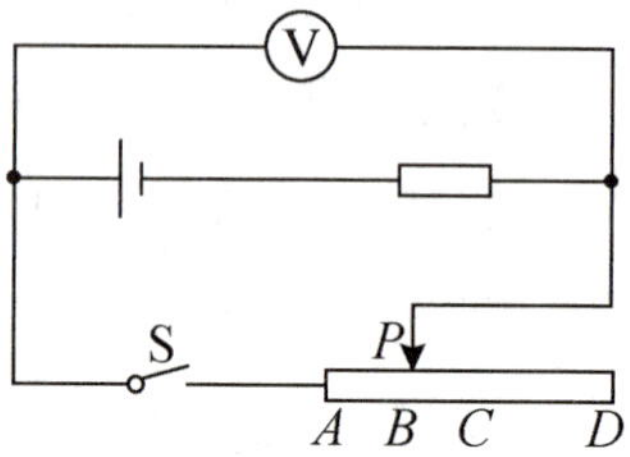

图专 17-10

16. 如图专 17-11 所示的电路中，电源电压保持不变。当开关 S 由断开到闭合时，电流表的示数将________，电压表与电流表示数的比值将________。（均填“变大”“变小”或“不变”）

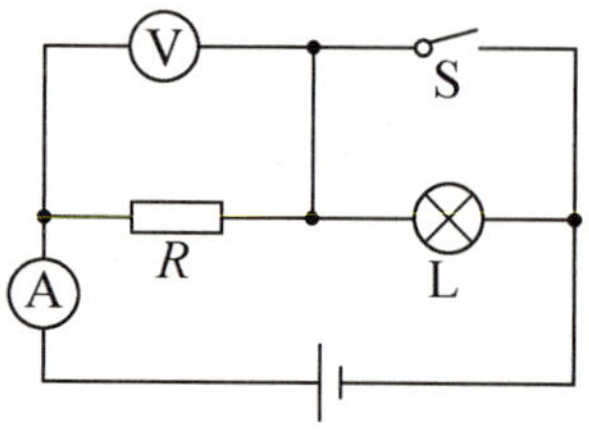

图专 17-11

17. 两个电阻，分别标有“3 V 0.5 A”和“6 V 0.4 A”字样。将它们串联后接入电路使用，那么电路中的电流不能超过________A；将它们并联后接入电路使用，那么电路两端的电压不能超过________V。

18. 通过电路元件甲和乙中的电流与其两端电压的关系如图专 17-12 所示，由图可知，甲的电阻是________Ω。若将甲、乙并联后接在电压为 2 V 的电源两端，干路中的电流是________A。

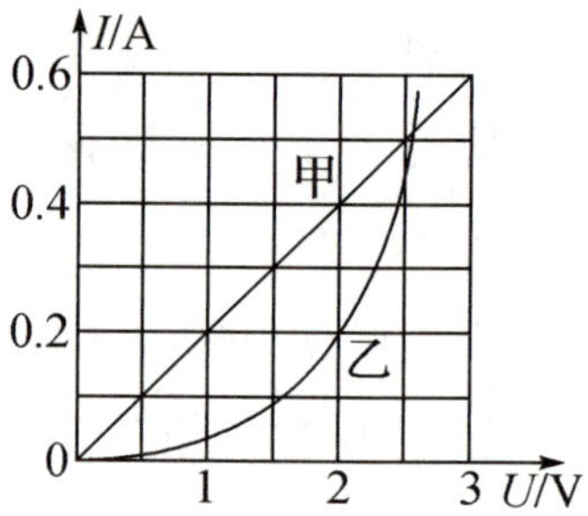

图专 17-12

19. 如图专 17-13 所示，电压 U 恒定为 8 V，$R_1=12\ \Omega$。滑动变阻器的滑片 P 从一端滑到另一端的过程中，电压表的示数从 3 V 变到 6 V，则 R_2 的阻值为________Ω，滑动变阻器的最大阻值为________Ω。

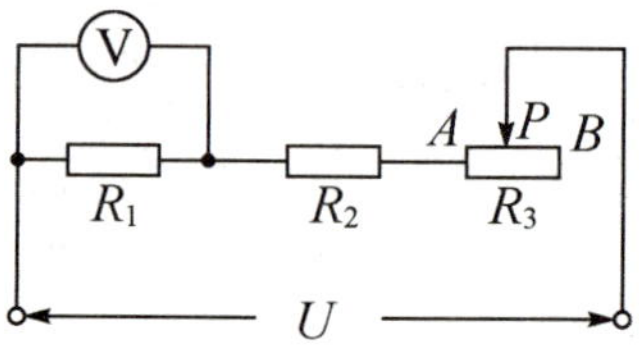

图专 17-13

三、计算题（12 分）

20. 为了防止酒驾事故的出现，酒精测试仪已被广泛应用，交警使用的某型号酒精测试仪的工作原理如图专 17-14 所示，电源电压恒为 8 V，传感器电阻 R_2 的电阻值随酒精气体浓度的增大而减小，当酒精气体的浓度为 0 时，R_2的电阻为 60 Ω，使用前要通过调零旋钮（即滑动变阻器 R_1的滑片）对酒精测试仪进行调零，此时电压表的示数为 6 V。

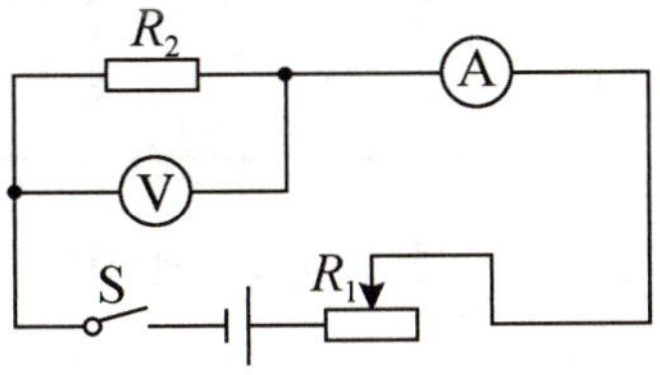

图专 17-14

(1) 电压表的示数为 6 V 时，电流表的示数为多少？

(2) 电压表的示数为 6 V 时，滑动变阻器 R_1的电阻值为多少？

(3) 调零后，R_1的电阻保持不变。某驾驶员对着酒精测试仪吹气 10 s，若电流表的示数达到 0.2 A，表明驾驶员酒驾，此时电压表的示数为多少？

四、实验与探究题（14 分）

21. 某同学利用电压表和电流表测量电阻 R_1的阻值（约 9 Ω 左右），电源选用两节干电池。

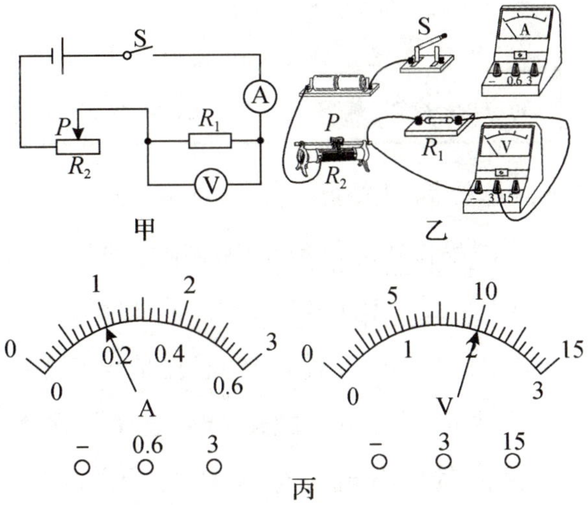

图专 17-15

(1) 按图专 17-15 甲所示电路图，将图乙中电流表正确连入电路。

(2) 该同学检查电路连接正确，合上开关，可是无论怎样移动滑片，电压表示数总为 3 V 不变，你认为发生故障的原因可能是____________或____________。

(3) 清除故障后，小明将滑片 P 向左滑动时，电压表示数将________（填“增大”“减小”或“不变”），当 P 滑到某一位置时，两表读数如图丙所示，由此可知 $R_1=$________Ω。你认为这个结果可靠吗？________，理由是________________________。

专题十八 电功和电功率（一）

分值：100 分　　时间：40 分钟

> 考查的主要内容：
> 1. 电功及电能表；2. 电功的计算公式及其应用；3. 电功的单位及其换算；4. 电流的热效应及焦耳定律；5. 电热的计算；6. 电热的利用和防止。

一、选择题（每题 6 分，共 48 分）

1. 下列单位中，不属于电能单位的是（　　）

A. 千瓦　B. 焦耳　C. 千瓦时　D. 度

2. 电流做功的过程，实际就是电能转化为其他形式能的过程，电流做了多少功，就有多少电能转化为其他形式的能，下列情况中，不属于电流做功的是（　　）

A. 摩擦起电　　B. 日光灯通电发光

C. 电动机转动　　D. 扬声器发声

3. 下列仪器中，能直接测量出消耗的电能的是（　　）

A. 电流表　　B. 电压表

C. 电能表　　D. 验电器

4. 小明观察家中的电能表（如图专 18-1），下列说法正确的是（　　）

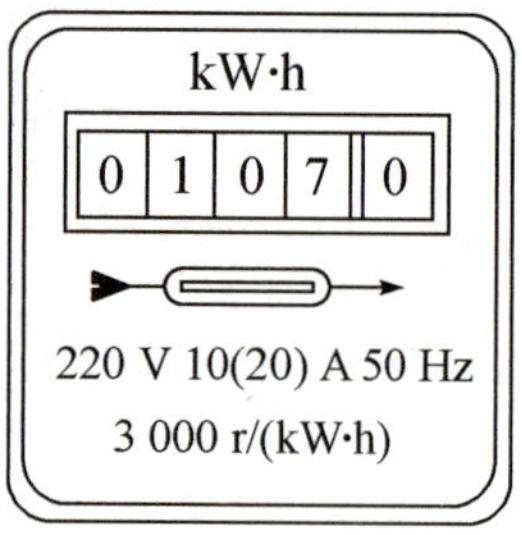

图专 18-1

A. 此电能表应该接在 220 V 的电路中使用

B. 电能表的额定功率是 220 W

C. 小明家已经消耗的电能为 107 J

D. 此电能表转盘每小时转过 3 000 转

5. 下面是小李列举的利用电热的实例，其中不正确的是（　　）

A. 电视机加散热器

B. 用电饭煲煮饭

C. 用电熨斗熨衣服

D. 用电热孵卵器孵小鸡

6. 白炽灯泡内部的玻璃立柱上固定着灯丝和引入导线，如图专 18-2 所示，当灯泡通电时，灯丝热得发光，而与灯丝串联的导线却不怎么发热。下列有关的说法中正确的是（　　）

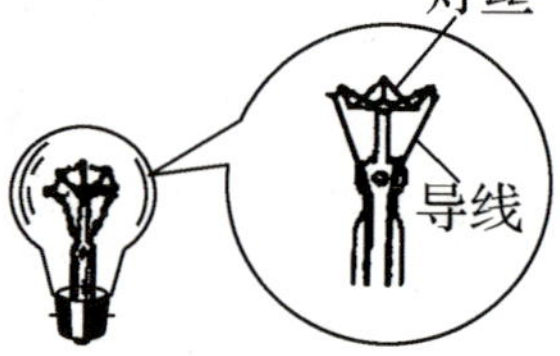

图专 18-2

A. 灯丝通电产生热效应，导线通电不产生热效应

B. 通过灯丝的电流比通过导线的电流大

C. 灯丝的电阻比导线的电阻大

D. 灯丝的电阻比导线的电阻小

7. 将两根电热丝 R_1、R_2 串联起来，接在电路中，如图专 18-3 所示，若 $R_1>R_2$，则（　　）

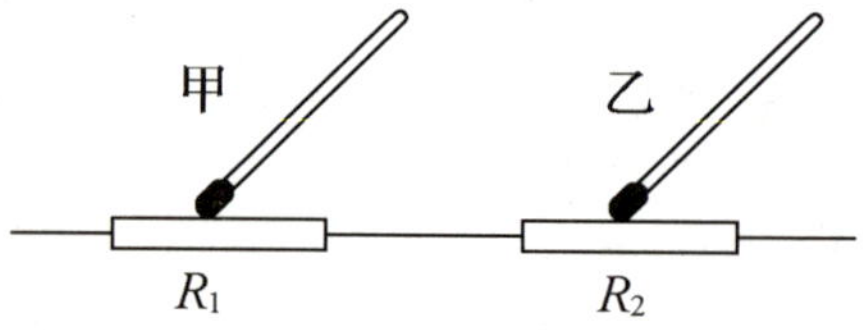

图专 18-3

A. 甲火柴先被点燃

B. 乙火柴先被点燃

C. 两根火柴同时被点燃

D. 无法比较

8. 如图专 18-4 所示的实验装置中，三个相同的烧瓶 A、B、C 内都盛有质量和初温均相等的液体，其中 A、B 烧瓶中装的是水，C 烧瓶中装的是煤油，A、B、C 烧瓶中电阻丝的阻值分别为 R_A、R_B、R_C，且 $R_A=R_C>R_B$。当合上开关 S 通电一定时间后（三个烧瓶中的液体均未达到沸腾），A、B、C 烧瓶中温度计的示数分别为 T_A、T_B、T_C。对三支温度计示数的判断，下列说法正确的是（均不计热损失，比热容 $c_{水}>c_{煤油}$）（　　）

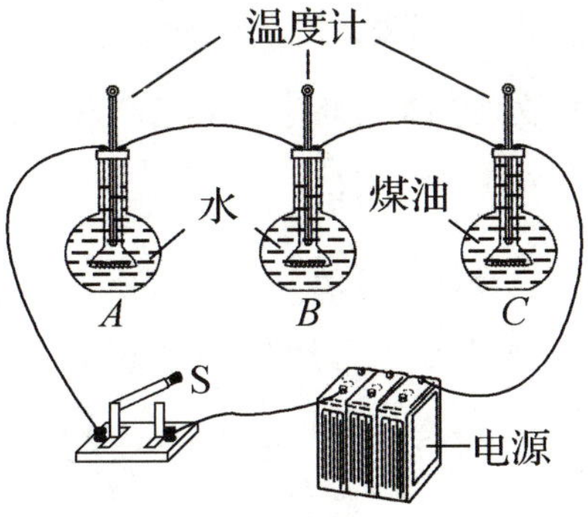

图专 18-4

A. $T_A=T_B<T_C$　　B. $T_A=T_C>T_B$

C. $T_C>T_A>T_B$　　D. $T_A>T_B>T_C$

二、填空题（每题 6 分，共 24 分）

9. 如图专 18-5 甲所示是一个电能表，它是用来计量用电器在一段时间内__________的仪表。如果某同学家的电能表在月初和月末的示数如图专 18-5 乙所示，那么该同学家这个月消耗的电能为________kW·h，如果当地的电价是每度 0.52 元，那么该同学家本月应交电费________元。

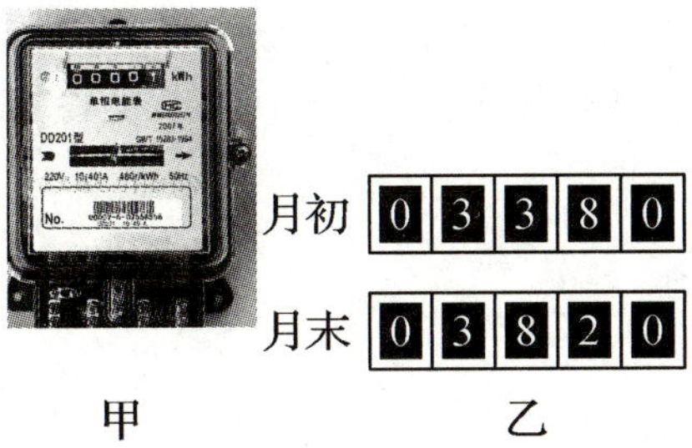

图专 18-5

10. 4 月初小芳家中的电能表的示数为 1 8 9 8 2，5 月初电能表示数如图专 18-6 所示，本月她家共使用了________度电，她认真观察了几分钟，查出电能表的转盘转过 60 圈，则这几分钟内她家的用电器消耗的电能是________J。

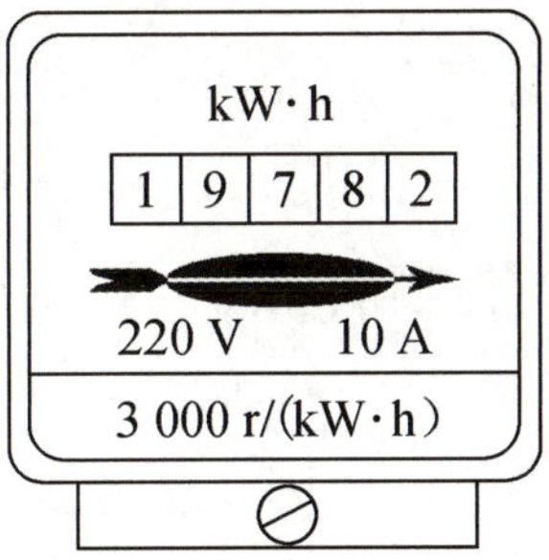

图专 18-6

11. 一段电阻丝的阻值是 2 Ω，通过它的电流是 0.5 A，它在 30 s 内产生的热量是________J，如果将通过电阻丝的电流增大到原来的 2 倍，那么在相同时间内产生的热量是________J。

12. 如图专 18-7 所示是探究电流通过导体产生的热量与导体电阻的关系的实验装置，铜丝的电阻小于镍铬合金丝的电阻，铜丝和镍铬合金丝串联浸在相同质量和相同初温的煤油中，每一烧瓶里各插入一支温度计，通电一定时间后，可以看到______（填“A”或“B”）瓶中煤油温度升得高，这表明在相同时间内，电流相同的情况下，电阻越______，电流通过导体时产生的热量越多。

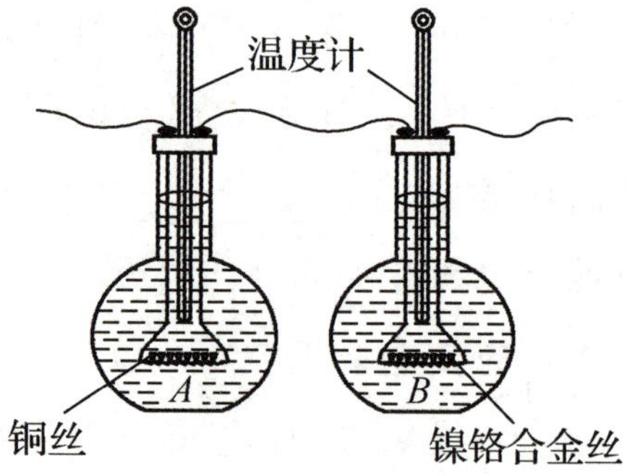

图专 18-7

三、计算题（12 分）

13. 在综合实践活动中，小峰设计了一种煮饭电路，如图专 18-8 甲所示，图中 R_1 和 R_2 均为电阻丝，S_1 是自动控制开关，煮饭时，将该电路接入 220 V 电源，在 30 min 内，电路总功率随时间变化的图像如图乙所示，求：

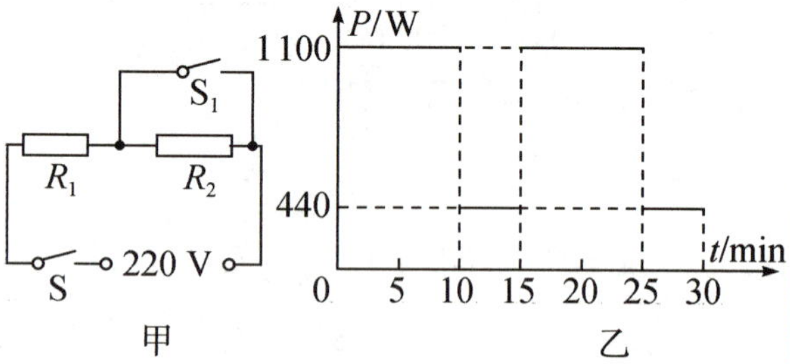

图专 18-8

（1）0～5 min 内通过 R_1 的电流；

（2）30 min 内电器消耗的电能；

（3）10～15 min 内 R_1 的电功率。

四、实验与探究题（16 分）

14. 用如图专 18-9 所示的实验装置探究电流通过导体产生的热量与电阻的关系。

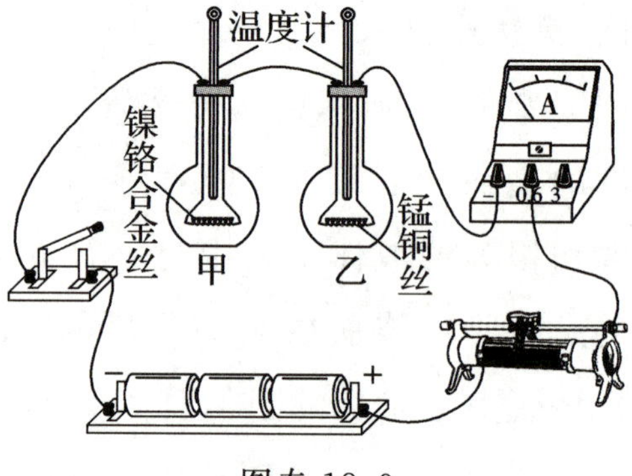

图专 18-9

（1）实验中通过观察__________来比较电流产生的热量的多少。

（2）为了便于比较两种电阻丝通过电流后产生热量的多少，甲、乙两瓶中要装入________、________的同种液体。

（3）为达到实验目的，选用的两电阻丝的阻值不能________。

（4）实验结论是__________。

（5）该实验装置还可以研究通电时间一定时导体产生的热量与________的关系。

专题十九 电功和电功率（二）

分值：100 分　　时间：40 分钟

考查的主要内容：
1. 电功率的定义和单位；2. 电功率的计算公式及其应用；3. 实际功率和额定功率；4. 电功率的测量；5. 电功率和焦耳定律的综合运用。

一、选择题（每题 5 分，共 35 分）

1. 如图专 19-1 所示电路，开关 S 闭合后，移动滑动变阻器的滑片 P，下列各物理量中大小发生改变的是（　　）

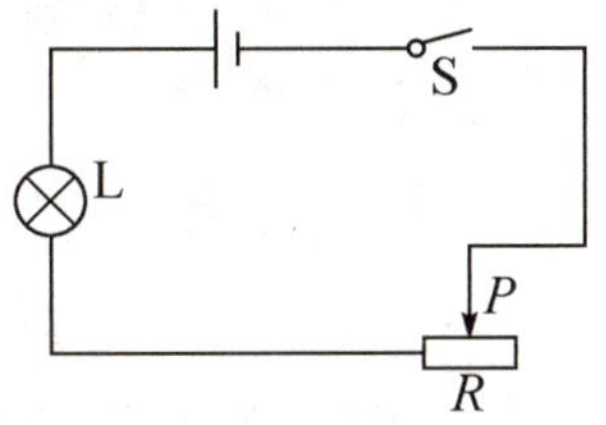

图专 19-1

A. 小灯泡的额定电压
B. 小灯泡的额定功率
C. 小灯泡的实际功率
D. 电源的电压

2. 智能手机在现代生活中的作用越来越重要，频繁的使用会导致它的电能消耗很快，当手机“电量”所剩无几时，通常可以将其设置成“省电模式”来延长使用时间，这是通过以下哪种方式实现的（　　）

A. 增大电池电压
B. 增加总功率
C. 减小总功率
D. 降低散热能力

3. 小明的家中有 150 W 的电视机一台，300 W 的洗衣机一台，100 W 的电冰箱一台，800 W 的电饭煲一只，40 W的照明灯 8 盏，则安装电能表时，选用以下哪一种电能表最合适（　　）

A. 220 V　5 A
B. 220 V　10 A
C. 220 V　15 A
D. 220 V　20 A

4. 如图专 19-2 所示，已知电阻 $R_1=10\ \Omega$，$R_2=5\ \Omega$，当开关闭合后，下列说法正确的是（　　）

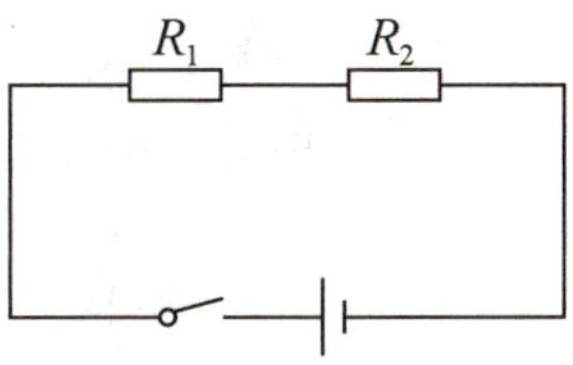

图专 19-2

A. 通过 R_1 与 R_2 的电流之比为 2∶1
B. R_1 与 R_2 的总电阻为 15 Ω
C. R_1 与 R_2 两端的电压之比为 1∶1
D. R_1 与 R_2 消耗的电功率之比为 1∶1

5. 将标有“12 V　6 W”的灯泡 L_1 和“6 V　6 W”的灯泡 L_2 并联后，接在 6 V 的电源上（设灯丝电阻不变），则（　　）

A. 两灯的实际功率之和等于 12 W
B. 两灯的实际功率之和大于 12 W
C. 灯泡 L_1 比灯泡 L_2 亮
D. 灯泡 L_2 比灯泡 L_1 亮

6. 如图专 19-3 所示的电路中，移动滑动变阻器的滑片，电压表的示数从 6 V 变为 5 V，电流表的示数变化了 0.2 A，则该定值电阻所消耗功率的变化量为（　　）

A. 0.2 W　　B. 1.0 W
C. 1.2 W　　D. 2.2 W

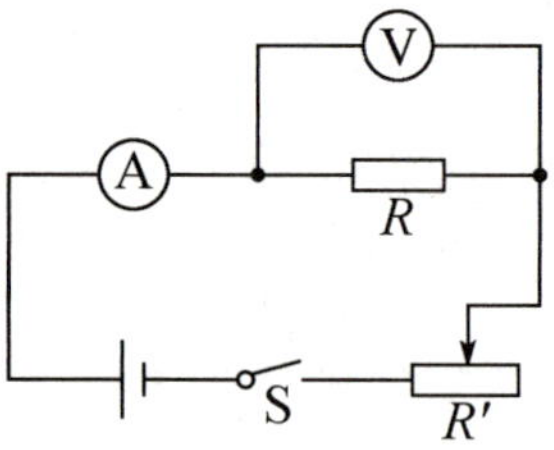

图专 19-3

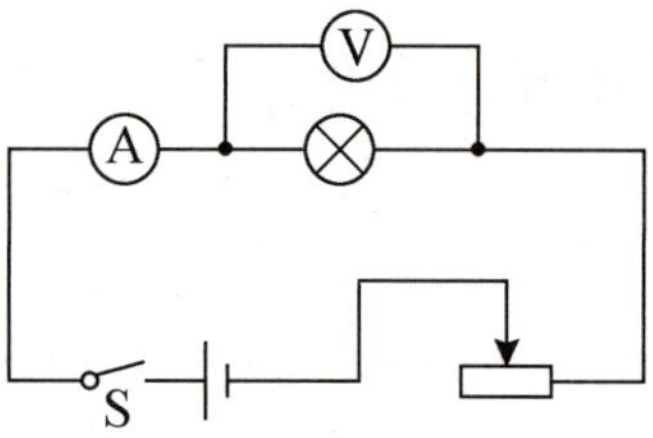

图专 19-4

7. 小伟同学用如图专 19-4 所示的电路测小灯泡的功率。电路中电源电压恒为 4.5 V，电压表的量程为0～3 V，电流表的量程为0～0.6 A。滑动变阻器的规格为“20 Ω 1 A”，灯泡标有“2.5 V 1.25 W”字样。若闭合开关，两电表的示数均不超过所选量程，灯泡两端的电压不允许超过额定值，不考虑灯丝电阻的变化，则下列说法中正确的是 ( )

A. 滑动变阻器的电阻允许调节的范围是 0～20 Ω

B. 电流表示数的变化范围是 0～1 A

C. 灯泡的最小功率是 1.25 W

D. 该电路的最大功率是 2.25 W

二、填空题（每空 2 分，共 28 分）

8. 一只标有“2.5 V 0.3 A”的小灯泡和滑动变阻器串联接在电压为 6 V 的电源两端，调节滑动变阻器使小灯泡两端电压为______V 时，小灯泡正常发光，此时小灯泡1 min消耗的电能为______J；再调节滑动变阻器使小灯泡两端电压为 1.5 V 时，小灯泡的亮度与正常发光相比________（填“变亮”“变暗”或“不变”）。

9. 小李家的电饭煲铭牌模糊不清，为了测量其额定功率，他关掉家里其他用电器，让电饭煲正常工作1 min，观察发现家里标有 3 000 r/(kW·h)的电能表转盘转了50 转，则电饭煲的额定功率是________W。如果在用电高峰时，电饭煲两端的实际电压是额定电压的 90%，则电饭煲工作 1 h 消耗的电能是________kW·h。（设电饭煲的电阻丝电阻恒定）

10. 如图专 19-5 所示，*A* 灯标有“4 V 4 W”字样，*B* 灯标有“4 V 2 W”字样。闭合开关，从右向左缓慢移动变阻器滑片，直到其中一盏灯恰好正常发光，此时电压表的示数是______V，*A* 灯和 *B* 灯的总功率是________W。

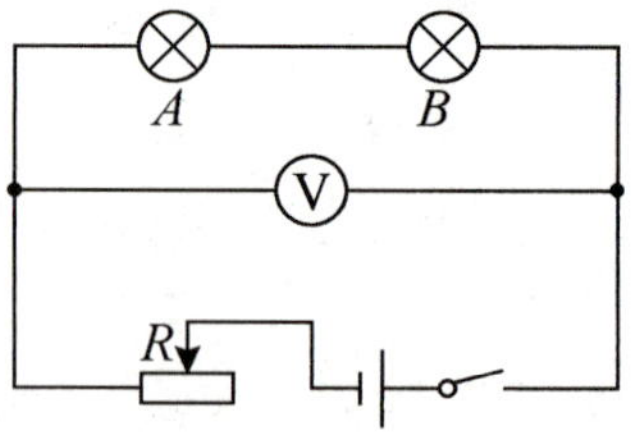

图专 19-5

11. 两个电阻，分别标有“3 V 0.5 A”和“6 V 0.3 A”字样。将它们串联后接入电路使用，那么电路中的电流不能超过________A；将它们并联后接入电路使用，那么总功率不能超过________W。

12. 节能型日光灯很省电，一盏功率为 11 W 的这种日光灯的亮度相当于一盏 60 W 的白炽灯，11 W 的节能型日光灯接在家庭电路中正常工作时的电流是________A；某同学将 5 盏 60 W 的白炽灯换成 5 盏 11 W 的这种日光灯，如果这些灯每天工作 2 h，一个月（30 天）可以节约________kW·h。

13. 电脑的中央处理器（CPU）只有半张扑克牌大小，工作时发热显著，常采用散热片与风扇组合冷却。某电脑 CPU 的功率为 90 W，其中发热功率占 8%，铜质散热器的质量是 0.8 kg，若工作半小时，则 CPU 消耗电能________J，产生热量________J，这些热量可使散热器温度升高________℃。[铜的比热容为0.39×10^3 J/(kg·℃)]

三、计算题（14 题 10 分，15 题 12 分，共 22 分）

14. 某电炉的额定功率是 1.1 kW，额定电压是 220 V，接入某电路时，测得通过它的电流为 4 A。求：

（1）电炉的电阻；

（2）电炉的实际功率。

15. 图专 19-6 为一款有高、低温两挡的蒸汽电熨斗电路原理图，R_1、R_2 为电热丝，其中 $R_2=242\ \Omega$，水升温并汽化成水蒸气，从而熨烫衣服。

（1）电热丝是利用电流的______效应工作的，分析电路图，闭合 S_1，当 S_2______时，电熨斗处于高温挡。

（2）电熨斗处于低温挡时，正常工作功率为 100 W，求：通过电路的电流、R_1 的电阻、通电 3 min 产生的热量。

（3）若将该款电熨斗进行改造，使其正常工作时高温挡功率为 1 000 W，要求只改变其中一个电热丝的电阻，请你通过分析和计算，求出该电热丝改变后的电阻。

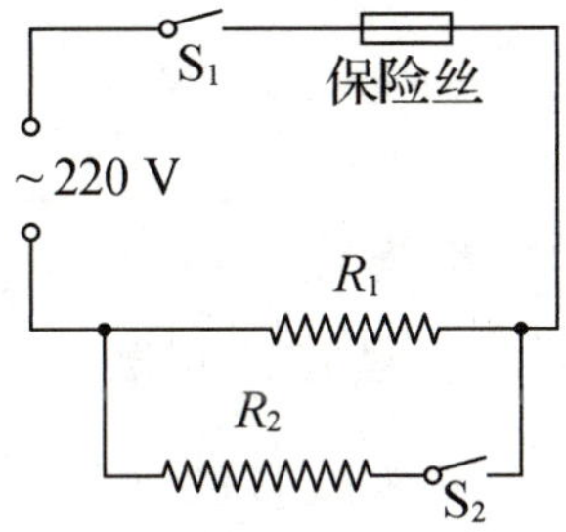

图专 19-6

四、实验与探究题（15 分）

16. 在测定额定电压为 2.5 V 小灯泡的电功率的实验中，阳阳同学已连接好如图专 19-7 甲所示的部分电路。

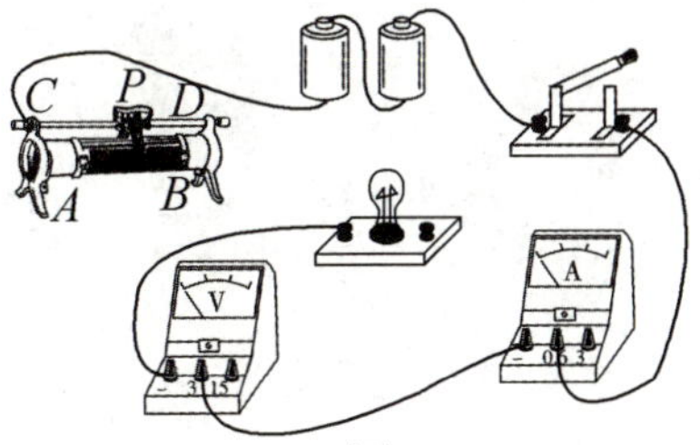

甲

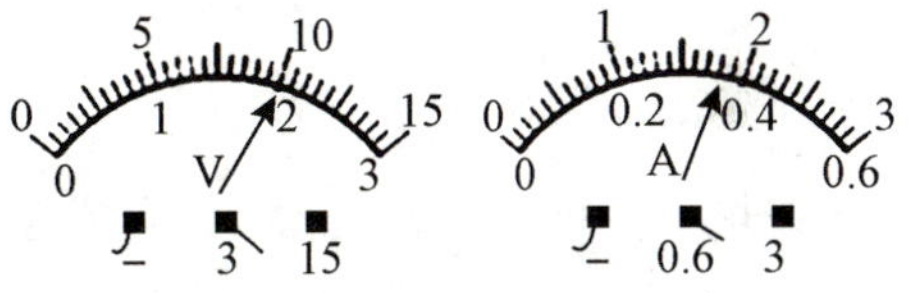

乙　　　丙

图专 19-7

（1）在阳阳所连接的电路中，有两根导线还没连好，请你帮他完成电路的连接（其他的导线不要变动）。

（2）开关试触时，若发现电流表无示数，电压表示数较大，其故障原因可能是______________________________。

（3）阳阳实验时，发现电压表示数如图乙所示，为了测出小灯泡的额定功率，他应该把滑片向______（填“A”或“B”）移动。

专题二十　电与磁

分值：100 分　　时间：40 分钟

考查的主要内容：

1. 磁性、磁极、磁化及磁极间的相互作用；2. 磁场、磁感线、地磁场；3. 电流的磁效应和通电螺线管、电磁铁；4. 电磁继电器原理及应用；5. 磁场对电流的作用和电动机；6. 电磁感应现象及发电机。

一、选择题（每题 5 分，共 40 分）

1. 图专 20-1 是生活中常用来固定房门的“门吸”，它由磁铁和金属块两部分组成。该金属块能被磁铁所吸引，是因为可能含有以下材料中的　　（　　）

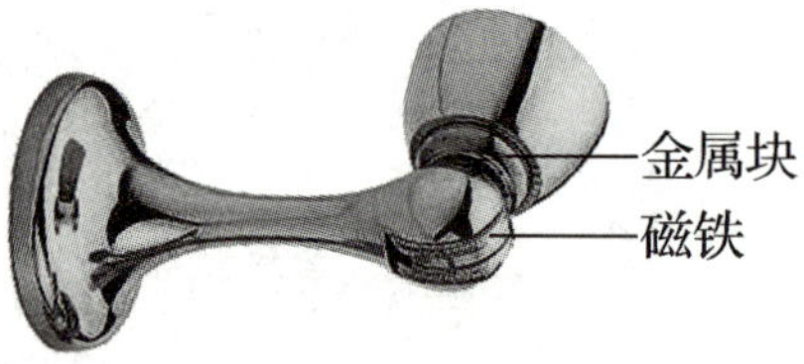

图专 20-1

A. 银　B. 铁　C. 铝　D. 锌

2. 下列说法错误的是　　（　　）
   A. 磁场是由无数条磁感线组成的
   B. 磁感线在磁体的外部从磁体 N 极出发，最后回到 S 极
   C. 将条形磁铁分成几段，每段均有 N、S 极
   D. 铁钉被磁铁吸引的同时也被磁化成小磁体

3. 下列说法正确的是　　（　　）
   A. 具有磁性的物体能吸引铜、铝等物质
   B. 电动机是利用电磁感应原理工作的
   C. 发电机是将电能转化为机械能的装置
   D. 电磁铁磁性的强弱可以通过调节电流的大小来控制

4. 如图专 20-2 所示，通电螺线管周围的小磁针静止时，小磁针指向不正确的是　　（　　）

A. a　B. b　C. c　D. d

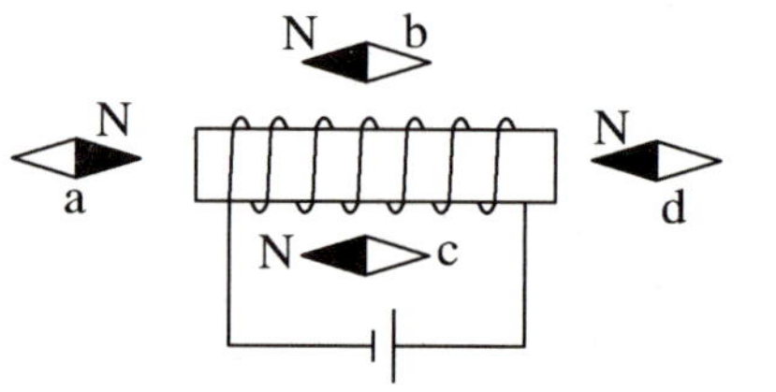

图专 20-2

5. 在图专 20-3 中所示的自动控制电路中，当控制电路的开关 S 闭合时，工作电路的情况是　　（　　）

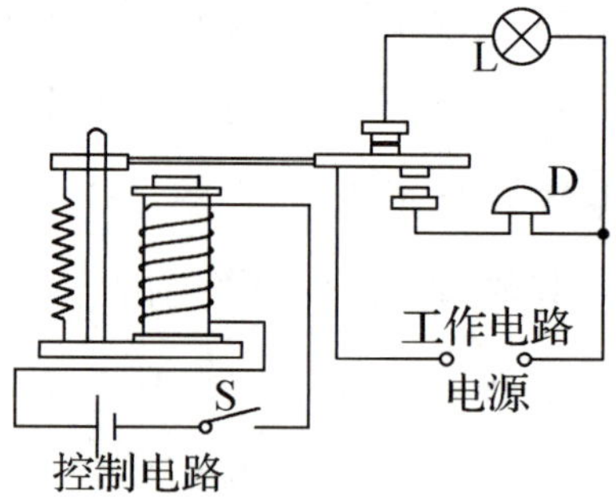

图专 20-3

A. 灯亮，电铃响

B. 灯亮，电铃不响

C. 灯不亮，电铃不响

D. 灯不亮，电铃响

6. 图专 20-4 的四幅图中，反映发电机工作原理的是　　（　　）

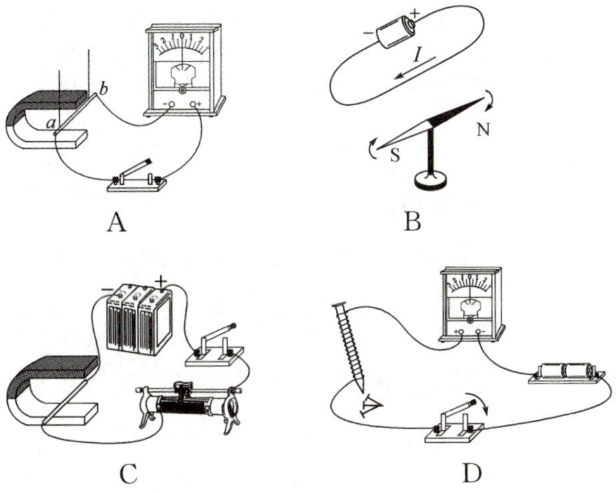

图专 20-4

7. 图专 20-5 为科研人员研制的“发电鞋”，鞋的内部安装了磁铁和线圈，当人体带动磁铁运动时，磁铁产生的磁场通过线圈，从而产生感应电流。当人以 5 km/h 的速度行走时，其发电的功率约为 0.4 W。下列说法正确的是　　(　　)

图专 20-5

A. 发电鞋工作时将电能转化为机械能

B. 发电鞋是利用电磁感应原理工作的

C. 发电鞋是利用电流磁效应原理工作的

D. 在人以 5 km/h 的速度行走 1 h 的过程中，发电鞋可以产生约 0.4 J 的电能

8. 图专 20-6 是直流电动机的模型，闭合开关后线圈顺时针转动。现要线圈逆时针转动，下列方法中可行的是　　(　　)

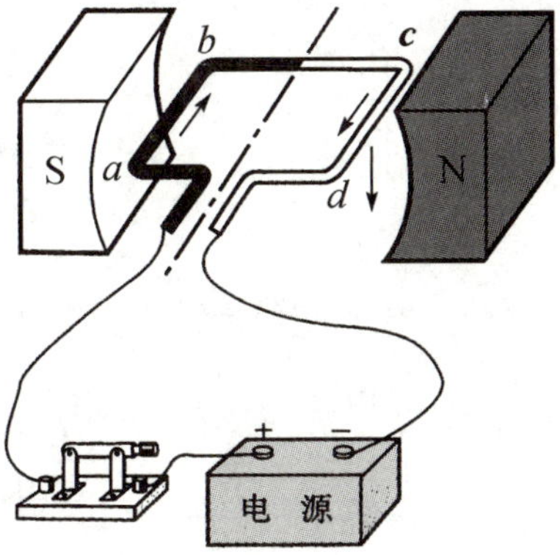

图专 20-6

A. 只改变电流方向

B. 只改变电流大小

C. 换用磁性更强的磁铁

D. 对换磁极的同时改变电流方向

二、填空题（每空 2 分，共 18 分）

9. 如图专 20-7 所示，a、b 分别为两个条形磁铁的某个磁极，根据图专 20-7 所示的磁感线方向，可以判断 a 为______，b 为______，小磁针上端为________。

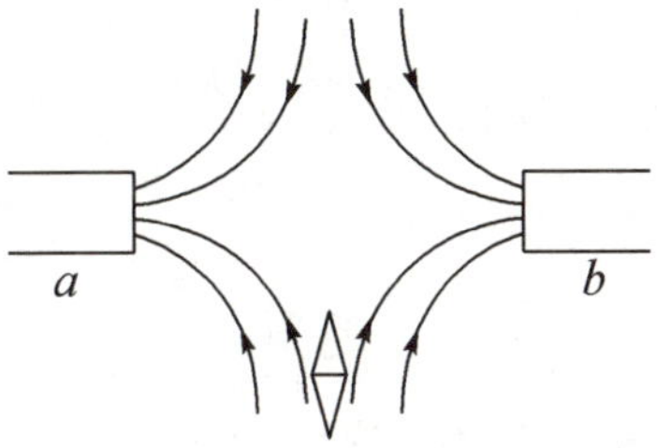

图专 20-7

10. 1820 年，丹麦科学家奥斯特在课堂上做实验时偶然发现：当导线中通过电流时，它旁边的磁针发生了偏转，他进而继续研究，终于证实了电流周围存在________，他是世界上第一个发现电和磁之间联系的人。如果把导线绕在圆筒上做成螺线管，磁场就会强得多，通电螺线管的极性与螺线管中的________方向有关。

11. 如图专 20-8 所示，在电磁铁的正上方用弹簧挂一条形磁铁。当开关闭合后，条形磁铁与电磁铁的相互作用为________（填“吸引”或“排斥”）。在滑片 P 从 B 端到 A 端的滑动过程中，弹簧的长度会变______（填“长”或“短”）。

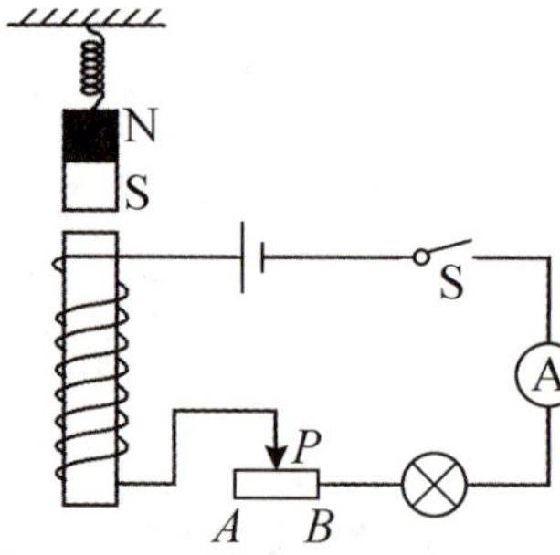

图专 20-8

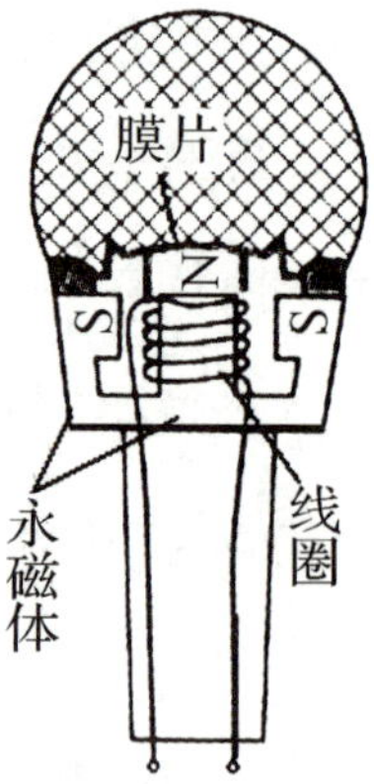

图专 20-9

12. 图专 20-9 是一种动圈式话筒，当你对着话筒说话时，声音使与膜片相连的线圈振动，线圈在磁场中振动能产生随声音变化而变化的________，这是________________现象。

三、作图题（每题 8 分，共 16 分）

13. 请你在图专 20-10 中，标出小磁针的 N、S 极及通电螺线管周围的磁感线方向。

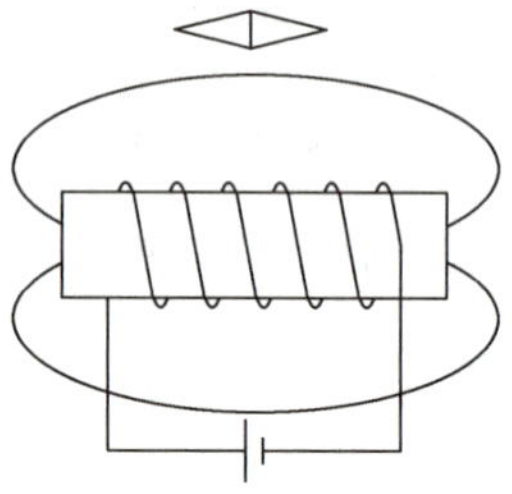

图专 20-10

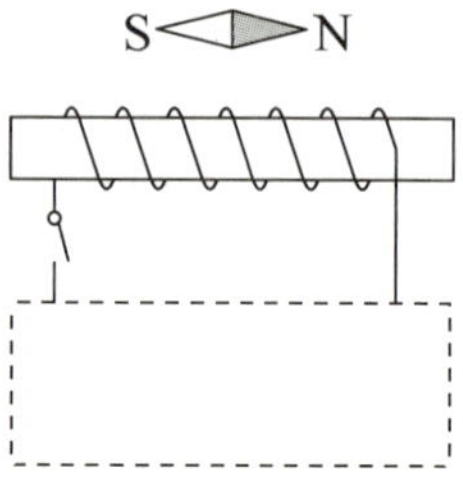

图专 20-11

14. 将图专 20-11 中的电磁铁连入你设计的电路中（在虚线框中完成）。要求：电源电压恒定不变；电路能改变电磁铁磁性的强弱；闭合开关，小磁针受力静止时，其 N、S 极如图所示。

四、实验与探究题（每题 13 分，共 26 分）

15. 在探究影响电磁铁磁性强弱的因素实验中，小明制成简易电磁铁甲、乙，并设计了如图专 20-12 所示的电路。

(1) 当滑动变阻器的滑片向左移动时，电磁铁甲、乙吸引大头针的个数________（填“增加”或“减少”），说明电流越________，电磁铁磁性越强。

(2) 根据图示的情境可知，________（填“甲”或“乙”）的磁性强，说明电流一定时，____________，电磁铁磁性越强。

(3) 根据右手螺旋定则，可判断出乙铁钉的上端是电磁铁的________极。

(4) 电磁铁吸引的大头针下端分散的原因是________________________。

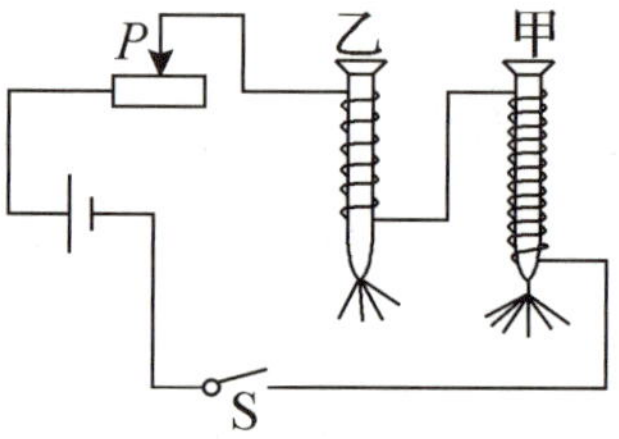

图专 20-12

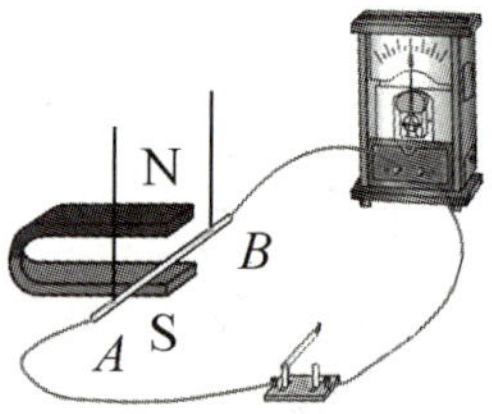

图专 20-13

16. 探究利用磁场产生电流的实验中，连接了如图专 20-13 所示的实验装置。

(1) 实验中，通过观察________________来判断电路中是否有感应电流。

(2) 闭合开关后，要使电路中形成感应电流，铜棒 AB 应________（填“上下”或“左右”）运动，这是一种________现象，利用这一原理可制成________。

(3) 要使电流表指针偏转方向发生改变，可以采取的方法有________________________（答出一种方法即可）。

专题二十一　家庭用电

分值：100 分　　时间：40 分钟

> 考查的主要内容：
> 1. 家庭电路的组成和各部分的安装要求；2. 家庭电路中电流过大的原因；3. 触电的原因和形式；4. 安全用电知识；5. 触电救护。

一、选择题（每题 5 分，共 40 分）

1. 如图专 21-1 所示的做法符合安全用电原则的是　　(　　)

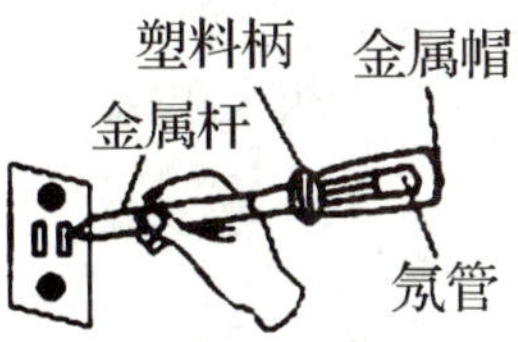

A. 验电笔的握法

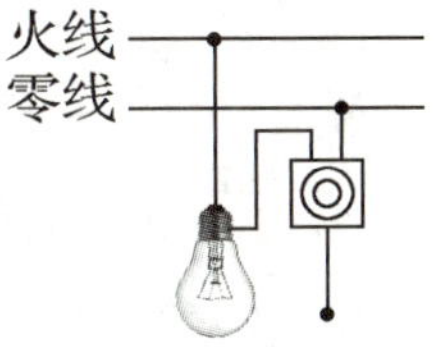

B. 电灯和开关的连接

C. 发生触电事故时要立即断开电源

D. 多个大功率用电器同时使用一个插座

图专 21-1

2. 图专 21-2 是一个金属外壳的电热水壶，它使用的电源插头为什么是三脚的？下列理由最恰当的是　　(　　)

A. 增强稳定性

B. 烧水的需要

C. 增强牢固性

D. 防触电

图专 21-2

3. 用电高峰时期，家里的白炽灯比正常发光要暗一些。这是因为，在用电高峰时　　(　　)

A. 并联用电器增多，电路的总电阻增大

B. 并联用电器增多，电路的总电流减小

C. 并联用电器增多，家用电器的实际功率减小

D. 并联用电器增多，家用电器的额定功率减小

4. 在家庭电路中，以下情况会引起保险丝熔断的是　　(　　)

A. 用验电笔接触火线

B. 连接电路时误将进户线的火线与零线接通

C. 将开关用导线接通

D. 电路中用电器总功率过大

5. “珍爱生命，注意安全”是同学们日常生活中必须具有的意识，下列说法中错误的是　　(　　)

A. 如果发生触电事故，应立即切断电源，然后施救

B. 打雷下雨时，不能站在大树下避雨

C. 严禁攀爬输电铁塔

D. 许多家用电器在没有三孔插座的情况下，可以把三脚插头上最长的插头去掉，插入二孔插座中使用

6. 夜里，小明家的三盏电灯均正常发光，突然三盏灯全部熄灭，经检查保险丝完好，用验电笔检查插座的两孔，氖管均发光，发生这一现象的原因可能是　　(　　)

A. 插座处发生短路了

B. 某个电灯的灯丝烧断了

C. 进户线的火线断了

D. 进户线的零线断了

7. 一位“法师”在铺有塑料地毯的舞台上表演不怕电的“功夫”。他将一盏普通白炽灯泡接到两导线头 A、B 之间，灯泡正常发光；随后将灯泡取下，“法师”两手分别抓住两导线头 A、B，如图专 21-3 所示，其助手用验电笔分别测试 A、B 及“法师”的皮肤。发现验电笔的氖管都发光。对此表演的合理解释是 (　　)

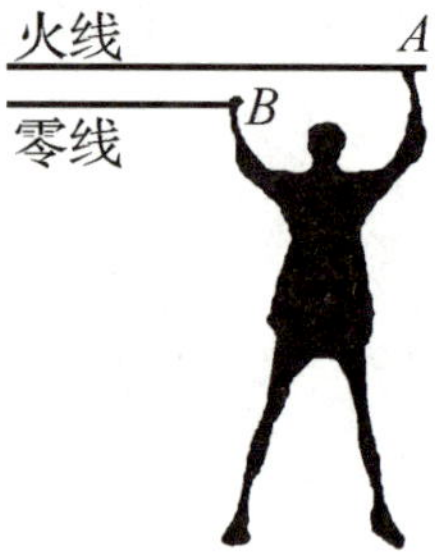

图专 21-3

A. “法师”有特异功能，确实不怕电

B. “法师”的两手均戴有特制绝缘手套

C. 在人、灯交替过程中，助手将零线断开了

D. 在人、灯交替过程中，助手将火线断开了

8. 对家庭电路的安装过程，下列要求正确的是 (　　)

A. 按照进户线→电能表→总开关→熔断器→用电器顺序安装

B. 控制各灯具的开关都应装在零线上

C. 所有家用电器和插座都要串联，并且用电器与控制它的开关也要串联

D. 三孔插座有时不需要接地

二、填空题（每空 2 分，共 26 分）

9. 图专 21-4 是小科家部分线路连接图。当小科用验电笔接触插座的右孔时，氖管发光，可知右孔内的电线与进户线中的________线相连接；当闭合开关 S，灯 L 在亮的瞬间熄灭，而室内其他用电器仍正常工作，则灯 L 处电路________（填“开路”或“短路”）。

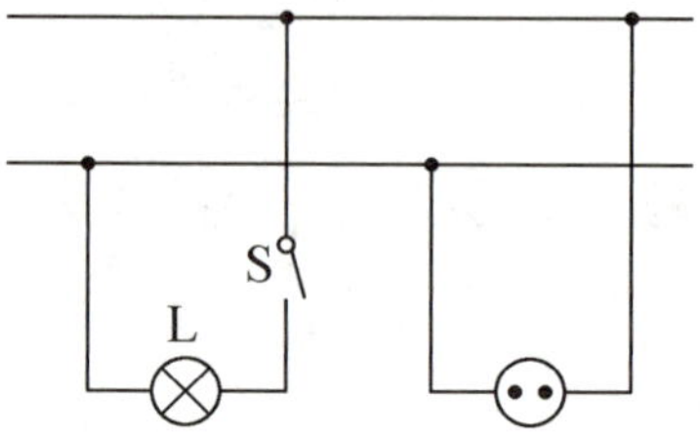

图专 21-4

10. 家庭电路中的电冰箱、电视机、电灯等用电器的连接方式是________联；家庭电路中的火线和零线可以用________来辨别。

11. 家庭电路中的导线分为________线、零线和地线。当发生触电事故时，第一时间应采取的措施是切断____________。

12. 家庭照明电路的电压为________V，各用电器之间是________（填“串联”或“并联”）的，电能表是用来测量________的仪表。

13. 安全电压是不高于________V 的电压；家庭电路中的触电事故，都是由人体直接或间接接触火线引起的；当发现有人触电时，不能直接去碰触电人，应当赶快________电源，或者用干燥的木棍、竹竿将电线挑开，使触电的人迅速脱离电源。

14. 小华在家开着空调看电视，妈妈使用电饭锅做饭时，家里的自动空气开关“跳闸”了。则“跳闸”的原因可能是________________。根据小华家自动空气开关上的铭牌（如下页表所示），他家的电路允许使用的电器总功率最大为________W。

DZ47—70 A	
最大工作电流	10 A
漏电电流	≤30 mA
额定电压	220 V
动作时间	≤0.1 s

三、作图题（每题 6 分，共 12 分）

15. 请用笔画线代替导线，将图专 21-5 中的开关、螺口节能灯接入家庭电路。

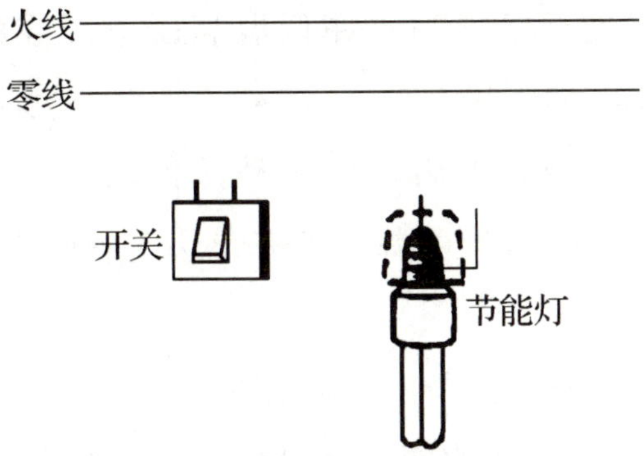

图专 21-5

16. 请将如图专 21-6 所示元件，连接成符合安全用电要求的家庭电路。

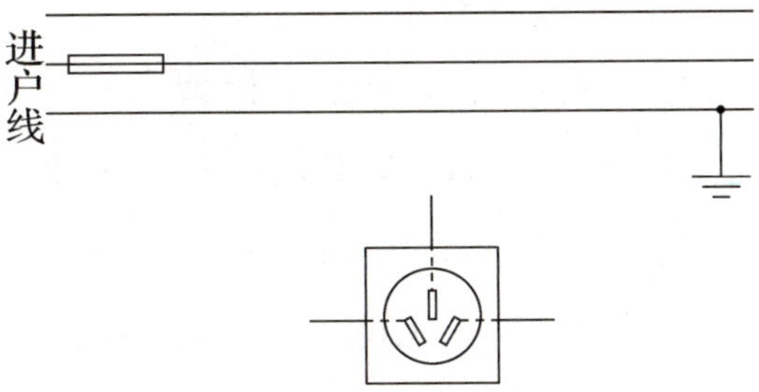

图专 21-6

四、综合题（17 题 4 分，18 题 10 分，19 题 8 分，共 22 分）

17. 为了宣传安全用电，某同学制作了一幅宣传画，如图专 21-7 所示。请为该宣传画配上解说词：____________________________________。

图专 21-7

18. 据报道：许多重大火灾都是因输电线老化绝缘性能降低导致短路造成的，教训十分深刻。

(1) 请你分析因电线短路而产生火灾的原因。

(2) 请你就电线老化发生火灾的问题，向用户提出一条合理的建议。

19. 小明同学家有 200 W 的电视机一台，150 W 的电冰箱一台，800 W 的电饭煲一台，150 W 的洗衣机一台，1 200 W 的电热水壶一只，40 W 的日光灯 6 只，请计算说明他们家该选择什么样的保险丝。

专题二十二 能源和信息技术

分值：100 分　　时间：40 分钟

考查的主要内容：

1. 电磁波与信息技术；2. 能源的分类；3. 能量转化和守恒定律；4. 核能、太阳能等新能源；5. 能源与可持续发展。

一、选择题（每题 4 分，共 40 分）

1. 2012 年 2 月 25 日，第十一颗“北斗”导航卫星被成功送入太空预定轨道，它标志着我国卫星导航工程又取得了重大进展。卫星导航在传递信息过程中主要依靠（　　）

A. 光导纤维　　B. 超声波

C. 次声波　　D. 电磁波

2. 以下情景中，关于能量转化的说法正确的是（　　）

A. 钻木取火的过程中，内能转化为机械能

B. 电动机在通电转动过程中，机械能转化为电能

C. 电磁感应现象中，电能转化为机械能

D. 汽油机工作过程中，化学能转化为机械能

3. 人类社会发展与能源的利用息息相关，能源可分为“可再生能源”和“不可再生能源”，可再生能源是指那些可从自然界源源不断得到的能源，下列属于可再生能源的是（　　）

A. 煤　　B. 石油

C. 风能　　D. 天然气

4. 以消耗不可再生能源来获取电能的是（　　）

A. 太阳能电池板　　B. 风力发电站

C. 水力发电站　　D. 核能发电站

5. 我国南海海底蕴藏着大量的“可燃冰”，它是天然气和水在低温高压下形成的固态物质，因外形晶莹剔透，酷似冰块却能燃烧而得名，是一种热值高、清洁无污染的新型能源。下列说法正确的是（　　）

A. 可燃冰是可再生能源

B. 可燃冰的能量来自亿万年前的太阳能

C. 可燃冰是核聚变反应生成的

D. 可燃冰燃烧时核能转化为内能

6. 下列说法正确的是（　　）

A. 原子弹爆炸属于原子核聚变

B. 在太阳内部，太阳核心每时每刻都在发生氢弹爆炸

C. 化石燃料、水能、地热能都属于新能源

D. 做功冲程中，热机将机械能转化为内能

7. “天宫一号”是中国的第一个目标飞行器，于 2011 年 9 月 29 日 21 时 16 分 3 秒在酒泉卫星发射中心发射升空。在“天宫一号”飞行器飞行过程中，携带的太阳能电池对其提供能量。太阳能电池的作用是（　　）

A. 将太阳能转化为化学能

B. 将太阳能转化为机械能

C. 将太阳能转化为电能

D. 将电能转化为太阳能

8. 关于信息、能源和材料，下列说法正确的是（　　）

A. 利用声波和电磁波传递信息时都需要介质

B. 核能和化石能源均属于不可再生能源

C. 光缆通信利用电信号传递信息

D. 光伏电池和 DVD 光碟都应用了磁性材料

9. 2013 中国国际节能减排展览会于 2013 年 3 月 21 日在北京召开，提倡低碳工业、低碳建筑、低碳交通、低碳生活，走可持续发展之路，下列的做法符合“低碳生活”要求的是（　　）

A. 若有可能，出行时尽量使用自行车

B. 废电池随便丢弃

C. 为了方便而使用一次性塑料袋

D. 大力发展以煤为燃料的火力发电

10. 下列倡议与“节能减排”的主题不符合的是（　　）

A. 提倡多步行多骑自行车，少开家庭轿车

B. 提倡使用环保购物袋，减少塑料垃圾

C. 提倡少用空调，减少用电

D. 提倡城市亮化工程通宵亮灯，美化城市

二、填空题（每空 2 分，共 22 分）

11. 光缆通信是利用光波在光导纤维中传输信息的一种通信方式。光波________（填“属于”或“不属于”）电磁波，电磁波在真空中的传播速度为________m/s。

12. 噪声是由发声体的________产生的，中考期间，考场附近“禁鸣喇叭”，这是在________（填“声源处”“传播途中”或“人耳处”）减弱噪声，噪声也是一种能源，最近科研人员开发出一种 T 恤衫，它能在噪声环境下发电，把________能转化为________能，为随身携带的小电器及时充电。

13. 水力发电、火力发电及核能发电是目前人们获得电能的主要途径，其中容易产生温室效应的是________发电，属于利用可再生能源的是________发电。

14. 天然气是一种清洁燃料，沈阳市部分公交车和出租车开始使用天然气来代替柴油和汽油。天然气是________（填“可再生”或“不可再生”）能源，它燃烧时释放的内能转化为汽车的________能。已知天然气的热值为 4×10^7 J/m^3，某汽车消耗 2 L 天然气所释放的热量为________J。(假设天然气完全燃烧)

三、综合应用题（15 题 12 分，16 题 10 分，17 题 8 分，18 题 8 分，共 38 分）

15. 利用太阳能电池在太阳光照射下发电叫光伏发电，安阳市启动了“光伏工程”示范项目，在某中学的教学楼顶安装了总功率为 20 kW 的光伏发电系统。

（1）光伏发电系统发电时，________能转化为________能。

（2）若一天的有效光照时间按 8 h 计算，则该光伏发电系统一天共发电多少千瓦时？

（3）该光伏发电系统一天的发电量，如果由热电转换效率为 30%的热电厂

来完成，需要燃烧多少千克煤？(煤的热值 $q_{煤}=3.0\times10^7$ J/kg)

(4) 请写出一条光伏发电的优点。

16. 沼气的使用为我国广大农村开发新能源开辟了一条新路，图专 22-1 是沼气的使用示意图。

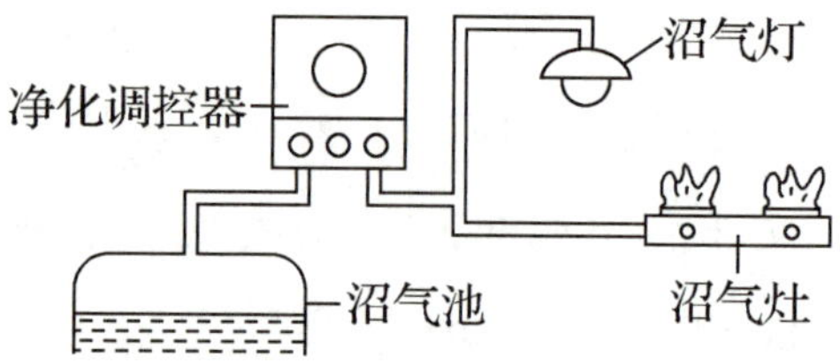

图专 22-1

(1) 燃烧沼气的能量转化过程是________转化为________。

(2) 使用沼气与使用柴薪能源相比，突出的优点是____________________(写出 1 条)。

(3) 沼气能成为未来的理想能源吗？谈谈你的看法。

17. 阅读下列有关能源问题的材料，完成题后问题。

能源是人类社会生活的物质基础。人类利用能源大致经历了三个时期：柴薪时期、煤炭时期和石油时期。可是，煤炭资源在许多国家已即将耗尽；如果以今天的开采和消耗速度，石油也只能再用一百多年了。图专 22-2 是世界能源的主要来源统计图。

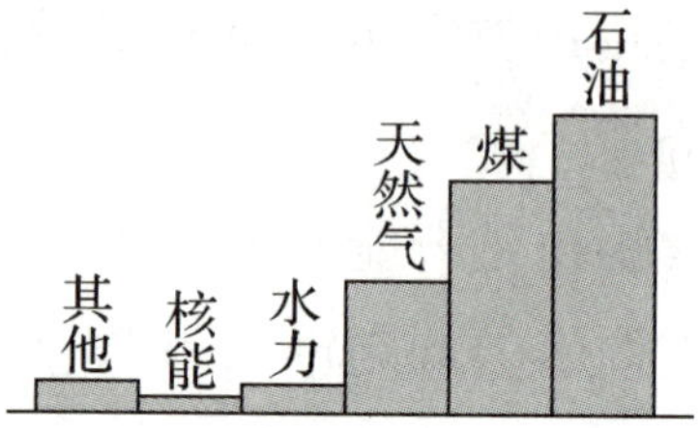

图专 22-2

(1) 上面的文字和统计图，给我们提出一个重要的课题：________________。

(2) 解决能源问题的措施之一是开发新能源，你知道值得开发和利用的新能源是________。

(3) 节约能源，人人有责！说说你在日常生活中可以为节约能源养成的两个好习惯：

①________________________；

②________________________。

18. 目前，化石燃料仍是世界上的主要能源。

(1) 化石燃料属于________(填“可再生”或“不可再生”)能源。

(2) 完全燃烧 4 m^3 的天然气可放出________J 的热量。(天然气的热值是4×10^7 J/ m^3)

(3) 化石燃料燃烧可造成空气污染，为减少有害物质排放，请你提出一条合理建议：________________________。

专题二十三　力学综合

分值：100 分　　时间：40 分钟

考查的主要内容：
1. 质量、密度和压强的综合问题；2. 体积、密度和浮力的综合问题；3. 力、运动和功的综合问题；4. 简单机械、浮力和功的综合问题。

一、选择题（每题 5 分，共 40 分）

1. 下列物理量的估测中，最接近实际的是（　　）
   A. 中学生正常的步行速度约为 5 m/s
   B. 一个普通木块的密度约为 0.6 g/cm³
   C. 正常成年人的鞋子的长度约为 50 cm
   D. 珠穆朗玛峰顶的大气压约为 1.5×10^5 Pa

2. 骑自行车是一项很好的锻炼活动。下列有关自行车及骑自行车的说法中，正确的是（　　）
   A. 骑自行车水平匀速行驶时人对车的压力和车对人的支持力是一对平衡力
   B. 自行车的轮胎上刻有较深的花纹是为了增大摩擦
   C. 骑自行车下坡时，重力势能越来越大
   D. 将坐垫做得较宽，是为了减小人对坐垫的压力，从而减小压强

3. 对下列与压强有关的事例，解释不正确的是（　　）
   A. 用吸管喝饮料利用了大气压强
   B. 高压锅是利用液体的沸点随气压增大而升高的原理制造的
   C. 水坝下部比上部建造得宽是因为液体压强随着深度的增加而减小
   D. 火车进站时旅客不能越过安全黄线，依据的是流体中流速大的地方压强小这一结论

4. 汽车是人们常用的交通工具，下列与汽车有关的说法中正确的是（　　）
   A. 汽车轮胎上制有花纹，是为了减小摩擦
   B. 汽车的排气管上装有消声器，可以把汽车产生的噪音全部消除
   C. 载重汽车的车轮做得比较宽，是为了增大载重汽车对路面的压强
   D. 驾驶员开车时要系好安全带，主要是为了防止由于惯性带来的危害

5. （多选）如图专 23-1 所示，水平台面由同种材料制成、粗糙程度均匀，在它上面放着质量为 m_1 的木块，将木块用轻绳跨过定滑轮与质量为 m_2 的钩码相连。木块在平行于台面的轻绳的拉力作用下做匀速直线运动，运动一段时间，钩码触地后立即静止，木块继续滑动一段距离停在台面上。绳重、轮与轴的摩擦均忽略不计，下列说法中正确的是（　　）

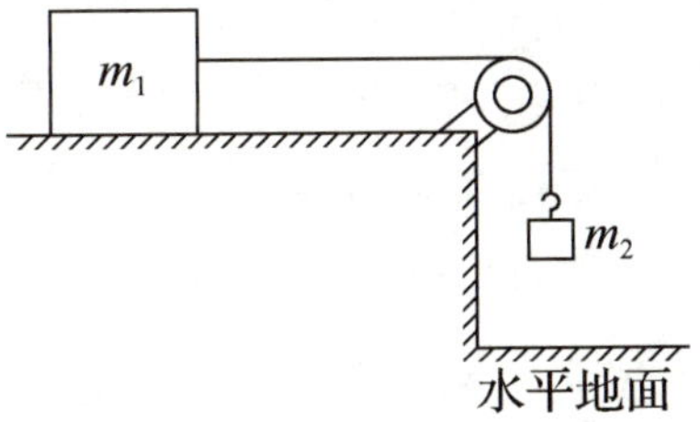

图专 23-1

   A. 木块匀速运动的过程中，木块的机械能越来越大

B. 木块匀速运动的过程中，木块和钩码所受的重力都不做功

C. 钩码触地后木块继续滑动的过程中，木块的动能越来越小

D. 钩码触地后木块继续滑动的过程中，木块所受摩擦力大小为 m_2g

6. 在实验技能测试时，实验桌上的两个烧杯中分别装有盐水和纯水，其标签已模糊不清，现有天平、量筒、烧杯、刻度尺、小木块，不能把它们区分开的器材组合是 ( )

A. 天平、量筒、烧杯

B. 天平、烧杯、刻度尺

C. 烧杯、小木块、刻度尺

D. 量筒、烧杯、刻度尺

7. 由做饭联想到的物理知识，错误的是 ( )

A. 向热汤中滴入香油，散发出浓浓的香味，是由于温度越高，分子热运动越剧烈

B. 把鸡蛋往灶台上一磕，鸡蛋就破了，是利用物体间力的作用是相互的

C. 用吸盘挂钩挂铲子，是利用大气压强

D. 土豆沉入水盆底部，是由于水的密度大于土豆的密度

8. “嫦娥三号”成功着陆后，月球车开始了对月球的科学探测，月球表面无大气层，昼夜温差可达 300 ℃，部分土壤非常松软。针对这种环境，下列说法正确的是 ( )

A. “嫦娥三号”降落时，要使用降落伞减速

B. 月球车利用电磁波向地面传输探测到的数据

C. 月球车的车轮使用了充气橡胶轮胎

D. 月球车的轮子表面积较大，可以减小对月球表面的压力

二、填空题（每空 2 分，共 16 分）

9. 捏泥人是中国传统民间技艺。艺人将泥揉捏成形态各异的泥人，这表明力可以使物体发生________；改变物体内能有两种方式，烈日照射使泥人温度升高，属于________方式；用大小为 2 N、竖直向上的力将泥人托高 1 m，该力所做的功为________ J。

10. 距水面 0.2 m 深处，水的压强为________ Pa。体积为 1×10^{-3} m^3 的物体浸没在水中，受到浮力的大小为________ N。（g 取 10 N/kg）

11. 极限跳伞是一项惊险的体育运动。跳伞员从 3 600 m 高空跳下，一段时间后打开降落伞，开始做减速运动。下落过程中，其重力势能将________（填“增大”“减小”或“不变”）。减速下降时，跳伞员及降落伞所受的阻力________（填“大于”“等于”或“小于”）他们的重力。若跳伞员看到地面“迎面扑来”，则他是以________为参照物的。

三、实验与探究（22 分）

12. 小明用一根粗细均匀两端开口的薄壁玻璃管、薄橡皮膜、刻度尺、烧杯和水（已知 $\rho_水=1.0\times10^3$ kg/m³）来测量某种液体的密度。实验过程如下：

①将玻璃管的一端用薄橡皮膜扎好。

②将玻璃管扎有薄橡皮膜的一端逐渐放入装有水的烧杯中。

③往玻璃管内缓慢地加入待测液体直到薄橡皮膜变平为止（如图专 23-2 所示）；测出薄橡皮膜到水面和液面的距离分别为 h_1 和 h_2。

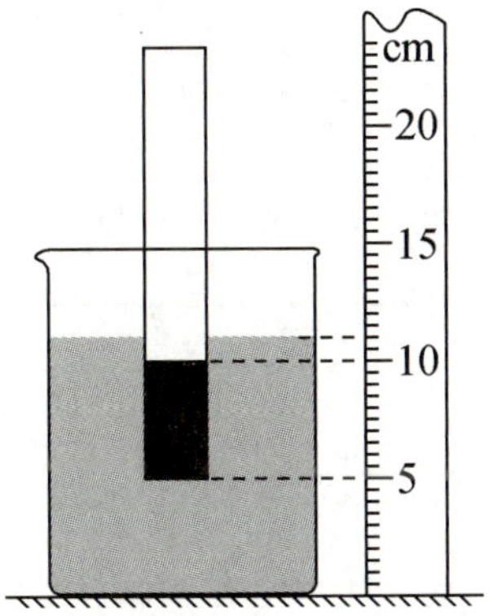

图专 23-2

④计算待测液体的密度 $\rho_{液}$。

回答下列问题：

（1）小明将玻璃管扎有薄橡皮膜的一端放入水中，薄橡皮膜向上凸起，说明__________；玻璃管浸入水中越深，薄橡皮膜向上凸起程度________。（填“越大”“越小”或“不变”）

（2）画出小明收集实验数据的表格。

（3）待测液体的密度 $\rho_{液}=$______ kg/m^3。

（4）已知玻璃管的横截面积为 5 cm^2、质量为 20 g，厚度忽略不计。当薄橡皮膜变平后，小明松开手，玻璃管将________（填“向上”或“向下”）运动；玻璃管静止后，薄橡皮膜向下运动的距离是________ cm。（g 取 10 N/kg）

四、综合与应用（22 分）

13. 小明做俯卧撑时（如图专 23-3 所示），可将其视为一个杠杆，重心在 O 点。他将身体撑起时，地面对两脚尖的支持力为 250 N，两脚尖与地面的接触面积为 60 cm^2，双手与地面的接触面积为 300 cm^2。

（1）画出以 B 为支点时重力的力臂 L。

（2）如果小明的两脚尖对地面的压强与双手对地面的压强之比为 5∶2，地面对双手的支持力为多少？

（3）小明在 1 min 内做了 30 个俯卧撑，每次肩部上升的距离都为 0.36 m，则他 1 min 内克服重力所做的功为多少？

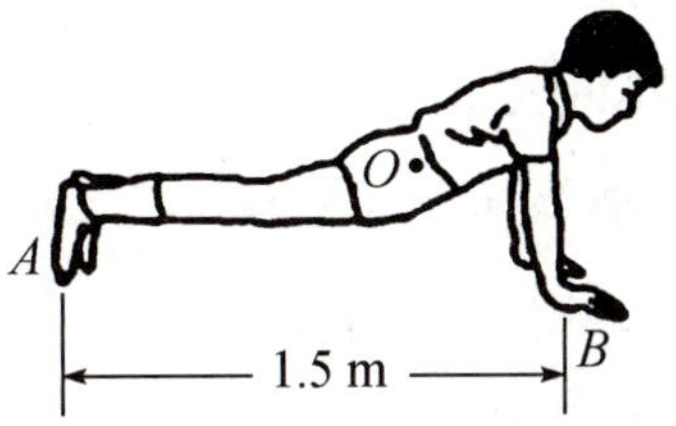

图专 23-3

专题二十四　电学综合

分值：100 分　　时间：45 分钟

考查的主要内容：

1. 电路设计与应用问题；2. 欧姆定律与电功、电功率的综合计算问题；3. 电学与力学的综合计算问题。

一、选择题（每题 5 分，共 40 分）

1. 下列有关电和磁的说法正确的是（　　）
   A. 带金属外壳的用电器必须使用两脚插头
   B. 电动机是根据电磁感应的原理制成的
   C. 磁体之间的相互作用是通过磁场发生的
   D. 同种电荷相互吸引，异种电荷相互排斥
2. 下列说法正确的是（　　）
   A. 油罐车车底拖一条铁链是为了摩擦起电
   B. 与头发摩擦过的气球能吸引细小水流，是因为气球和水流带上了异种电荷
   C. 磁浮列车是利用磁极间的相互作用使列车悬浮的
   D. 电脑中安装的微型风扇是为了除尘
3. 对于普通的家用电饭锅，与它有关的下列数据最符合实际的是（　　）
   A. 正常工作时的电流是 0.01 A
   B. 正常工作时的电压为 12 V
   C. 正常工作时的功率为 700 W
   D. 正常工作 1 小时消耗的电能约为 360 J
4. 三个相同的定值电阻都标有“10 W　10 Ω”字样，它们的连接情况如图专 24-1 所示，若将它们接入电路，在保证三个电阻都安全的前提下，AB 两端的电压最高不能超过（　　）

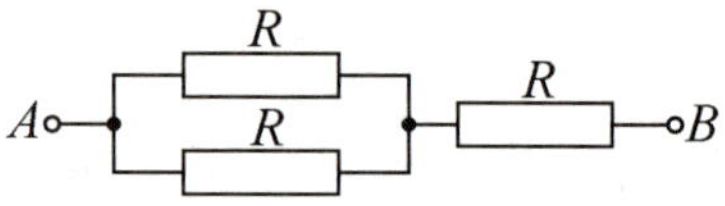

图专 24-1

   A. 20 V　B. 15 V　C. 10 V　D. 5 V
5. 在如图专 24-2 所示的电路中，电源电压恒为 9 V，电压表的量程为 0～15 V，电流表的量程为 0～0.6 A，定值电阻 R_1 的规格为“30 Ω　0.5 A”，滑动变阻器 R_2 的规格为“20 Ω　1 A”，灯泡 L 上标有“6 V　3 W”的字样，假设灯丝的电阻不变，闭合开关，在不损坏电路元件的情况下，下列说法中正确的是（　　）

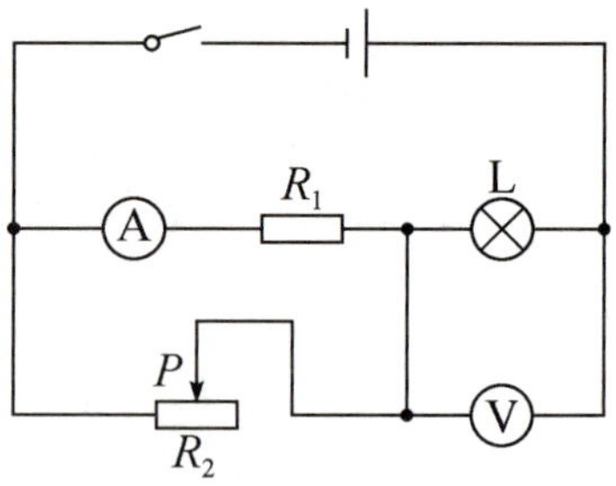

图专 24-2

   A. 整个电路消耗的总功率的变化范围是 3.375～4.5 W
   B. 电压表示数的变化范围是 3～6 V
   C. 滑动变阻器允许的调节范围是 5～20 Ω
   D. 电流表示数的变化范围是 0.1～0.5 A
6. （多选）如图专 24-3 甲所示的电路中，R_1 为定值电阻，R_2 为滑动变阻器，电源电

压为 3 V 且保持不变，闭合开关 S 后，滑片 P 从 b 端移动到 a 端的过程中，电压表示数 U 与电流表示数 I 的关系图像如图乙所示，下列判断正确的是 （　　）

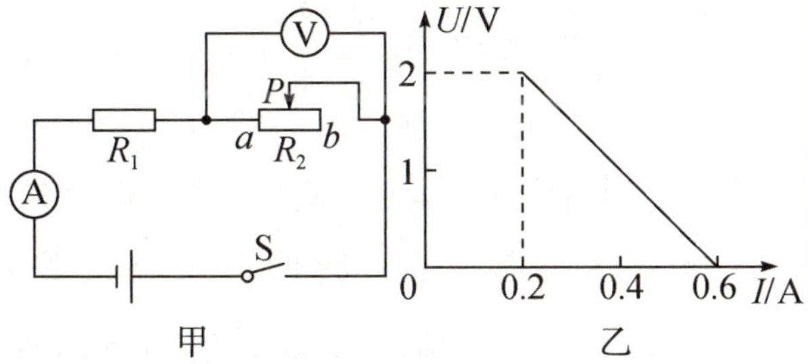

图专 24-3

A. R_1 的电阻为 5 Ω

B. 滑动变阻器的最大电阻为 10 Ω

C. 电路消耗的最大功率为 1.8 W

D. 电路消耗的最小功率为 1 W

7. 图专 24-4 为一种握力计和它的工作原理图。电源电压保持不变，握力显示表由电流表改装而成，定值电阻 R_2 起保护电路作用，其电阻为 5 Ω，弹簧一端的滑片 P 在电阻 R_1 的最上端时不施加力，移动到最下端时施加的力最大（弹簧的电阻不计）。握力计测量范围为 0～300 N，电路中电流表变化范围是 0.1～0.6 A，则下列说法正确的是 （　　）

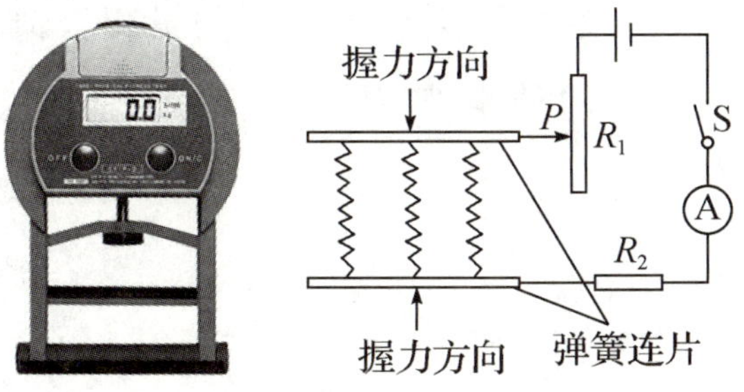

图专 24-4

A. 握力为 300 N 时电路中电流为 0.6 A

B. 握力计工作电路中的电源电压为 3 V

C. R_1 连入电路阻值变化的范围是 0～30 Ω

D. R_2 消耗的最小功率为 0.5 W

二、填空题（每空 3 分，共 21 分）

8. 如图专 24-5 所示，在开关 S 闭合后，电流表 A_1 和 A_2 的示数比为 3∶2，则 R_1 和 R_2 的阻值之比为________，R_1 和 R_2 消耗的电功率之比为________。

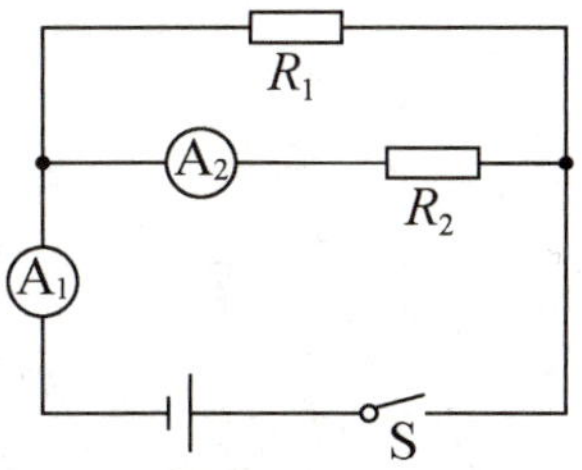

图专 24-5

9. 如图专 24-6 所示，电源电压恒定，小灯泡 L_1、L_2 均标有“6 V　3 W”的字样（忽略温度对灯丝电阻的影响），当开关 S_1、S_2 都闭合时，灯泡 L_1 正常发光，则电源电压为________ V；当开关 S_1 闭合，S_2 断开时，电路的总功率为________ W。

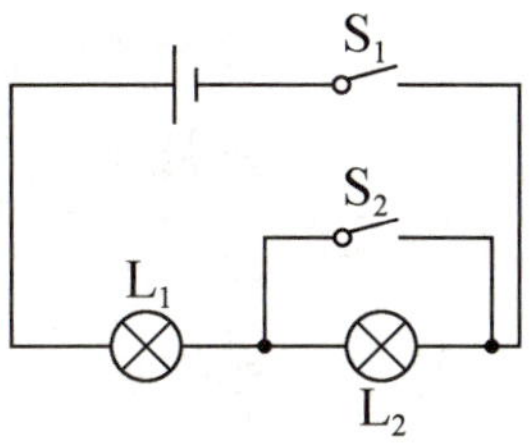

图专 24-6

10. 如图专 24-7 所示，电源电压保持不变，电阻 $R_1=1$ Ω，$R_2=2$ Ω。当 S_1、S_2 都断开时，电流表Ⓐ的示数为 2 A，若通电 30 s，电路中消耗的总电能为________ J；当 S_1、S_2 由都断开变为都闭合时，电流表Ⓐ的示数变化了 1.5 A，则电阻 $R_3=$________ Ω，此时电路的总功率为________ W。

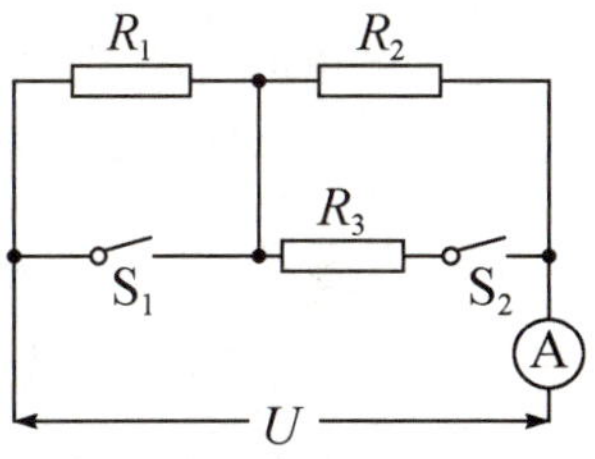

图专 24-7

三、实验与探究（每空 3 分，共 24 分）

11. 微波炉是人们用来加热食品的常用灶具。微波是一种高频电磁波，它能穿透陶瓷、玻璃、耐热塑料等材料。微波炉使用的微波频率为 2 450 MHz。

（1）为了用电安全，微波炉应该使用________（填“两脚”或“三脚”）插头。

（2）用微波炉加热饭菜时，应选用________（填“不锈钢”“铁”或“玻璃”）容器来装食物，加热过程中是将________能转化为内能。

（3）小明想知道微波炉的热效率，他用电能表（表头如图专24-8所示）、温度计等工具进行了如下实验：

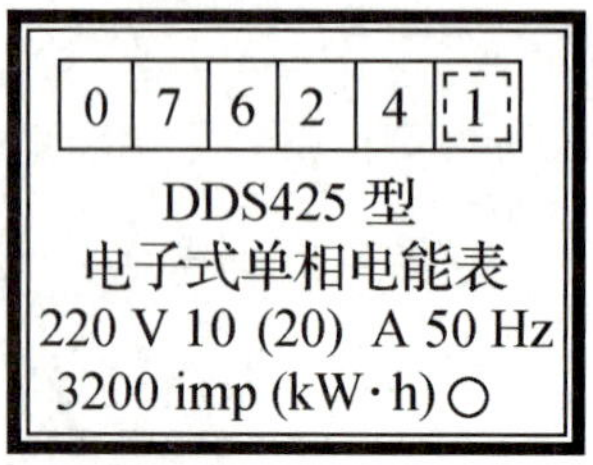

图专 24-8

A. 在杯中装有质量为 m 的冷水，测出水的初温为 t_0；

B. 把杯子放进微波炉，并选择高温挡；

C. 将微波炉定时器旋转到两分钟的位置，同时记录电能表指示灯在这段时间内闪烁的次数 n；

D. 加热结束后，迅速测出水的末温 t。

①以上实验中，还缺少一个步骤，请你补上这个步骤：________________________。

②电能表指示灯闪烁一次，用电器消耗的电能 E_0 = ________ J。

③微波炉热效率的表达式 η = ________。（用字母表示）

（4）请你利用身边的器材，检验家里的微波炉是否有微波泄漏。

器材：________；

检验方法：________________。

四、综合与应用（15 分）

12. 图专 24-9 是某压力测力计的电路原理示意图。图中电源电压为 7.5 V 并保持不变；定值电阻 R_0 的规格是“400 Ω 15 mA”，起保护电路的作用；G 是由灵敏电流表改装成的指针式测力显示器（电阻忽略不计）；R 是一种新型电子元件，在压力不超过 600 N 的前提下，其阻值随压力大小的变化规律如表格中数据所示。

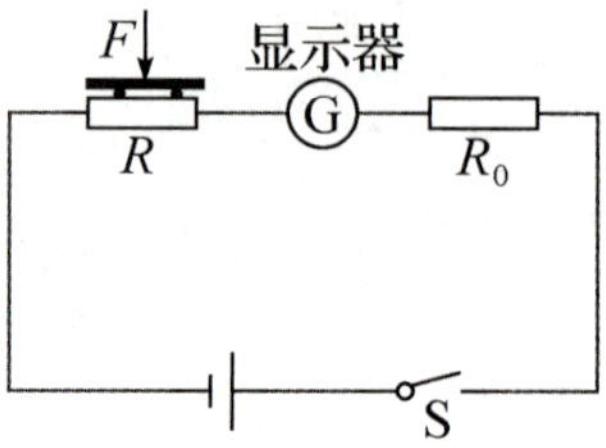

图专 24-9

压力 F/N	0	50	100	150	200	250	300	…
电阻 R/Ω	300	280	260	240	220	200	180	…

（1）R_0 上允许消耗的最大功率是多少？

（2）分析表格数据可知：电子元件的阻值 R 随压力 F 变化的关系式是 R = ________。

（3）该测力计的量程是多少？

（4）若要增大该测力计的量程，请说出两种改进方法。